U0613511

本书列入

2017年国家社会科学基金重大委托项目

“十三五”国家重点图书出版规划项目

中华传统文化百部经典

法言

扬雄 著
韩敬 梁涛 解读

国家图书馆出版社

图书在版编目（CIP）数据

法言 /（汉）扬雄著；韩敬，梁涛解读．—北京：国家图书馆出版社，2023.12（2025.6 重印）
（中华传统文化百部经典）
ISBN 978-7-5013-7627-8

Ⅰ．①法…　Ⅱ．①扬…　②韩…　③梁…　Ⅲ．①古典哲学－中国－西汉时代　Ⅳ．① B234.99

中国版本图书馆 CIP 数据核字（2022）第 218952 号

国家图书馆出版社官方微信

书　　名	法　言
著　　者	（汉）扬　雄著　韩　敬 梁　涛解读
责任编辑	谢阳阳
特约编辑	石　雷
责任校对	刘鑫伟
封面设计	敬人设计工作室
出版发行	国家图书馆出版社（北京市西城区文津街 7 号　100034） 010-66114536　63802249　nlcpress@nlc.cn（邮购）
网　　址	http://www.nlcpress.com
印　　装	北京科信印刷有限公司
版次印次	2023 年 12 月第 1 版　2025 年 6 月第 2 次印刷
开　　本	710×1000　1/16
印　　张	29.5
字　　数	380 千字
书　　号	ISBN 978-7-5013-7627-8
定　　价	88.00 元（精装）

本册审订

黄开国　　黄寿成

中华传统文化百部经典

编纂办公室

张　洁　　梁葆莉　　徐　慧　　张毕晓　　马　超　　华鑫文

编纂缘起

文化是民族的血脉，是人民的精神家园。党的十八大以来，围绕传承发展中华优秀传统文化，习近平总书记发表了一系列重要讲话，深刻揭示出中华优秀传统文化的地位和作用，梳理概括了中华优秀传统文化的历史源流、思想精神和鲜明特质，集中阐明了我们党对待传统文化的立场态度，这是中华民族继往开来、实现伟大复兴的重要文化方略。2017 年初，中共中央办公厅、国务院办公厅印发《关于实施中华优秀传统文化传承发展工程的意见》，从国家战略层面对中华优秀传统文化传承发展工作作出部署。

我国古代留下浩如烟海的典籍，其中的精华是培育民族精神和时代精神的文化基础。激活经典，熔古铸今，是增强文化自觉和文化自信的重要途径。多年来，学术界潜心研究，钩沉发覆、辨伪存真、提炼精华，做了许多有益工作。编纂《中华传统文化百部经典》（简称《百部经典》），就是在汲取已有成果基础上，力求编出一套兼具思想性、学术性和大众性的读本，使之成为广泛认同、传之久远的范本。《百部经典》所选图书上起先秦，下至辛亥革命，包括哲学、文学、历史、艺术、科技等领域的重要典籍。萃取其精华，加以解读，旨在搭建传统典籍与大众之间的桥梁，激活中华优秀传统文化，用优秀传统文化滋养当代中国人的精神世界，提振当代中国人的文化自信。

这套书采取导读、原典、注释、点评相结合的编纂体例，寻求优秀传统文化与社会主义核心价值观之间的深度契合点；以当代眼光审视和解读古代典籍，启发读者从中汲取古人的智慧和历史的经验，借以育人、资政，更好地为今人所取、为今人所用；力求深入浅出、明白晓畅地介绍古代经典，让优秀传统文化贴近现实生活，融入课堂教育，走进人们心中，最大限度地发挥以文化人的作用。

《百部经典》的编纂是一项重大文化工程。在中宣部等部门的指导和大力支持下，国家图书馆做了大量组织工作，得到学术界的积极响应和参与。由专家组成的编纂委员会，职责是作出总体规划，选定书目，制订体例，掌握进度；并延请德高望重的大家耆宿担当顾问，聘请对各书有深入研究的学者承担注释和解读，邀请相关领域的知名专家负责审订。先后约有 500 位专家参与工作。在此，向他们表示由衷的谢意。

书中疏漏不当之处，诚请读者批评指正。

2017 年 9 月 21 日

凡 例

一、《中华传统文化百部经典》的选书范围，上起先秦，下迄辛亥革命。选择在哲学、文学、历史、艺术、科技等各个领域具有重大思想价值、社会价值、历史价值和学术价值的一百部经典著作。

二、对于入选典籍，视具体情况确定节选或全录，并慎重选择底本。

三、对每部典籍，均设“导读”“注释”“点评”三个栏目加以诠释。导读居一书之首，主要介绍作者生平、成书过程、主要内容、历史地位、时代价值等，行文力求准确平实。注释部分解释字词、注明难字读音，串讲句子大意，务求简明扼要。点评包括篇末评和旁批两种形式。篇末评撮述原典要旨，标以“点评”，旁批萃取思想精华，印于书页一侧，力求要言不烦，雅俗共赏。

四、原文中的古今字、假借字一般不做改动，唯对异体字根据现行标准做适当转换。

五、每书附入相关善本书影，以期展现典籍的历史形态。

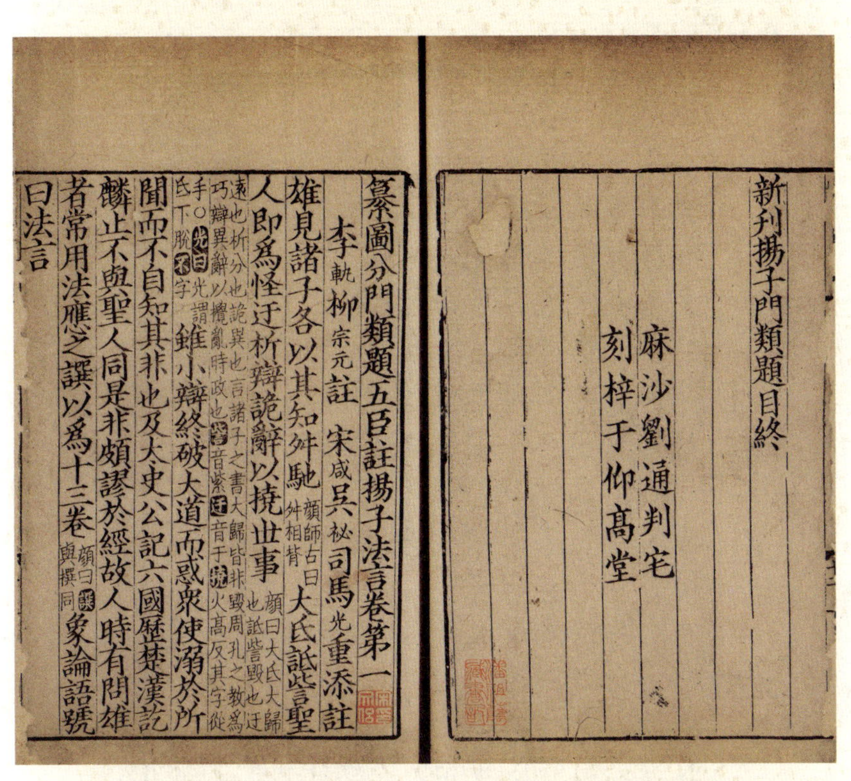

纂图分门类题五臣注扬子法言十卷　（汉）扬雄撰

（晋）李轨，（唐）柳宗元，（宋）宋咸、吴祕、司马光注

宋刘通判宅仰高堂刻本　国家图书馆藏

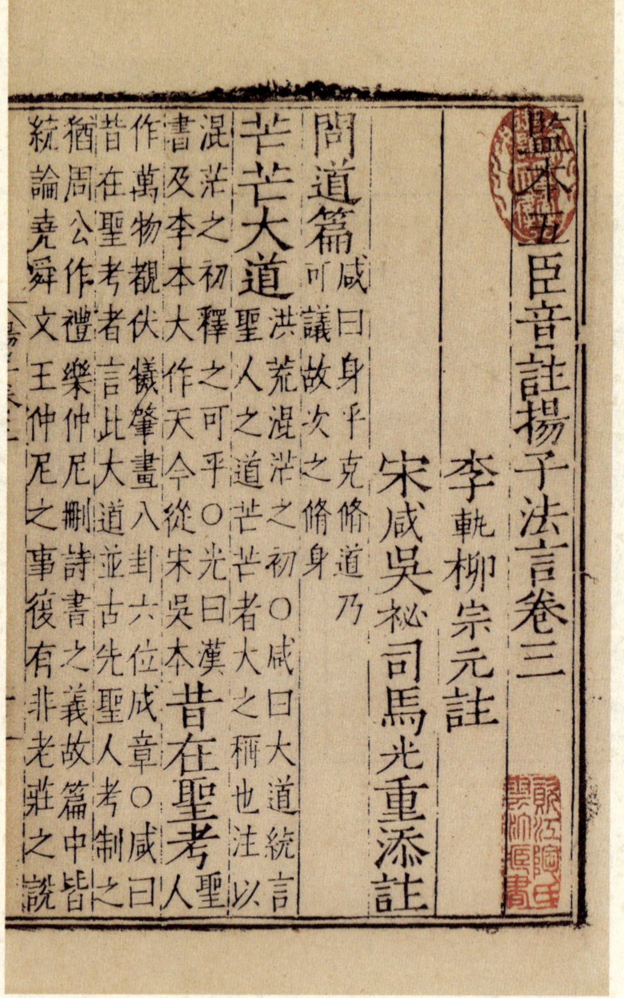

新纂门目五臣音注扬子法言十卷 （汉）杨雄撰
（晋）李轨，（唐）柳宗元，（宋）宋咸、吴祕、司马光注
明桐阴书屋刻本 国家图书馆藏

目　录

导　读

一、扬雄的家世和生平 ……（ 2 ）

二、扬雄所处的社会与时代 ……（ 5 ）

三、扬雄的思想特点 ……（ 8 ）

四、《法言》的主要内容和影响 ……（ 11 ）

五、《法言》的撰写、命名和版本 ……（ 43 ）

法　言

学行卷第一 ……（ 47 ）

吾子卷第二 ……（ 80 ）

修身卷第三 ……（ 109 ）

问道卷第四 ……（ 139 ）

问神卷第五 ……（ 172 ）

问明卷第六 ……（ 202 ）

寡见卷第七 ……（ 227 ）

五百卷第八 ……（ 252 ）

先知卷第九 ……（279）
重黎卷第十 ……（306）
渊骞卷第十一 ……（350）
君子卷第十二 ……（386）
孝至卷第十三 ……（410）
法言序 ……（441）

主要参考文献 ……（453）

导读

《法言》是扬雄的主要著作之一，因为是扬雄所撰，所以又称《扬子法言》。

扬雄（或作杨雄），字子云，蜀郡成都（今四川成都）人。生于西汉宣帝甘露元年（前53），卒于王莽天凤五年（18）。扬雄是我国西汉末年一位重要的思想家、文学家和语言文字学家。他在哲学和政治思想方面的著作有《法言》和《太玄》，语言文字学著作有《方言》，此外还有书、骚、赋、颂、箴、诔等作品数十篇。除《法言》《太玄》《方言》三本书外，扬雄的其他作品也都收入后人辑录的《扬侍郎集》或《扬子云集》中。如比较易见的明人张燮编辑的《七十二家集》和张溥编辑的《汉魏六朝百三家集》（或称《汉魏六朝百三名家集》），都收了《扬侍郎集》。《四库全书·别集类》则收有《扬子云集》。另外，清人严可均辑录的《全上古三代秦汉三国六朝文》中的《全汉文》卷五十一至五十四，不仅收有扬雄的成篇著作，还从许多古书中辑录了扬雄著作的断简残篇，收录的扬雄作品最为齐备。

一、扬雄的家世和生平

关于扬雄的家世和生平，以班固《汉书·扬雄传》的记载最为详赡。另外，《汉书·艺文志》《汉书·王贡两龚鲍传》《汉书·游侠传》《汉书·匈奴传》《新论》《华阳国志·先贤士女总赞》《隋书·天文志》等，也对其言行、著述有所记载，可以参看。

对扬雄的家世，《汉书·扬雄传》中所记比较重要的是："扬雄，字子云，蜀郡成都人也。""楚汉之兴也，扬氏溯江上，处巴江州。而扬季官至庐江太守。汉元鼎间避仇复溯江上，处岷山之阳曰郫，有田一壥，有宅一区，世世以农桑为业。自季至雄，五世而传一子。""家产不过十金，乏无儋石之储，晏如也。"根据这些记载，我们知道，扬雄的先世是做官的，后来没落了，以农桑为业。另外根据晋灼的注："上地夫一壥，一百亩也。"那么，像这样有田百亩、家产十金的家庭，是一个什么样的家庭呢？

我们先来考查"十金"值多少钱。《史记·平准书》说："马一匹则百金。"《史记集解》引瓒曰："秦以一镒为一金，汉以一斤为一金。"《汉书·食货志》说："黄金重一斤，直钱万。"在《史记·平准书》"一黄金一斤"下，索隐引如淳注，也说"黄金一斤直万钱"。根据以上材料，可知"一金"就是黄金一斤，值一万钱。扬雄家产十金，就是家产值十斤黄金，即十万钱。

"家产十金"的家庭，在社会上处于什么位置呢？《史记·孝文本纪》说，文帝"尝欲作露台，召匠计之，直百金"。文帝说："百金，中民十家之产。吾奉先帝宫室，常恐羞之，何以台为？"百金是中民十家之产，十金自然是一家中民之产。扬雄的家庭正是这样一个"中民"的家庭。

用现在的话说，扬雄的家庭就是当时一个中产阶级的家庭。

我们再来考查“有田百亩”的家庭，是一个什么样的家庭。

首先，我们要注意亩制的变化。春秋时期实行的是一百方步为一亩的亩制。进入战国时期以后，随着生产力的发展，各诸侯国都对亩制进行了不同程度的改革，但各国并不一致。直到汉武帝，才在全国实行统一的以二百四十方步为一亩的亩制。《汉书·食货志》在叙述“李悝为魏文侯作尽地力之教”和晁错给汉文帝的奏书时，说有田百亩的农民，一年的收获除去纳税外，还不够一家五口的消费，甚至要“卖田宅鬻子孙以偿责”。扬雄的百亩之家显然不是这样。因为他的百亩至少等于亩制改革前的二百四十亩。扬雄本人的情况也说明了这一点。《汉书·扬雄传》说他“少而好学”,“博览无所不见”。如果他的家庭衣食无着，甚至要“卖田宅鬻子孙以偿责”，这显然是不可能的。

其次，我们还要看到地区的差别。扬雄所在的蜀郡与关中临近，开发较早，又没有受到战国、秦汉间长期战争的破坏，而且土地肥沃、水利发达，农作物单位面积产量高。在这样的地区有田百亩，就绝非边远地区可比的。所以对扬雄的家庭情况，说“家产不过十金”，虽然接近真实，终不免有些缩小。说“乏无儋石之储”，就是为了强调扬雄的“不戚戚于贫贱”，而故意说得厉害了。

对扬雄的生平经历，《汉书·扬雄传赞》说：“初，雄年四十余，自蜀来至游京师，大司马车骑将军王音奇其文雅，召以为门下史，荐雄待诏。岁余，奏《羽猎赋》，除为郎，给事黄门，与王莽、刘歆并。哀帝之初，又与董贤同官。当成、哀、平间，莽、贤皆为三公，权倾人主，所荐莫不拔擢，而雄三世不徙官。及莽篡位，谈说之士用符命称功德获封爵者甚众，雄复不侯，以耆老久次转为大夫。恬于势利乃如是。”对这段话关于扬雄入京年龄的记载有不同意见，但无碍于大体，我们在此不作考辨。因为这段话对扬雄一生的官场遭际，在事实情节上是讲得很清楚的。

汉代盛行察举制度，即由郡、国的列侯、郡守等地方当权者考察本地的人才，每年向朝廷举荐孝廉、方正、贤良、文学之士若干名，由皇帝加以考核后授予相应的官职。许多高门大族的子弟都是通过这条道路走进朝廷的官吏预备处以待诏，或入太学为博士弟子，然后登上政治舞台的。但是，这条路并不是对任何人都畅通的。你要在地方上有势力，要和地方官有交情。这些条件，扬雄显然都不具备，所以最后只好自己到京师去。到京师之后，他还是没有门路可走，只好拿出封建社会知识分子的看家本领，靠文章乞人赏识。于是他成为大司马车骑将军王音的门下史，也不过是清客一流的人物。由于王音的推荐，他得到待诏的机会；又过了一年多，由于奏《羽猎赋》，得到皇帝的赏识，“除为郎”。

“郎”是什么官呢？《汉书·百官公卿表》说：“郎掌守门户，出充车骑，有议郎、中郎、侍郎、郎中，皆无员，多至千人。议郎、中郎秩比六百石，侍郎比四百石，郎中比三百石。”看来不过是皇帝的随从、侍卫，包括文学侍从。这从扬雄“除为郎”以后做的事情也可以看出来。他不过是跟着皇帝游猎郊祠，不时地把这些写成赋奏上，供皇帝消遣而已。正像司马迁说的：“文史星历近乎卜祝之间，固主上所戏弄，倡优畜之，流俗之所轻也。”（《汉书·司马迁传》）从扬雄的主观愿望讲，也许他确实是想在赋中加进一点箴规的意思，对皇帝有所讽谏。实际情况却是“必推类而言，极丽靡之辞，闳侈巨衍，竞于使人不能加也。既乃归之于正，然览者已过矣”（《汉书·扬雄传》），结果根本起不到讽谏的作用，反而更助长了皇帝奢侈腐化的劲头。所以连扬雄自己也认为“颇似俳优淳于髡、优孟之徒”（《汉书·扬雄传》）。这种情况是由这种官职和这种作品的帮闲性质决定的。

扬雄的“郎”属于侍郎一级。从级别上讲，不过秩比四百石，和地方上县里的一个丞、尉差不多。如《汉书·百官公卿表》说：“县令、长，皆秦官，掌治其县。”“皆有丞、尉，秩四百石至二百石，是为长吏。”其实更重要的是，郎是一个进一步升官的阶梯。王莽、刘歆就是先为郎，然后逐步爬升上去的。但是阶梯也不是对每个人都有同样的作用。对王莽、刘歆来说，它确实起到了阶梯的作用。对扬雄则不然，因为没有当权的势力作靠山，他就只好长期待在这个无法攀爬的阶梯上。

王莽代汉以后，扬雄才“以耆老久次转为大夫”。有人说扬雄是太中大夫，扬雄则自称为中散大夫。据《汉书·百官公卿表》和《后汉书·百官志》，太中大夫秩比千石，中散大夫六百石。“凡大夫、议郎皆掌顾问应对，无常事，唯诏令所使。”看来，扬雄担任的仍然是闲职，不是有实际权力的职务，级别也不高。从中央说，还抵不上中央主要官吏的一个属官，比如“司直”“掌佐丞相举不法”（《汉书·百官公卿表》），秩比二千石；“中丞”，御史大夫的两丞之一，“在殿中兰台，掌图籍秘书，外督部刺史，内领侍御史员十五人，受公卿奏事，举劾按章”（《汉书·百官公卿表》），秩比千石。从地方上说，不过相当于一个县令，县的负责人“万户以上为令，秩千石至六百石。减万户为长，秩五百石至三百石”（《汉书·百官公卿表》）。在政治地位上，他还不如这些人。从职权上说，就更无法与这些人相比。

他的职务就是在天禄阁上校书。后来王莽政权内部发生矛盾，治狱使者要逮捕他，吓得他从阁上跳下，差点儿送了命。虽然后来并没有被逮捕，病好以后还复了官，但他在官场中孤独无援、始终不得意的情况是很清楚了。

二、扬雄所处的社会与时代

扬雄的一生，正处在西汉帝国由盛而衰、社会危机日益严重的时期。由于赋敛无度，徭役繁重，经济凋敝，生产不时，加之吏治腐败，官吏结党营私，荒淫奢侈，且刑罚严酷，豪强横行，社会矛盾极端尖锐。汉哀帝时鲍宣的上书就比较全面地反映了当时的情况。鲍宣说："请寄为奸，群小日进，国家空虚，用度不足。民流亡，去城郭，盗贼并起，吏为残贼，岁增于前。凡民有七亡：阴阳不和，水旱为灾，一亡也；县官重责更赋租税，二亡也；贪吏并公，受取不已，三亡也；豪强大姓，蚕食亡厌，四亡也；苛吏繇役，失农桑时，五亡也；部落鼓鸣，男女遮迣，六亡也；盗贼劫略，取民财物，七亡也。七亡尚可，又有七死：酷吏殴杀，一死也；治狱深刻，二死也；冤陷亡辜，三死也；盗贼横发，四死也；怨仇相残，五死也；岁恶饥饿，六死也；时气疾疫，七死也。民有七亡而无一得，欲望国安，诚难。民有七死而无一生，欲望刑措，诚难。此非公卿守相贪残成化之所致邪？群臣幸得居尊官，食重禄，岂有肯加恻隐于细民，助陛下流教化者邪？志但在营私家，称宾客，为奸利而已。"（《汉书・王贡两龚鲍传》）从上面的情况可以看出，不仅农民生活极端痛苦，已经几乎活不下去，就是扬雄所属的"中民"阶层，也时时有被兼并的危险，受到酷吏和豪强的威胁。这就是扬雄思想产生的社会基础。

另一方面，在社会危机日益严重的情况下，统治阶级内部各个不同政治集团之间的矛盾也越来越尖锐。于是，一种取代刘氏王朝的思想逐渐产生和发展起来。汉昭帝时，眭弘以天显怪异为理由，叫昭帝"求索贤人，禪以帝位"（《汉书・眭两夏侯京翼李传》），当是这种思想的最初表现。不过时机未成熟，他被杀掉了。但是，刘氏王朝既然不肯也没有办法解决现实中的矛盾，它也就无法抑制反对势力的增长。所以几经曲折，反刘派的势力终于找到了王氏集团作为自己的代表，夺取刘家的天下。当时刘氏家族的统治已经出现严重危机，王莽代汉是顺应形势的。

反刘派势力把赌注押在王氏集团身上，是因为王家几代掌握朝廷大权，势力雄厚，又有内廷的靠山（元帝皇后王政君即出自王家，是王莽的姑母，一直活到王莽上台），容易成功。但是还需要这样一个人物，他要表现得与众不同，让人觉得确实是“折节行仁，克心履礼，拂世矫俗，确然特立”(《汉书·王莽传》)的“超人”，以便用这样一个新偶像去代替已经破产的旧偶像。于是王莽就应运而生了。

在王氏家族中，因王父王曼早死，王莽本来是没有什么地位的。但他投机取巧，做出不同于其他王氏兄弟的表现，首先取得掌握大权的叔伯王凤、王商、王根等的赏识，登上政治舞台。然后，他打着周公的旗号，假作爱民姿态，貌似谦虚地笼络人心。随着地位的上升，他更用贿赂和封爵收买了大批在朝和不在朝的贵族及官吏。他用建学校、招人才来吸引知识分子。他还针对社会各阶层的要求，做出各种许诺，以争取他们的支持。正是在这种情况下，时时受到酷吏和豪强的威胁且土地可能被兼并的扬雄，成了王莽的拥护者，这是完全可以理解的。因此，我们既不必千方百计地去“证明”扬雄未曾出仕新朝，甚至说他反对王莽，以为其洗刷“污点”，也不必对其仕莽，以至于写作《剧秦美新》这种歌颂王莽新朝的作品口诛笔伐，甚至像朱熹那样用“春秋笔法”，以一句“莽大夫扬雄死”，把他“打入十八层地狱”。

但是直到登上皇帝宝座前，王莽并没有实行过什么重要的政策和措施，不过是做出了许多承诺。可上台以后，他必须拿出具体的政策和措施，这就玩不得花样了。因此，王莽上台之日，也即其开始灭亡之时。因为，他并不想也无力真正解决当时已极其尖锐的社会矛盾，更难以改变已经几乎活不下去的农民的状况。他实行的一系列政策、措施，实际上只能增加依附于王氏集团豪族的利益，并且给各地的官僚以机会，更残酷地去剥夺一般平民。王莽代刘氏称帝，也加剧了与统治者内部刘氏集团的矛盾。统治集团的内部斗争，削弱了莽新集团的统治力量。于是，一个酝酿已久的火山终于爆发了。王莽上台后不过几年工夫，遍及全国的农民大起义就开始了。在起义大军中，不仅有发觉被王莽欺骗的各个阶层的人物，包括代表扬雄所属的中产阶级的众多知识分子，还有被王莽取代的刘氏家族的代表，可以说是形成了一个反对王莽集团的联合阵线，所以王莽政权很快就土崩瓦解。但是这种政治态度的变化并没有在扬雄身上表现出来。因为这时他已经老了，还没来得及认识或者表达对这种变化的意见，他就死了。扬雄一生的大部分时间，尤其是后期，都是在一种动荡不安、山雨欲来风满楼的社会形势下度过的。在这种形势下，扬雄所属的“中民”阶层，既害怕被豪强、贵族所兼并，又害怕被起义农民所剥夺，却对二者又都无力抗拒。扬雄思想中的一些矛盾，就反映了这种状况。

三、扬雄的思想特点

扬雄的思想，主要来源于儒、道两家。

自汉武帝采纳董仲舒的建议“罢黜百家，独尊儒术”以后，儒家思想成为西汉王朝的统治思想，儒家经典成为士人接受教育的必读书。所以扬雄接受儒家思想是很自然的，但扬雄却不同于一般儒生。

因为当时学习儒家经典已经成为利禄之源，只要跟着一个老师，学通一经，就可以求取功名利禄。所以从西汉中期到末期的一百多年间，儒生们都钻到极其浩瀚烦琐的儒家经典章句训解中去了。他们已经只习惯于跟着老师对一部经典分章断句、随文训解，借以获得一官半职，以求显身扬名。以至于出现了“遗子黄金满籯，不如一经”（《汉书·韦贤传》）这样的民间谚语，可见其俗渐入之深。在这个过程中，对儒家经典的解释越来越烦琐，甚至越来越背离经典本意，往往成了阿谀人主、寻求进身的工具。就像《汉书·艺文志》说的：“古之学者耕且养，三年而通一艺，存其大体，玩经文而已。是故用日少而畜德多，三十而五经立也。后世经传既已乖离，博学者又不思多闻阙疑之义，而务碎义逃难，便辞巧说，破坏形体。说五字之文，至于二三万言。后进弥以驰逐，故幼童而守一艺，白首而后能言。安其所习，毁所不见，终以自蔽。此学者之大患也。”这段话对古代情况的叙述，有不少想象成分，但对当时儒生们的情况叙述却是符合实际的。当时许多儒生就是一辈子抱住一部经典，无暇他顾，往往还慨叹“皓首不能穷经”。

但扬雄却不同于这些儒生。《汉书·扬雄传》说：“雄少而好学，不为章句，训诂通而已，博览无所不见。为人简易佚荡，口吃不能剧谈，默而好深湛之思，清静亡为，少耆欲，不汲汲于富贵，不戚戚于贫贱，不修廉隅以徼名当世。”正因为扬雄不醉心于名利，所以他才能够不受当时儒学的束缚，阅读和吸收儒家经典以外的作品和思想。这是扬雄比当时其他儒生高明的地方，也是他能提出具有特色思想的重要原因。

当然，在当时儒学居于统治地位的社会环境下，他也不可能不受其影响，他的思想主流还是儒家学说。他撰写自己的著作，却要标榜是模拟儒家的经典，就是这种思想状况的表现。《汉书·扬雄传》说他“实好古而乐道，其意欲求文章成名于后世。以为经莫大于《易》，故作《太玄》；传莫大于《论语》，作《法言》；史篇莫善于《仓颉》，作《训纂》；箴莫善于《虞箴》，作《州箴》；赋莫深于《离骚》，反而广之；辞莫丽于相如，作四赋。皆斟酌其本，相与放依而驰骋云”。我们如果了解当时的历史情况，能看到一百多年的社会条件使儒生们都沉溺于训解儒家经典，就会懂得扬雄的这种模拟，即使不谈内容，仅仅从形式上看，与其说是缺乏创造性的表现，毋宁说是具有创造性的表现，这大概不是故作惊人之论吧。《汉书·扬雄传》记载：“诸儒或讥以为雄非圣人而作经，犹春秋吴楚之君僭号称王，盖诛绝之罪也。”儒生们对扬雄的这种指责，正好从反面证明了我们的论断，即扬雄著作的创造性。

扬雄吸收的儒家以外的思想，主要是道家思想，这是由当时社会上学术思想的状况决定的。自汉武帝“罢黜百家，独尊儒术”，儒家思想成为国家的统治思想，其他学派受到排斥，但诸子之学并未断绝、消失。除了墨家因其私人性质的宗派武装集团，不为历代统治者所容，逐渐由所谓“侠客”演变为官府的鹰犬，其思想几乎完全丧失影响，只有少数典籍尚存外，其他学派的思想大都程度不同地融入儒家思想，成为以董仲舒为代表的汉代新儒学的组成部分。阴阳五行思想则不仅成为汉代新儒学的组成部分，更成为普遍流行的一种社会思潮，不管什么人论述什么问题，也不管是解释自然现象还是社会现象，阴阳五行思想都成了必不可少的理论基础。诸子之学延续到西汉末年仍然作为一个学派而存在的，只剩下了道家。所以扬雄吸收的儒家以外的思想，主要也是道家思想。

扬雄之所以能吸收道家思想，当然主要源于他的“博览无所不见”。但“博览无所不见”不等于对博览的东西全部吸收，对有的内容还可能是反对甚至批判。扬雄之所以于“博览无所不见”中吸收道家思想，应该是因为他从少年时代就受到了道家思想的影响。而他少年时代道家思想的启蒙者，则是严君平。《汉书·王贡两龚鲍传》在记述严君平的事迹时说：“扬雄少时从游学，以而仕京师显名，数为朝廷在位贤者称君平德。”说明扬雄不仅少年时代曾师事严君平，直到成年甚至成名后对严君平仍念念不忘，可见严君平对其影响之深。

严君平，本姓庄，名遵，字君平。蜀郡成都人，与扬雄是同乡。班固作《汉书》，因避东汉明帝刘庄讳，改“庄”为“严”，故后人多称之为严君平。严君平可以说是西汉末年道家思想的一个代表人物，史载其“卜筮于成都市，以为：‘卜筮者贱业，而可以惠众人。有邪恶非正之问，则依蓍龟为言利害。与人子言依于孝，与人弟言依于顺，与人臣言依于忠，各因势导之以善。从吾言者，已过半矣。’裁日阅数人，得百钱足自养，则闭肆下帘而授《老子》。博览亡不通，依老子、严周之指著书十余万言”（《汉书·王贡两龚鲍传》）。可见其思想既尊崇道家，又受儒家影响。这种儒道兼综的思想特点，也正是扬雄思想的特点。但在严君平那里是以道家为主，扬雄的思想则以儒家为主，这是二人不同之处。

严君平的著作，据文献记载，有《老子注》和《老子指归》两种。《老子指归》又称《道德指归论》或《道德真经指归》，今仅存论《德经》部分七卷。《老子注》在《经典释文·序录》及《隋书·经籍志》中皆有记载，但后来亡佚，不过在唐宋元对《道德经》的一些阐释书中有些引用，聊可窥其一斑。《老子指归》中的“庄子曰”是严君平的话，有人误以为是先秦庄子（庄周）的话，是不对的。

严君平在中国哲学史上的贡献，主要是发展了《老子》以无（道）为本的宇宙本体论和由无（道）生有的宇宙发生论。这两点本是《老子》书中原来就有的，但基本上是结论性的论断，没有论证。严君平的贡献就是尽力作了一些论证，由于要进行论证，自然对一些问题做出了自己的论述。

四、《法言》的主要内容和影响

《法言》内容广博，涉及哲学、政治、经济、军事、文学、艺术、语言、自然科学、古今人物、历史事件、诸子百家、古典文献等许多方面，影响广泛。夸张一点，《法言》几乎可以说是关于西汉以前我国历史和文化的一部百科全书。

附带说明一点，《法言》的文字有的古奥难解。为了减少读者阅读本部分原文的困难，本书除了注明何卷外，还注明了以阿拉伯数字标示的章数。这样读者在遇到难解的引文时，就可以顺利地查阅正文中的解释，以避免在引文后又要加以解释，既与正文重复，又增加了不必要的篇幅。

一、政治思想

（一）扬雄政治思想的表现形式

扬雄在《法言》中论述其政治思想时，在表现形式上有一个突出的特点，就是他往往以评论古代的事件、人物为手段，来评说当时的事件、人物。所以在《法言》中扬雄很少对同时代的人物、事件评论，你看到的都是他对古代人物、事件的评论，最迟他也只谈到西汉中期的人物和事件，而且很少。至于同时代的人，除了王莽，扬雄只提到了他很佩服的两个人：李仲元和郑子真。而大量的是秦以前的人物和事件。但如果联系扬雄当时的社会状况想一想，你就会发现他的矛头所指，理解他真正的意旨。这种情况我们在后面具体论述他的政治思想时，可以清楚地看到。

扬雄之所以这样做，与他所代表的社会阶层，以及其个人的性格特征有关。

扬雄所属的“中民”阶层，即当时的“中产阶级”，是当时社会上的一个弱小群体。他们既没有贵族官僚、豪强地主那样强大的势力，也没有贫苦农民那样庞大的数量及对统治集团的强烈憎恨，因此是一个具有两面性的社会群体。一方面，他们经常受到各级官僚特别是贪官污吏的欺诈勒索，并且处于不知何时就会被豪强地主兼并的危险之中，因而对此类人物多有不满，希望予以揭露和批判。另一方面，他们又对这些人心存畏惧，而且希望有一天自己也能成为统治集团中的一分子，以便使自己的境遇有所改善。基于这种矛盾的心理状态，他自然不会对此类人物给予直接的揭露和明确的批判。

扬雄个人的性格特征也是如此，他既对贵族官僚、豪强地主的所作所为有所不满，又想自己能爬上去，成为统治阶层中的一分子。否则，他完全可以隐居于家乡，不必千里迢迢地到京师去求人赏识。所以对《汉书·扬雄传》说他“乏无儋石之储，晏如也……清静亡为，少耆欲，不汲汲于富贵，不戚戚于贫贱，不修廉隅以徼名当世”，只能做相对的理解，而不能作绝对的理解。只能说他追求功名利禄之心不像有些人那样强烈，而不能说他丝毫没有追求功名利禄之心。到达京师有了一点地位之后，他的表现同样是软弱的。他也想进谏皇帝，但又不直接指陈，而是作赋献上，在大力铺陈皇帝的豪华生活之余，加上一点箴谏之意，结果是“劝百而讽一”，反而助长了皇帝的奢华。拿他的言行和同期鲍宣的上书做一对比，扬雄性格的这一特征可谓暴露无遗。

扬雄的处世哲学是明哲保身。

> 或问活身。曰：“明哲。”或曰：“童蒙则活，何乃明哲乎？”曰：“君子所贵，亦越用明，保慎其身也。如庸行翳路，冲冲而活，君子不贵也。”（《问明》6.18）

扬雄还用龙、凤作比喻，说明自己与世俯仰的态度。

> 龙蟠于泥，蚖其肆矣。蚖哉，蚖哉？恶睹龙之志也与？或曰：“龙必欲飞天乎？”曰：“时飞则飞，时潜则潜。既飞且潜，食其不妄，形其不可得而制也与？”曰：“圣人不制，则何为乎羑里？”曰：“龙以不制为龙，圣人以不手为圣人。”（《问神》5.5）
>
> 或问：“君子在治？”曰：“若凤。”“在乱？”曰：“若凤。”或人不谕。曰：“未之思矣。”曰：“治则见，乱则隐。鸿飞冥冥，弋人何慕焉？鷦明遴集，食其洁者矣。凤鸟跄跄，匪尧之庭。”（《问明》6.16）

问题是，他既未能像龙一样“时飞则飞，时潜则潜”，也未能像凤一样“治则见，乱则隐”。因为，他是想“飞”、想“见”的，可惜无法实现；但又不想“潜”、不想“隐”，于是只好这样尴尬地苟活下去。

（二）扬雄政治思想的核心

扬雄政治思想的核心，是维护“圣人之道”，即以孔子为代表的儒家学说。类似的言论在《法言》中可以说是俯拾即是。

观书者譬诸观山及水，升东岳而知众山之峛崺也，况介丘乎！浮沧海而知江河之恶沱也，况枯泽乎！舍舟航而济乎渎者，末矣！舍五经而济乎道者，末矣！弃常珍而嗜乎异馔者，恶睹其识味也？委大圣而好乎诸子者，恶睹其识道也？（《吾子》2.9）

这里把儒家经典比作泰山、大海，其他非儒家学说则连一般的山川也比不上，顶多算孤独的土堆和干枯的池塘。因此，必须学习儒家经典，做事才能符合“圣人之道”，除此之外，没有别的办法。

对于事情或言论的是非对错，也要以“圣人之道”为标准来进行判断。

或曰：“人各是其所是而非其所非，将谁使正之？”曰：“万物纷错则悬诸天，众言淆乱则折诸圣。”或曰：“恶睹乎圣而折诸？”曰：“在则人，亡则书，其统一也。”（《吾子》2.21）

人世间的事情错综复杂，人们的看法也各种各样，甚至互相排斥。但判断是非对错的标准只有一个，那就是“圣人之道”。如果圣人不在了，圣人的书就代表了“圣人之道”，书中的论述就可以用作标准来判断各种言论和行为的是非对错。

扬雄还用披着虎皮的羊来比喻那些背弃了孔子之道，却冒充孔子之徒的假儒。

或曰：“有人焉，自云姓孔而字仲尼，入其门，升其堂，伏其几，袭其裳，则可谓仲尼乎？”曰：“其文是也，其质非也。”“敢问质？”曰：“羊质而虎皮，见草而说，见豺而战，忘其皮之虎矣。”（《吾子》2.12）

羊虽然披着虎皮，却看见青草就高兴，看见豺就发抖，暴露了羊的本质。那些冒充孔子之徒的假儒也一样，无事时可以貌似儒士，一旦为人处世时做出实际行动，背弃孔子之道的真面目就暴露出来了。

（三）扬雄心目中的理想政治

我们在前面曾说，“圣人之道”即主要以孔子为代表的儒家学说，除了以孔子为代表的儒家学说外，还有其他人的言行亦被扬雄视为“圣人之道”。这些人就是孔子视为古代圣人的尧、舜、文王、周公等人。扬雄心目中的理想政治，就是以他想象中的这些人建立的政治局面作为标本。

> 或问：“为政有几？”曰：“思、斁。”或问思、斁。曰：“昔在周公，征于东方，四国是王；召伯述职，蔽芾甘棠。其思矣夫！齐桓欲径陈，陈不果内，执辕涛涂。其斁矣夫！於戏！从政者审其思、斁而已矣！”或问：“何思？何斁？”曰：“老人老，孤人孤，病者养，死者葬，男子亩，妇人桑，之谓思。若污人老，屈人孤，病者独，死者逋，田亩荒，杼轴空，之谓斁。”（《先知》9.4）

扬雄在这里是以周公、召公的行为作为理想政治的标准，而周公正是孔子心目中最崇拜的古代圣人。所以，当很长时间没有梦见周公时，孔子就感慨说：“甚矣吾衰矣，久矣吾不复梦见周公。”（《论语·述而篇》）几百年前的一位古人，竟然会经常梦见他，当有一段时间没有梦见时就大发感慨，可见孔子对周公的崇拜之情。

引文中“何思？何斁”之后关于“思”政的回答，则是扬雄对其理想政治的具体描述。这些描述显然受到《礼记·礼运》关于大同社会描述的影响。《礼记·礼运》中的大同思想，本来就是古人对所向往的美好社会的一种想象，或者说是对远古原始社会的一种美化的回忆。扬雄的这种政治理想，当然只能是一种想象，一种在当时根本没有实现可能的想象。不同之处在于,《礼记·礼运》是以历史演变的角度讲的，所以大同之后是小康。扬雄在这里是在与恶政的对比中讲的。在另一段文字中，扬雄从另一个角度对恶政作了说明。

或问民所勤。曰:“民有三勤。”曰:“何哉，所谓三勤？”曰:“政善而吏恶，一勤也；吏善而政恶，二勤也；政吏骈恶，三勤也。禽兽食人之食，土木衣人之帛，谷人不足于昼，丝人不足于夜，之谓恶政。”(《先知》9.6)

看来只有政善吏也善，老百姓才能避免恶政的困扰。但在扬雄的时代，这是不可能的。

(四)对诸子的批判

为了维护所谓“圣人之道”，扬雄对诸子是持批判态度的。但具体到诸子中的某个学派或某个人，扬雄的态度又不完全一样，有的是全盘否定，有的则是部分肯定、部分否定。

我们先来看一段涉及诸子最广泛的文字。

庄、杨荡而不法，墨、晏俭而废礼，申、韩险而无化，邹衍迂而不信。(《五百》8.28)

在这一段文字中，除了名家如公孙龙外，其他诸子各派都涉及了。对这些人的主张和作为，扬雄是否定的。但否定的理由，即他认为的各人的问题又不一样。庄周、杨朱是不遵守法度，墨翟、晏婴是废弃礼仪，申不害、韩非是否定教化，邹衍是说怪诞而不可相信。

对公孙龙，扬雄也是否定的。

或问："公孙龙诡辞数万以为法，法与？"曰："断木为棋，梡革为鞠，亦皆有法焉，不合乎先王之法者，君子不法也。"（《吾子》2.8）

但扬雄反对最激烈的，还是作为法家代表人物的申不害、韩非。

申、韩之术，不仁之至矣。若何牛羊之用人也？若牛羊用人，则狐狸、蝼、螾不膢腊也与？或曰："刀不利、笔不铦，而独加诸砥，不亦可乎？"曰："人砥则秦尚矣！"（《问道》4.22）

对道家和阴阳家的代表人物，扬雄则有所否定，也有所肯定。

《老子》之言道、德，吾有取焉耳；及捶提仁、义，绝灭礼、学，吾无取焉耳。（《问道》4.6）

或曰："庄周有取乎？"曰："少欲。""邹衍有取乎？"曰："自持。至周罔君臣之义，衍无知于天地之间，虽邻不觌也。"（《问道》4.26）

扬雄之所以对道家和阴阳家的思想有所肯定，如我们在前面已经指出过的，是因为他不仅少年时代即受到过道家思想的影响，而且在他形成自己的思想时，也吸收了道家思想的一些内容。而阴阳五行思想则不仅成为汉代新儒学的组成部分，更成为当时普遍流行的一种社会思潮。扬雄本人也有浓厚的阴阳五行思想，在《法言》中表现不明显，但在《太玄》中有明显表现。当然，对道家和阴阳家思想中不符合"圣人之道"即儒家学说的内容，扬雄还是反对的。

在对诸子的批判中，扬雄自比为孟子。

古者杨、墨塞路。孟子辞而辟之，廓如也。后之塞路者有矣，窃自比于孟子。（《吾子》2.20）

当时有些人认为孟子也属于诸子，对扬雄反对诸子而不反对孟子质疑。扬雄说自己之所以不反对孟子，是因为孟子和孔子是一致的。

或曰："子小诸子，孟子非诸子乎？"曰："诸子者，以其知异于孔子也。孟子异乎不异？"（《君子》12.4）

这就把孟子与诸子区别开来，肯定了孟子是儒家学派的一员。

不仅如此，扬雄还对孟子的品质给予极高的评价。

或问孟子知言之要，知德之奥。曰："非苟知之，亦允蹈之。"（《君子》12.4）

"请问孟轲之勇？"曰："勇于义而果于德，不以贫富贵贱死生动其心。于勇也，其庶乎！"（《渊骞》11.4）

虽然扬雄对诸子作了尖锐的批判，但他认为，诸子并非不可改变。即使像庄周、申不害、韩非这样的人，只要他们能诚心地努力学习儒家经典就可以改变，甚至可以达到和孔子弟子中德行最好的颜回、闵损媲美的境界。

庄周、申、韩，不乖寡圣人而渐诸篇，则颜氏之子、闵氏之孙，其如台！（《问道》4.25）

人通过学习和教育可以改变，这是扬雄的一贯主张。不仅庄周、申、韩通过学习可以改变，其他人也是一样。

孔子习周公者也，颜渊习孔子者也。羿、逢蒙分其弓，良舍其策，般投其斧，而习诸，孰曰非也？（《学行》1.7）

（五）抨击社会丑恶，反对农民起义

在《法言》中，扬雄对社会上各种丑恶现象进行了广泛的抨击。这些抨击的特点，如我们在上面指出的，大多并不直接指责当前社会的人和事，而是借抨击古代一些类似的人和事来表明他的态度。

或问："信陵、平原、孟尝、春申，益乎？"曰："上失其政，奸臣窃国命，何其益乎？"（《渊骞》11.7）

这是反对权臣操纵朝政。西汉末年，成、哀、平诸帝在位期间，朝廷大权大都操在权臣手中。比如王氏家族，凭借王政君作为元帝皇后的靠山，其兄弟如王凤、王商、王根等皆连续掌握朝廷大权，一家"凡九侯、五大司马"，其子弟"乘时侈靡，以舆马声色佚游相高"。只有王莽，因其父早死，"独孤贫，因折节为恭俭"（《汉书·王莽传》），骗取了声誉，最后取刘氏皇位而代之。

或问："秦伯列为侯卫，卒吞天下，而赧曾无以制乎？"曰："天子制公、侯、伯、子、男也，庸节。节莫差于僭，僭莫重于祭，祭莫重于地，地莫重于天。则襄、文、宣、灵，其兆也。昔者襄公始僭西畤，以祭白帝；文、宣、灵宗兴鄜、密、上、下，用事四帝；而天王不匡，反致文、武胙。是以四疆之内，各以其力来侵，攘肌及骨，而赧独何以制秦乎？"（《重黎》10.8）

这是反对土地兼并、僭越逾制。西汉末年，贵族豪强的土地兼并，已到了无以复加的地步。如汉成帝时，安昌侯张禹“多买田至四百顷”。成帝舅红阳侯王立“占垦草田数百顷”。哀帝一次就赐给其男宠董贤田二千顷。当然，能达到这种程度的，多是在官府中有势力的人。但有田几十顷的大地主，肯定也不是少数。否则，哀帝时孔光、何武等奏请“吏民名田皆毋过三十顷”，就毫无意义。平帝时王莽上书表示愿献田三十顷，也不可能即徽名天下。这使扬雄这类“中民”无时无刻不感到土地被兼并的威胁。他反对兼并，自在情理之中。至于僭越，如车骑服饰、府邸园囿等的逾制，在贵族豪强中更是普遍现象。

或曰：“弘羊榷利而国用足，盍榷诸？”曰：“譬诸父子。为其父而榷其子，纵利，如子何？”（《寡见》7.21）

这是反对赋敛过度。前面引述的鲍宣上书提到的“民有七亡”中，就有“县官重责更赋租税”“贪吏并公，受取不已”“苛吏繇役，失农桑时”等现象。可见赋敛过度已成了严重的社会问题。何况在贵族豪强不纳赋税、贫苦农民大量逃亡的情况下，这些负担必然更多地压在了扬雄这些“中民”身上，使他们深感难以支撑。扬雄对赋敛过度的抨击，正代表了本阶层人群心底的呼声。

《法言》中也有直接抨击酷吏、货殖、游侠、佞幸的文字。但只是抨击这类现象，并不指出具体的人和事。

“酷吏？”曰：“虎哉，虎哉！角而翼者也。”“货殖？”曰：“蚊。”曰：“血国三千，使捋疏饮水褐博，没齿无愁也？”或问循吏。曰：“吏也。”“游侠？”曰：“窃国灵也。”“佞幸？”曰：“不料而已。”（《渊骞》11.17）

由于汉武帝用兵四方，费用浩大，加之徭役繁多，生产不时，人民已经很难承受。所以，在汉武帝所建“丰功伟绩”的背后，社会矛盾已经渐趋严重。武帝晚年，规模几百人甚至数个人的农民起义，已经在许多地方出现。武帝末年和昭、宣二帝时期，虽然采取了一些休养生息、恢复和发展生产的措施，但并未能从根本上解决农民的困境。而从元帝以后，下至成、哀、平，贵族豪强占田无数，富商大贾暴利盘剥，贪官污吏敲诈勒索，社会矛盾愈来愈严重、愈来愈尖锐。农民起义更加频繁，规模也越来越大，这就使扬雄这类“中民”，不仅感到自身受到农民起义的威胁，而且感到了农民起义对朝廷的威胁。这两方面的原因，都使他们不可能不反对农民起义。

> 或问陈胜、吴广。曰：“乱。”曰：“不若是则秦不亡。”曰：“亡秦乎？恐秦未亡而先亡矣。”（《重黎》10.6）

比起司马迁在《史记》中专门为陈胜设立“世家”来，扬雄的思想是退步得多了。司马迁的思想实际上反映了新的统治者，即继陈胜、吴广起义，最终推翻秦王朝建立西汉王朝的初期统治者，对其先行者的认可。但到了扬雄的时候，这些因素已经消失了。

（六）从维护皇权到拥护王莽

从上文可以看出，扬雄抨击的范围可谓广泛，但他抨击的大都是有势力的掌权人物，以下犯上、臣篡君权、权臣乱政之类的现象。对于皇帝，除了对桀、纣、秦始皇等少数古代社会公认的暴君有所指责外，没有指责其他皇帝。因为在扬雄的政治思想中，有一个很重要的内容，就是政之本在于君，甚至在于君主心。

> 或问：“何以治国？”曰：“立政。”曰：“何以立政？”曰：“政

之本，身也。身立则政立矣。”（《先知》9.3）

天地之得，斯民也；斯民之得，一人也；一人之得，心矣。（《孝至》13.16）

或问大。曰：“小。”问远。曰：“迩。”未达。曰：“天下为大，治之在道，不亦小乎？四海为远，治之在心，不亦迩乎？”（《孝至》13.19）

把一切希望都寄托在皇帝身上，皇帝圣明，则政治清明、天下太平、万民安康。这可以说是封建社会知识分子的普遍心态，扬雄也不例外，所以他们极力维护皇权，反对权臣乱政。但现实却打碎了扬雄们的幻想。不管他们的要求多么卑微，皇帝不仅置之不理，只管自己享乐，而且宠信权臣，任凭权臣当政。他们只好面对苍天，叹息“圣德”之难遇，感慨“圣者”之不用。

或问：“孔子之时，诸侯有知其圣者与？”曰：“知之。”“知之则曷为不用？”曰：“不能。”曰：“知圣而不能用也，可得闻乎？”曰：“用之则宜从之，从之则弃其所习，逆其所顺，强其所劣，捐其所能。冲冲如也。非天下之至，孰能用之？”（《五百》8.6）

对原来的皇帝渐渐绝望，于是扬雄和当时的许多知识分子一样，想到了因革、损益之道。

或问：“道有因无因乎？”曰：“可则因，否则革。”（《问道》4.16）

或问新、敝。曰：“新则袭之，敝则益损之。”（《问道》4.19）

因此，他特别反对在乱世仍安坐，视民之死而无所作为的态度。

或问无为。曰："奚为哉！在昔虞、夏，袭尧之爵，行尧之道，法度彰，礼乐著，垂拱而视天下民之阜也，无为矣。绍桀之后，纂纣之余，法度废，礼乐亏，安坐而视天下民之死，无为乎？"（《问道》4.17）

正当扬雄们徘徊彷徨，感到无可奈何之际，作为代刘氏而兴的人物王莽出现了。王莽不仅"折节为恭俭"，而且提出了许多主张，做出了很多许诺，以满足各个阶级、各个阶层、各个政治集团和各种代表人物的要求。于是扬雄和许多知识分子一样，都逐渐转向王莽，成为拥护王莽上台的社会力量。

扬雄的这一转变，在《法言》中已有反映。

周公以来，未有汉公之懿也，勤劳则过于阿衡。（《孝至》13.33）

汉兴二百一十载而中天，其庶矣乎！辟廱以本之，校学以教之，礼乐以容之，舆服以表之，复其井、刑，勉人役，唐矣夫！（《孝至》13.34）

从"汉兴二百一十载而中天"可以知道，这一条大约写于平帝时，正是王莽掌权的时候。而立明堂辟廱，建学校，以至行井田，禁止买卖奴婢，都是王莽提出的。所以毫无疑义，这是在歌颂王莽。王莽在被封为安汉公之后，又让人上书，说他功比周公、伊尹，周公为太宰，伊尹为阿衡，应取二人称号，加封其为"宰衡"。扬雄说"周公以来，未有汉公之懿也，勤劳则过于阿衡"，正响应了这种呼声。

扬雄拥护王莽，更可以从其《剧秦美新》一文得到证明。秦的暴政受到后人的批判，贾谊的《过秦论》就是例证，但扬雄骂秦也包含有骂汉的意思，这里的秦暗指当时的汉，骂秦就是骂汉，骂方死之汉而美方生之新。王莽代汉表面是受禅让，当然不好直接骂，于是就以秦代之。而且每当要指斥汉朝当时的某种弊病时，就把这种弊病说成是秦朝的弊政来骂一通，这几乎是西汉人的通例，扬雄也不过是沿袭了这个传统而已。

虽然王莽并没有真正落实扬雄所代表的阶层及其知识分子所要求的，但他确实在一段时间内摆出要落实的样子。于是对刘家王朝已经失望的这些人，包括扬雄在内，便都倒向王莽，成为王莽代汉自立的社会基础的一部分。但王莽实际上并不是代表他们的，而是代表贵族豪强中反刘集团的，所以当王莽上台后，他的政策的本质逐渐明显地暴露出来，未能满足要求反而更被骚扰和欺压的这些人，就起来反对他了。王莽朝后期全国范围的农民大起义爆发后，在各个反王莽的队伍中，有许多类似扬雄这样的"中民"阶层人士参加，就说明了这一点。但是如我们在前面已经指出的，这种政治态度的变化并没有在扬雄身上表现出来。因为他已经老了，不久就离开了人世。

二、天命观

（一）反对世俗迷信和神学化的谶纬经学

当时社会上流传着很多迷信行为，如方士巫术、象龙致雨等。对这些东西，扬雄是不满和反对的。

> 象龙之致雨也，难矣哉！曰："龙乎，龙乎！"（《先知》9.16）
>
> 或问《黄帝终始》。曰："托也。昔者，姒氏治水土而巫步多禹；扁鹊，卢人也，而医多卢。夫欲雠伪者必假真。禹乎，卢乎，《终始》乎！"（《重黎》10.2）

可以看出，在反对世俗迷信中，扬雄不但指出了世俗迷信的无效和不可信，而且揭示了宣扬世俗迷信的手法，如模仿真人真事，假借古人名声，以假冒真等。

自汉武帝立五经博士以后，传释儒家经典逐渐成为利禄之源，不仅儒家经典的解释越来越烦琐，而且逐渐出现了神学化的谶纬经学，即以所谓谶言（预言、预兆）和纬书（相对于经书）来解释经典和社会现象，比如在纬书中就有不少孔子为汉制法的故事，这在本质上和世俗的巫术没有什么区别，扬雄特别针对这种现象作了揭露。

或曰："甚矣，传书之不果也。"曰："不果则不果矣，又以巫鼓。"（《君子》12.10）

（二）揭露神仙和长生不死的虚伪

当时社会上流传着神仙长生不死，人若修道成仙，也就长生不死的传言，扬雄对此是反对的。

或问："人言仙者，有诸乎？""吁！吾闻宓羲、神农殁，黄帝、尧、舜殂落而死，文王毕，孔子鲁城之北。独子爱其死乎？非人之所及也。仙亦无益子之汇矣。"或曰："圣人不师仙，厥术异也。圣人之于天下，耻一物之不知；仙人之于天下，耻一日之不生。"曰："生乎，生乎！名生而实死也。"或曰："世无仙，则焉得斯语？"曰："语乎者，非嚣嚣也与？惟嚣嚣为能使无为有。"或问："仙之实？"曰："无以为也。有与无，非问也。问也者，忠孝之问也。忠臣孝子，偟乎不偟？"（《君子》12.20）

可以看出，扬雄对仙人可以长生不死是否定的。他以历史上的圣人、圣君都未能长生不死为例，指出了这种传说的不可信，还说明了这种传说的来源，即那些不负责任随便乱说的人才把没有的事说得煞有其事。

扬雄在反对神仙和所谓长生不死的论证中，还继承了孔子和道家的有关思想。

> 或问："赵世多神，何也？"曰："神怪茫茫，若存若亡，圣人曼云。"（《重黎》10.4）

这显然是受了"子不语怪、力、乱、神"（《论语·述而篇》）的影响，但一句"若存若亡"，也显示了扬雄在这个问题上的不彻底。

虽然对神仙的存亡不那么肯定，但对人有生必有死、不可能长生不死，他是肯定的。

> 有生者，必有死；有始者，必有终。自然之道也。（《君子》12.22）

他认为有生必有死是自然之道，这显然是受了道家所说自然之道的影响。

（三）论天命和天人关系

在天命问题上，更暴露了扬雄思想中的矛盾。需要注意的是，中国古代许多思想家，不管是讲有意志的天，还是自然的天，或是社会的时势，往往都用"天"这个术语，扬雄也是这样。这是我们在阅读《法言》中有关"天"的论述时，需要注意并予以区别的。

有时扬雄从道家的立场出发，不承认"天"有意创生万物。

> 或问天。曰："吾于天与？见无为之为矣。"或问："雕刻众形者，匪天与？"曰："以其不雕刻也。如物刻而雕之，焉得力而给诸？"（《问道》4.5）

这里说的显然是自然之天。

或问："楚败垓下，方死，曰：'天也。'谅乎？"曰："汉屈群策，群策屈群力。楚憝群策，而自屈其力。屈人者克，自屈者负。天曷故焉。"（《重黎》10.10）

这里的"天"，就是有意志的天。问者认为天决定了人的成败祸福，扬雄则认为影响胜败的主要是人，天并不会影响到人事。

或问："嬴政二十六载天下擅秦，秦十五载而楚，楚五载而汉。五十载之际而天下三擅。天邪？人邪？"曰："具。周建子弟，列名城，班五爵，流之十二。当时虽欲汉，得乎？六国蚩蚩，为嬴弱姬，卒之屏营，嬴擅其政，故天下擅秦。秦失其猷，罢侯置守，守失其微，天下孤睽。项氏暴强，改宰侯王，故天下擅楚。擅楚之月，有汉创业山南，发迹三秦，追项山东，故天下擅汉。天也。""人？"曰："兼才尚权，右计左数，动谨于时，人也。天不人不因，人不天不成。"（《重黎》10.9）

这里的"天"，就既不是有意志的天，也不是自然之天，而是指当时的时势，和另一条中说的"时"是一个意思。

或问："六国并，其已久矣。一病一瘳。迄始皇，三载而咸。时激？地保？人事乎？"曰："具。""请问事？"曰："孝公以下，强兵力农以蚕食六国，事也。""保？"曰："东沟大河，南阻高山，西采雍、梁，北卤泾垠。便则申，否则蟠。保也。""激？"曰："始皇方斧，将相方刀；六国方木，将相方肉。激也。"（《重黎》10.7）

这里的“时”，就是当时的时势。古人有时说天时、地利、人和，把“天”与“时”相并组成一个词——天时，就是说这种时势是不以个人的主观意志为转移的。

但在某些时候，扬雄又相信天人感应。这说明他认为有意志的天还是存在的，并且能够影响甚至决定社会和个人的发展和命运。

或问：“圣人占天乎？”曰：“占天地。”“若此，则史也何异？”曰：“史以天占人，圣人以人占天。”（《五百》8.13）

不管是以人占天，还是以天占人，都说明天人感应是存在的。

或问：“星有甘、石，何如？”曰：“在德不在星。德隆则晷星，星隆则晷德也。”（《五百》8.14）

虽然说“在德不在星”，但一个“隆”则“晷”另一个，也还是互相感应。

虽然天人互相感应，但“天”是道德主宰，因此天并不随人的好恶而好恶，而是嘉善而惩恶，所以决定人事、命运的实际是道德。

或问：“秦、楚既为天典命矣，秦缢灞上，楚分江西，兴废何速乎？”曰：“天胙光德而陨明忒。昔在有熊、高阳、高辛、唐、虞、三代，咸有显懿，故天胙之，为神明主，且著在天庭，是生民之愿也，厥飨国久长。若秦、楚强阋震扑，胎藉三正，播其虐于黎苗，子弟且欲丧之，况于民乎，况于鬼神乎？废未速也。”（《重黎》10.11）

天为什么能“胙光德而陨明忒”？当然是因为天是有意志的。不仅如此，天甚至能看见、听见人的所作所为。

> 聪明，其至矣乎！不聪，实无耳也；不明，实无目也。“敢问大聪明？”曰：“眩眩乎，惟天为聪，惟天为明。夫能高其目而下其耳者，匪天也夫！”（《问明》6.2）

更进一步，他还认为天命是逃避不了的。

> 或问命。曰：“命者，天之命也，非人为也。人为不为命。”“请问人为？”曰：“可以存亡，可以死生，非命也。命不可避也。”或曰：“颜氏之子？冉氏之孙？”曰：“以其无避也。若立岩墙之下，动而征病，行而招死，命乎？命乎？”（《问明》6.11）

因此，明哲之人就要懂得天命，顺从天命。这样也就不会苦恼和忧虑。

> 或曰：“孔子之事多矣。不用，则亦勤且忧乎？”曰：“圣人乐天知命。乐天则不勤，知命则不忧。”（《修身》3.3）

这也正是扬雄为人处世的态度，由此我们就可以理解他明哲保身思想的由来。

三、认识论

（一）不满天意论，强调学、习、行

董仲舒的哲学和谶纬经学，都不大谈认识论问题。因为在他们看来，一切都由天决定，人按照天意行事就可以了，人们认识客观世界的努力是不必要的。他们即使谈到一些勉强可以称作认识论问题的内容，也超不出神学天命论的范围。董仲舒的“名应顺于天”和“灾异以见天意”

的思想，就属于这种情况。与这种天意论不同，扬雄比较强调学、习和行。

学，行之，上也；言之，次也；教人，又其次也；咸无焉，为众人。（《学行》1.1）

习乎习！以习非之胜是也，况习是之胜非乎？於戏！学者审其是而已矣。（《学行》1.12）

他反对那种认为学习无用的观点。

或曰："学无益也，如质何？"曰："未之思矣。夫有刀者砻诸，有玉者错诸。不砻不错，焉攸用？砻而错诸，质在其中矣；否则辍。"（《学行》1.4）

他也比较重视感官闻见在认识中的作用，并且强调多闻多见，进而精益求精。

或问苍蝇、红紫。曰："明视。"问郑、卫之似。曰："聪听。"或曰："朱、旷不世，如之何？"曰："亦精之而已矣。"（《吾子》2.3）

多闻则守之以约，多见则守之以卓。寡闻则无约也，寡见则无卓也。（《吾子》2.16）

因为比较重视感官闻见，所以他接触到了客观世界和感官之感知作用的关系问题。

日有光，月有明。三年不目日，视必盲；三年不目月，精必蒙。荧魂旷枯，糟莩旷沉。擿埴索涂，冥行而已矣。（《修身》3.14）

虽然他把眼睛的视觉能力单纯归结为日光和月光的作用，这是不全面的。但他认为人的感官之感知作用有赖于客观世界，从根本上说，这是对的。

他还反对无可验证的妄言。

君子之言，幽必有验乎明，远必有验乎近，大必有验乎小，微必有验乎著。无验而言之谓妄。君子妄乎？不妄。（《问神》5.12）

这种验证不是神学目的论的天命垂示，而是可听可视的人世经验。

聆听前世，清视在下，鉴莫近于斯矣。（《五百》8.22）

（二）学习的目的：修身养性，成为君子

扬雄说的学和行，和我们今天说的学习和实践是不同的。我们说的学习和实践，是认识和改造世界的活动。扬雄说的学和行，是要求人们按照当时的社会规范修身养性，成为时人心目中的君子。

学者，所以修性也。视、听、言、貌、思，性所有也。学则正，否则邪。（《学行》1.9）

学者，所以求为君子也。求而不得者有矣，夫未有不求而得之者也。（《学行》1.17）

"求为君子"的目的，则是"为王者事"，即成就帝王的事业。

学之为王者事，其已久矣。尧、舜、禹、汤、文、武汲汲，仲尼皇皇，其已久矣。（《学行》1.13）

学的目的既然是这样，因此他不强调学者的主动精神，而强调师的作用。因为当时只有追随一师，读通一经，才有可能进入仕途，“为王者事”。

师哉，师哉！桐子之命也。务学不如务求师。师者，人之模范也。模不模，范不范，为不少矣！（《学行》1.10）

特别在当时经典传释学派林立、互相排斥的情况下，更不能不强调师的作用。

一閧之市，不胜异意焉；一卷之书，不胜异说焉。一閧之市，必立之平；一卷之书，必立之师。（《学行》1.11）

（三）认识正确的标准——圣人之道

面对学界宗派林立、互相排斥的情况，如何分辨与判断正确和错误呢？扬雄认为分辨与判断的标准是圣人之道。这和他在政治思想中维护圣人之道是一致的。

或曰：“人各是其所是而非其所非，将谁使正之？”曰：“万物纷错则悬诸天，众言淆乱则折诸圣。”或曰：“恶睹乎圣而折诸？”曰：“在则人，亡则书，其统一也。”（《吾子》2.21）

好书而不要诸仲尼，书肆也；好说而不要诸仲尼，说铃也。君子言也无择，听也无淫。择则乱，淫则辟。述正道而稍邪哆者有矣，未有述邪哆而稍正也。（《吾子》2.14）

因此他反对离开正道的迷识、杂识。

多闻见而识乎正道者，至识也；多闻见而识乎邪道者，迷识也。（《寡见》7.3）

或曰："淮南、太史公者，其多知与？曷其杂也！"曰："杂乎杂！人病以多知为杂，惟圣人为不杂。"（《问神》5.16）

既然不合乎"圣道"的闻见越多越坏事，扬雄终于轻视闻见，强调心神的作用，而且特别强调要深入体验圣人之心神的作用。

或问神。曰："心。""请问之？"曰："潜天而天，潜地而地。天地，神明而不测者也。心之潜也，犹将测之。况于人乎？况于事伦乎？""敢问潜心于圣？"曰："昔乎，仲尼潜心于文王矣，达之；颜渊亦潜心于仲尼矣，未达一间耳。神在所潜而已矣。"（《问神》5.1）

这是因为，圣人之心神可以"和同天人之际"，认识天道、天命。

圣人存神索至，成天下之大顺，致天下之大利，和同天人之际，使之无间也。（《问神》5.4）

可以看出，在认识论问题上，和在天命问题上一样，扬雄的思想也是有矛盾的。他不满天意论，强调学、习、行，重视感官、闻见在认识中的作用，有时甚至说要多闻多见，但又害怕多闻多见偏离了圣人之道，强调要以圣人之道为标准来规范闻见，排除迷识、杂识；更进一步则要求深入体验圣人之心神，认为这样才能"和同天人之际"，达到认识天道、天命的目的。

四、人性论

在扬雄以前，关于人性的学说，大体上有性善、性恶、性有善有恶、性无分善恶几种。它们都是一种抽象的人性论，认为人生来就是如此，没有区分人的自然性和社会性。比较起来，还不如孔子说的“性相近也，习相远也”(《论语·阳货篇》)，人生来“性相近”，这是人的自然性，还谈不上善恶；“习相远”，则是后天习得，这是人的社会性，善恶有别，如“相远”。虽然这还是一种朴素的认识，却也接近真实。朴素的认识，却比较接近事物的真相，这其实是人类认识发展中的普遍现象和必经的阶段。至于对事物本质的深刻揭示，是要否定之否定以后，人类认识的高级阶段才能达到的。《三字经》说：“人之初，性本善。性相近，习相远。”企图把孔子的说法与性善论统一起来，其实背离了孔子的本意。

当时，社会上流行的是董仲舒关于人性的学说。董仲舒认为，性有三品，即圣人之性、中民之性（或叫万民之性）、斗筲之性。统治者的人性是“圣人之性”，他们是教化民众之人，生来就具完美的善性。不符合当时社会秩序者的人性，是“斗筲之性”，他们根本没有善质，教化也不可能使其归善。有这两种人性的都是少数人，社会上大多数人的人性，则是“中民之性”，是有善质，但需王者教化而成善之人。这种人性论为当时统治者服务的作用很明显。但随着社会危机的加深，社会矛盾的尖锐化和表面化，它与生活现实的矛盾也日益显露出来。原来，统治者并不那样善，而是越来越残暴荒淫；万民也并不总是服服帖帖地接受教化，而是越来越多地群起反抗压迫，成为“不可救药”的“斗筲之民”。

面对严重的社会问题和董仲舒人性论的危机，扬雄提出了自己的人性论，但他并没有什么创造性，不过是从既有的人性论中取出性有善有恶说，作为董仲舒人性论的替代。

人之性也善恶混。修其善则为善人，修其恶则为恶人。气也者，

所以适善恶之马也与？（《修身》3.2）

《法言》中关于人性问题，扬雄只说了这样一段话，说得又相当含糊，所以引起了理解上的分歧。

第一个问题是，“混”是什么意思？是善恶混淆不分，还是善恶相杂？“混”确实有混淆不分和异物相杂这样两种意思，但基础的含义是异物相杂。因为混淆不分本来就是对不同的东西混杂在一起不易分辨说的。如果是同样的东西，又怎么会说混淆不分呢？何况下面接着说“修其善则为善人，修其恶则为恶人”，显然表明人性是有善有恶、善恶相杂，而不是善恶混淆不分。

另一个问题是，作为“适善恶之马”的“马”，究竟是什么？首先，如果把“气也者，所以适善恶之马也与”和“修其善则为善人，修其恶则为恶人”联系起来看，这个“气”对人性所起的作用，和“修”对人性所起的作用是相同的。这样看来，这个“气”就是人本身的修养功夫。其次，扬雄又很重视人际遭遇等外部环境对人性的作用，如说：“螟蛉之子殪而逢蜾蠃。祝之曰：类我，类我。久则肖之矣。速哉，七十子之肖仲尼也。”（《学行》1.5）“或曰：人可铸与？曰：孔子铸颜渊矣。”（《学行》1.8）“师哉，师哉！桐子之命也。务学不如务求师。师者，人之模范也。模不模，范不范，为不少矣！”（《学行》1.10）由此，我们又可以把这个“气”看作是存在于人身之外而能影响人性的人际遭遇等外部环境。所以，从扬雄思想的整体看，这两种意思很可能都有。

五、文学思想

《法言》模仿《论语》的风格，大部分采用问答体，文字简括而含蓄，继承了先秦诸子散文的一些优点，但缺乏它们那种明白流畅的文风，有时失之于晦涩生硬，所以在文学史上地位不高。有价值的是扬雄在《法言》中阐述的一些文学观点。

（一）关于赋：从“尝好辞赋”到“辍不复为”

扬雄本来是很喜欢赋的，而且崇拜司马相如，甚至模仿司马相如作赋。《汉书·扬雄传》说：“先是时，蜀有司马相如，作赋甚弘丽温雅，雄心壮之，每作赋，常拟之以为式。”以为“辞莫丽于相如，作四赋”，即《甘泉赋》《河东赋》《校猎赋》（或称《羽猎赋》）《长杨赋》，这四篇大赋历来被视为扬雄赋的代表作。其用词典雅，气象宏阔，在表现手法上确实和司马相如的赋相似。但也和司马相如的赋一样，因为极力堆砌辞藻，未免佶屈聱牙，所以现代人很难卒读。远不如他表达自己思想和感情的《太玄赋》《逐贫赋》《解嘲》《解难》等小赋清新流畅、易解可读。基于此，我们可以把扬雄这些小赋看作是汉赋走向抒情文学的开端，汉赋从宫廷游戏文学向个人抒情文学转变的一个中间环节。如果说扬雄的赋作在赋史以至于文学史上有一定贡献的话，我认为他抒发个人感慨的这些小赋远比所谓代表作的四大赋更值得肯定。

但扬雄毕竟不同于司马相如，他是一个有政治理想的人。虽然他是靠献赋得到皇帝的赏识，才得以“除为郎，给事黄门”（《汉书·扬雄传》），但他作赋并不纯粹是为了迎合皇帝，以获取功名利禄。他还希望用赋来讽谏皇帝，使皇帝能遵守圣人之道以治国安邦。因此，当看到赋这种形式对帝王的奢侈淫佚不但达不到讽谏的目的，反而成了一种鼓励，有害于实现治国安邦的目的时，他对赋的态度就变了。《汉书·扬雄传》记载：“雄以为赋者，将以风也，必推类而言，极丽靡之辞，闳侈巨衍，竞于使人不能加也，既乃归之于正，然览者已过矣。往时武帝好神仙，相如上《大人赋》，欲以风，帝反缥缥有陵云之志。繇是言之，赋劝而不止，明矣。又颇似俳优淳于髡、优孟之徒，非法度所存，贤人君子诗赋之正也，于是辍不复为。”就说明了扬雄对赋的态度的转变。

扬雄对赋的态度的转变，在《法言》中也有记载。

或问："吾子少而好赋？"曰："然。童子雕虫篆刻。"俄而曰："壮夫不为也。"或曰："赋可以讽乎？"曰："讽乎？讽则已；不已，吾恐不免于劝也。"（《吾子》2.1）

在对赋有了新的认识的基础上，扬雄对赋也作了新的评价。

或问："景差、唐勒、宋玉、枚乘之赋也，益乎？"曰："必也淫。""淫则奈何？"曰："诗人之赋丽以则，辞人之赋丽以淫。如孔氏之门用赋也，则贾谊升堂、相如入室矣。如其不用何？"（《吾子》2.2）

所谓"诗人之赋"，指符合"法度所存，贤人君子诗赋之正"的诗歌作品。他认为这种作品"丽以则"，即艺术性高而又符合圣人之道。所谓"辞人之赋"则指"非法度所存，贤人君子诗赋之正"的诗歌作品。具体说来就是景差、唐勒、宋玉、枚乘、贾谊、司马相如等人的辞赋。他认为这种作品"丽以淫"，即辞藻华丽、铺陈过度，不但起不到讽谏的作用，反而会诱导读者竞相奢侈淫佚。所以他不但不赞成这种辞赋，而且认为"孔氏之门"即正统的儒学是不会用这种赋的。从中也可以看出，扬雄对司马相如的态度来了一个一百八十度的大反转。他不但不再崇拜司马相如，而且认为司马相如根本不符合正统儒学的要求，正统儒学是不会用这种人的。

（二）论作品的内容和形式

首先，扬雄认为，人的言论和文章都是人的思想感情的反映。君子和小人的思想感情不同，所以有不同的言论和文章。思想感情一旦用言论和文章表达出来，是君子还是小人就显露出来了。言论和文章都是君子和小人思想感情活动的结果。

面相之，辞相适，捈中心之所欲，通诸人之嚍嚍者，莫如言。弥纶天下之事，记久明远，著古昔之䫏䫏，传千里之忞忞者，莫如书。故言，心声也；书，心画也。声画形，君子小人见矣。声画者，君子小人之所以动情乎！（《问神》5.13）

因此，扬雄主张作品内容必须符合圣人之道，根据圣人之道进行取舍，否则必然走上邪路，或成为累赘。

好书而不要诸仲尼，书肆也；好说而不要诸仲尼，说铃也。君子言也无择，听也无淫。择则乱，淫则辟。述正道而稍邪哆者有矣，未有述邪哆而稍正也。（《吾子》2.14）

书不经，非书也；言不经，非言也。言、书不经，多多赘矣。（《问神》5.17）

当然，在内容正确、符合圣人之道的基础上，扬雄认为还是应该讲究文采，注意形式。

或曰："良玉不雕，美言不文，何谓也？"曰："玉不雕，玙璠不作器；言不文，典谟不作经。"（《寡见》7.7）

但形式与内容哪一方面过分或不足都不好，最好是在注重内容的基础上，使内容与形式相称。

或问："君子尚辞乎？"曰："君子事之为尚。事胜辞则伉，辞胜事则赋，事辞称则经。足言足容，德之藻矣。"（《吾子》2.7）

因此，扬雄反对以华美的形式传播错误的内容，来破坏圣人之道。

或曰："女有色，书亦有色乎？"曰："有。女恶华丹之乱窈窕也，书恶淫辞之淈法度也。"（《吾子》2.5）

所以他要求以圣人之道为标准来分辨和判断各种言论、文章的是非，以决定取舍，即"众言淆乱则折诸圣"（《吾子》2.21）。由此可见，扬雄的文学思想和他的整个思想体系是紧密联系在一起，而且是完全一致的。扬雄关于言论和文章必须遵循和符合圣人之道的思想，对后世"征圣""宗经""正纬"，"文以明道""文以载道"等文学主张产生了明显的影响。

六、对后世的影响

《法言》由于其内容丰富，涉及面广，在我国思想史上的影响，从成书流传到北宋时期一直都是比较大的。最突出的影响有两个方面。

一个方面是《法言》中对神怪迷信和谶纬经学的怀疑和批评为后来的唯物主义哲学家所继承和发展，促进了我国唯物主义哲学和无神论思想的发展。

如比扬雄稍晚，在我国唯物主义形神论的发展史上做出了重要贡献的桓谭，由于反对谶纬神学，险些被汉光武帝刘秀杀掉。后虽未被杀，还是因忧愤成疾而死在被贬谪的途中，他的思想就直接受到扬雄的影响。在其著作《新论》中，桓谭曾多次赞扬扬雄及其著作《法言》和《太玄》。《汉书·扬雄传》也记载说，扬雄"用心于内，不求于外，于时人皆曶之，唯刘歆及范逡敬焉，而桓谭以为绝伦"。又说："时大司空王邑，纳言严尤闻雄死，谓桓谭曰：子尝称扬雄书，岂能传于后世乎？谭曰：必传，顾君与谭不及见也。"《意林》卷三引桓谭《新论》："张子侯曰：扬子云，西道孔子也，乃贫如此？吾应曰：子云亦东道孔子也。昔仲尼岂独是鲁孔子，亦齐、楚圣人也。”可见桓谭对扬雄的推崇之至。

又如东汉初期伟大的唯物主义哲学家王充，也受到扬雄及其《法言》的很大影响，在其著作《论衡》中就曾多次提到扬雄并给予高度评价。如在《超奇篇》中说：“王公子问于桓君山以扬子云，君山对曰：‘汉兴以来，未有此人。’君山差才，可谓得高下之实矣。”也就是说，他同意桓谭对扬雄“汉兴以来，未有此人”的评价，把扬雄看成是汉代以来最杰出的人物。在《自纪篇》中，王充还说：“身与草木俱朽，声与日月并彰，行与孔子比穷，文与扬雄为双，吾荣之。”把扬雄与孔子相提并论，并且认为自己可以与他们相比是一种光荣，可见对扬雄及其著作评价之高。王充反对天命、反对谶纬迷信、反对人可以成仙不死的谬论，主张天道自然无为等思想，可以说是直接继承了《法言》中的有关思想，而又有所发展。

另一个方面是扬雄在《法言》中所表现出的捍卫“圣人之道”的精神，对后世儒家所谓道统的建立产生了重要影响。扬雄在《法言》中认为，孟子在他的时代为捍卫孔子之道，批判异端邪说做出了重大贡献。他要学习孟子，在当时担负起捍卫“圣人之道”、批判诸子异说的任务。他这种主张启发了唐宋许多主张建立儒家道统的学者。

如唐代批判佛老、首创儒家道统说的韩愈在其《原道》一文中说：“斯吾所谓道也”，“尧以是传之舜，舜以是传之禹，禹以是传之汤，汤以是传之文、武、周公，文、武、周公传之孔子，孔子传之孟轲。轲之死，不得其传焉”。韩愈显然是受了扬雄窃以孟子自比影响，而以“唐代的孟子”自居。这从韩愈在《读荀子》一文中说的一段话，更可以得到证实。他说：“始吾读孟轲书”，“以为孔子之徒没，尊圣人者，孟氏而已。晚得扬雄书，益尊信孟氏。因雄书而孟氏益尊，则雄者亦圣人之徒欤？”韩愈对扬雄的意见，主要是嫌扬雄“语焉而不详”，即对诸子的批判太简略了。至于对扬雄的思想，韩愈的评价是很高的。如在《读荀子》中，他虽然也说“孟氏，醇乎醇者也。荀与扬，大醇而小疵”，这个评价本来已经够高了，他却又说“圣人之道……火于秦，黄老于汉，其存而醇者，孟轲氏而止耳，扬雄氏而止耳”。可见在韩愈的心目中，扬雄简直可以和孟子并列了。

到北宋时期，继承韩愈道统的一些学者，干脆把扬雄、韩愈都列入道统嫡传的世系之中。如柳开在其《应责》一文中说：“吾之道，孔子、孟轲、扬雄、韩愈之道；吾之文，孔子、孟轲、扬雄、韩愈之文也。”孙复在其《信道堂记》中说：“吾之所谓道者，尧、舜、禹、汤、文、武、周公、孔子之道也，孟轲、荀卿、扬雄、王通、韩愈之道也。”石介在其《答欧阳永叔书》中说：“古之圣人大儒，有周公、有孔子、有孟轲、有荀卿、有扬雄、有文中子、有吏部。”在其《上赵先生书》中又说：“传曰：五百年一贤人生。孔子至孟子，孟子至扬子，扬子至文中子，文中子至吏部，吏部至先生，其验欤？”苏洵在其《上欧阳内翰第二书》中说：“自孔子没百有余年而孟子生，孟子之后数十年而至荀卿子。荀卿子后乃稍阔远，二百余年而扬雄称于世。扬雄之死不得其继，千有余年而后属之韩愈氏。韩愈氏没三百年矣，不知天下之将谁与也。”从这些论述中可以看出，扬雄维护圣人之道对后世道统说的提出和建立所产生的重大影响。

《法言》对后世所产生的这两方面的影响，既是矛盾的，又是统一的。它生动地体现了扬雄和《法言》本身的思想矛盾及其影响的复杂性，同时又是封建社会及其意识形态发展所包含的矛盾的反映。所以随着封建社会及其意识形态的发展，《法言》反对谶纬迷信的唯物主义因素的影响逐渐减弱，而其维护所谓“圣人之道”内容的影响却不断加强。另外，虽然对扬雄及其《法言》历代都有质疑性甚至否定的意见，但总的来说，一直到北宋时期，扬雄及其《法言》都备受尊崇，具有相当高的地位。这种尊崇到北宋时期达到了顶点。迄今流传的《法言》五臣注，做注的三个是北宋人，即可证明这一点，而且他们对扬雄和《法言》的评价都是非常高的。

如宋咸在《重广注扬子法言序》中说："自凤德云衰，诸子继作，亚圣之撰，独扬、孟而已。"在《进重广注扬子法言表》中又说："臣窃以前圣既没，微言即沦。并行者非先王之流，横议者皆处士之辈。儒纲尽弛，民极都棼。惟邹国孟轲、兰陵荀况，下及刘世，复生扬雄，咸能著书，更相树道，辟王基于绝代，振天爵于群伦。"并且认为，"子云之业，盖绍仲尼之纲"，不仅把扬雄与孟子、荀子并列，甚至放在了孟子、荀子之上。对于《法言》，他则认为是"准夫《论语》，文高而绝，义秘而渊"，简直是无与伦比的。

至于司马光，在其为《法言集注》所作的序中说得就更明确。他说："韩文公称荀子，以为在轲、雄之间。又曰：'孟子醇乎醇者也，荀与扬大醇而小疵。'三子皆大贤，祖六艺而师孔子。孟子好《诗》《书》，荀子好《礼》，扬子好《易》，古今之人共所宗仰。如光之愚，固不敢议其等差。然扬子之生最后，监于二子，而折衷于圣人，潜心以求道之极致，至于白首，然后著书，故其所得为多，后之立言者莫能加也。虽未能无小疵，然其所潜最深矣，恐文公所示亦未可以为定论也。"这就是说，他认为连韩愈对扬雄的评价都还不够高。在他看来，扬雄甚至超过了孟子、荀子，后代则没有人能超过扬雄。

由以上这些情况，我们可以知道，从扬雄当时直到北宋时期，对扬雄及其《法言》的评价，总的说一直是相当高的。只是到了南宋，偏安于江左一隅、不断对金称臣纳贡的小朝廷，面对屈辱和灭亡的威胁，不思自励自强，却越来越强调正统。与此相适应，特别强调所谓"三纲"伦理，认为"饿死事小，失节事大"的理学逐渐成为统治思想，于是扬雄曾经仕于莽新便成了不可饶恕的罪过。正是在这种社会历史条件下，朱熹作《通鉴纲目》，才利用"春秋笔法"，特意写下"莽大夫扬雄死"

六个字。于是扬雄及其著作开始遭到排斥，一直被压抑好几百年，而未能得到公正的评价和认真的研究。

五、《法言》的撰写、命名和版本

关于《法言》的撰写，《汉书·扬雄传》说："雄见诸子各以其知舛驰，大氐诋訾圣人，即为怪迂，析辩诡辞，以挠世事，虽小辩，终破大道而或众，使溺于所闻而不自知其非也。及太史公记六国，历楚、汉，讫麟止，不与圣人同，是非颇谬于经。故人时有问雄者，常用法应之，撰以为十三卷，象《论语》，号曰《法言》。"

从这段记载中，我们可以了解有关《法言》的几个问题。

一、撰写《法言》的目的，是批驳当时社会上流行的各种违背圣人之道的言论。但《汉书·扬雄传》说撰写《法言》只是针对诸子，并不完全符合实际。扬雄撰写《法言》是为了使大众不要"溺于所闻而不自知其非"。其针对的是当时社会上流行的一切不符合圣人之道的言论。除了诸子之学外，还有他认为不符合圣人之道的世俗儒学。《法言》的内容证明了这一点。

二、关于《法言》的命名。由于扬雄对别人的问题"常用法应之"，所以他把自己的书命名为《法言》。至于《法言》名称的来源，应是本于《论语·子罕篇》"子曰：法语之言，能无从乎"和《孝经·卿大夫章》"非先王之法言不敢道"。所以《法言》就是批评事物是非的准则之言，对事物的是非给予论断的评判之言。

三、关于《法言》的写作时间。从《汉书·扬雄传》的记载可以看出，《法言》不是一次写成，而是在陆续回答别人提问的基础上，经历了很长时间，逐渐积累而成的。从《法言》中对赋的评论来看，扬雄应该是在认识到"赋劝而不止"，"于是辍不复为"以后，才开始撰写《法言》的。

那么最早应该是在汉哀帝时，即在扬雄认识到朝政的昏暗，打算用自己的著作匡正时弊、补救统治思想的危机以后，才开始了《法言》的写作。《法言》的最后完成，则应该在王莽代汉前后。这从把歌颂王莽的文字放在《法言》的最后，而且明显地与其所在的《孝至卷》的内容不合可以看出。这或是《法言》中最后写成的文字，或是在《法言》完成以后才写成的，数量又很少，不能单独成卷，只好放在《法言》末卷的最后了。

四、关于《法言》的形成。《汉书·扬雄传》称其为模仿《论语》而作，这话并不十分准确。从《法言》的撰写经过可以知道，《法言》之所以成为这个样子，还和其陆续答问的成书经历有关，所以在形式上类似语录，一条一条的。全书共十三卷，每卷若干条。最后有一篇自序，述说每卷大意和写作意旨。但自序并不能完全概括各卷的内容，各卷在内容上又有交叉。自序其实是扬雄进一步阐述自己思想的文字。

最后谈一下《法言》的版本，以及撰写此书的一些思考和做法。

《法言》的版本，在历史上形成了两大系统。一个系统是晋李轨注的十三卷本，序在最后，并附有不知何人所作的《法言音义》。这个系统以宋治平三年（1066）国子监刻本为传世的最早版本，但宋代以后不甚流行，直到清代嘉庆年间才由秦恩复制版翻印，流行于世，其优点是比较多地保存了《法言》的原貌，分卷较为合理。另一个系统是司马光集合晋李轨，唐柳宗元，宋宋咸、吴祕和其本人之注为一体的“五臣注本”，这是宋代以后社会上比较流行的一个本子。它合《吾子》《修身》为一卷，《问明》《寡见》为一卷，《五百》《先知》为一卷，因而成为十卷本，并且把序分散在了各卷之首。“五臣注本”对《法言》原貌改动较多，是其缺点。但它保存了较多古注，文字上也有少量优长之处。另外，在一些古书和古书旧注中，如《汉书》《初学记》《太平御览》《意林》《资治通鉴》等书和《后汉书》《晋书》《文选》等书的旧注中，也有一些零星引用《法言》的文字。

近代为《法言》进行注释考证的，有汪荣宝的《法言义疏》、刘师培的《扬子法言校补》和《法言补释》、汪东的《法言疏证别录》、汤炳正的《法言汪注补正》等。另外，在王念孙的《读书杂志》、俞樾的《诸子平议》、陶鸿庆的《读诸子札记》、于省吾的《双剑誃诸子新证》等书中，也有注释考证《法言》的文字。综合比较，以汪荣宝的《法言义疏》最为详备，但也不尽完善，而且又有些流于烦琐。

本书以秦恩复石研斋翻刻宋治平监本《扬子法言》为底本，而以其他善本以及古书、古书旧注所引《法言》之文校之。注释则以汪荣宝《法言义疏》为主要参考，并参考其他注释考证《法言》的著作，斟酌去取，择善而从，亦间或有个人的一得之见。另外，《法言》原书，每卷之中不分章节，历代传抄翻刻又造成一些混乱，殊不便阅读和理解。汪荣宝《法言义疏》将每卷分为若干条（章），每条（章）包含一个比较完整而独立的意思，为读者阅读提供了方便。本书即依照汪氏所分条（章）进行译注，但在每条（章）之前加上阿拉伯数字标明顺序，以便读者查阅。

本书由两位作者接续合作完成，在此简单说明。第一位作者韩敬教授完成导读、卷一至卷四、卷五部分内容后因病逝世。第二位作者梁涛教授依据韩敬教授《法言注》（中华书局版）和《法言》（中华书局全本全注全译丛书版）的相关内容，按照“中华传统文化百部经典”的编纂体例，补齐后八卷所缺点评、旁批等内容；根据自己的理解和研究，参考其他学者的观点，对书稿的讹误做了订正；查阅相关材料，对书稿缺漏的内容做了补充、完善；对书稿进行了全面修改，完成《法言》的续写和统稿工作。

学行卷第一

【题解】

在春秋末期以前，我国古人还没有个人著书的传统。所以孔子说“述而不作”（《论语·述而篇》），自己并不写书，只是向弟子们讲述自己的思想学说。在他去世后，他的弟子甚至再传弟子们根据追忆，才把他平时讲的话记录下来，逐渐整理成书，并命名为《论语》。“论”，音 lún，古作“侖”，意为汇集书简。“语”是古代的一种文体，凡汇辑一时一地一人的言论事迹的文章，往往被称为“语”。“论语”即纂集（孔子）言语行事而成的典籍。因为篇幅较长，所以又分为若干篇，而以篇首文字作为篇名。因此每篇包含若干语录式的段落，而篇名并不反映各篇的内容。《法言》虽然是扬雄个人的著作，但《法言》的撰写却是因为“雄见诸子各以其知舛驰，大氐诋訾圣人，即为怪迂，析辩诡辞，以挠世事，虽小辩，终破大道而惑众，使溺于所闻而不自知其非也。……故人时有问雄者，常用法应之，撰以为十三卷，象《论语》，号曰《法言》。”（《汉书·扬雄传》）也就是说，《法言》是模拟《论语》来撰写的。所以《法言》在形式上也具有《论语》的这种特点，篇名只是以篇首文字来命名，并不能反映该篇的内容。不过本卷主要讨论“学”，篇名和内容大体上还是一致的。

“学”，和古代很多单音词一样，有多项意义。如学习、效仿、讲学、治学、学问、学说、学科、学派、学校等。除了具体的机构名称如学校外，其他义项在本卷中大体上都有所涉及。如关于学的层次，认为学而能行是最高层次，其次是能够著书立说，再次是能够传授于人。如果这三层都做不到，便是一般人了。关于学的目的，除指出了修身养性、求为君子的目标，还指出了“大人之学也为道”与“小人之学也为利”的区别。关于学的态度，则提出了要持久不能停顿、要以学为乐等要求。关于学的方法，除提出了“学以治之，思以精之，朋友以磨之，名誉以崇之，不倦以终之”等具体方法外，特别指出要以圣人为标准来判断其是非，要以“习是”来“胜非”。此外，本卷还指出了不学的危害，反驳了“学无益”的错误观点，并且特别强调了老师在塑造学生品格中的重要作用。可以说，关于学的一些基本问题，本卷在论述中大体上均有所涉及，而且其中不乏至今仍有参考意义的观点。

1.1 学[1]，行之，上也；言之[2]，次也；教人[3]，又其次也；咸无焉[4]，为众人。

［注释］

[1]“学”以下三句：能够把学问付诸行动，是最好的。之，代词，指“学”，即学问。 [2]“言之”二句：能够对学问进行阐释，是次一等的。言，言说，解释。 [3]“教人”二句：能够把学问传授给别人，是再次一等的。 [4]“咸无焉”二句：对于上面三点都做不到的，是平常的人。咸，全，都。

［点评］

儒家的学问，不仅在知，更在行，尤其要体现在做人上。如子曰：“弟子入则孝，出则悌，谨而信，泛爱众而亲仁，行有余力，则以学文。”子夏曰：“贤贤易色，事父母能竭其力，事君能致其身，与朋友交言而有信，虽曰未学，吾必谓之学矣。”（《论语·学而篇》）所以扬雄在这里给“行之”以最高的地位，也是扬雄在《学行卷》中反复强调的一个问题。对此，古今标准有所不同。但任何理论学说，一定要付诸实践才有价值，这是肯定的。

1.2 或曰[1]：“人羡久生[2]，将以学也，可

谓好学已乎[3]？”

曰[4]：“未之好也，学不羡。”

[注释]

[1] 或曰：有人说，这是扬雄假托设问之词，用答问的方式来阐述自己的看法。 [2]“人羡久生”二句：有人希望长生，用来学习。羡，羡慕，希望。以，用。 [3] 可谓好学已乎：可以说是好学吗？已乎，句末疑问词。 [4]“曰”以下三句：回答说：这不是好学，真好学不羡慕别的东西。之，指“学”。

[点评]

学习当然是有目的的，但这目的应当是自我完善，而不是其他。真正好学之人，心无杂念，一心向学。相反，有杂念的人，如“羡久生”者，虽自我标榜“将以学也”，其实是将其他目的置于好学之上，不能算是好学者。

《论语·八佾篇》：“天下之无道也久矣，天将以夫子为木铎。”

1.3 天之道[1]，不在仲尼乎？仲尼驾说者也[2]，不在兹儒乎？如将复驾其所说[3]，则莫若使诸儒金口而木舌。

[注释]

[1]“天之道”二句：天之道，不是由孔子承担吗？这是用问句表达肯定的意思。天之道，犹言天命。仲尼，孔子名丘，字仲尼。 [2]“仲尼驾说者也”二句：孔子已经卸下重担（去世了），

天道不应该由这些儒生承担起来吗？驾说，把马从辕中解脱出来，是死亡的忌讳说法。驾，马在辕中拉车叫驾。说，同“挩”，今作“脱”。兹，代词，这、这些。 [3]“如将复驾其所说”二句：如果要重新担起孔子卸下的重担，没有比使这些儒生像木铎那样向民众宣讲天道更好的了。复驾其所说，指重新担起孔子卸下的重担。金口而木舌，指木铎，古代的一种大铃。铎体为金属，中有木槌，可以用来击打铎体。

[点评]

儒家本来应该遵从孔子之道，宣讲仁义之理，助力君主来教化民众。但自汉武帝立五经博士，讲习五经成为利禄之源，儒生们便逐渐背弃了这个任务，埋头于烦琐的经文解说。而且不惜花言巧语，乱加解释，以获取利禄。甚至“安其所习，毁所不见”（《汉书·艺文志》），互相攻击，以便达到个人获取利禄的目的，致使儒家安邦治国的作用日渐式微。本章正是针对这种情况，特别指出当时儒生们应该承担的使命。

1.4 或曰[1]：“学无益也，如质何？”

曰：“未之思矣[2]。夫有刀者砻诸[3]，有玉者错诸。不砻不错[4]，焉攸用？砻而错诸[5]，质在其中矣；否则辍[6]。”

[注释]

[1]“或曰”以下三句：有人问：学习没有什么益处，对人的

本性有什么作用呢？如质何，奈质何。如，奈。质，本质，材质，这里指人的本性。　[2] 未之思矣：认为学无益的说法是没有经过认真思考的。之：代词，指“学”。　[3]“夫有刀者礲（lóng）诸”二句：有刀要加以磨砺，有玉要加以雕琢。夫，发语词。礲，磨。诸，之，这里指刀和玉。错，磨玉之石，这里作动词，意为雕琢。　[4]“不礲不错”二句：刀不经过磨砺，玉不经过雕琢，刀和玉有什么用处呢？这是用问句表达肯定的意思。焉攸用，何所用，有什么用处呢。焉，何，表示疑问。攸，所。　[5]“礲而错诸”二句：对刀加以磨砺和对玉加以雕琢，刀和玉的本质就在这个过程中形成了。而，连词，和。　[6] 否则辍（chuò）：不磨砺，不雕琢，就形不成具有其本质的刀和玉。辍，停止。

［点评］

扬雄在这里可以说是批驳了当时的“读书学习无用论”。因为儒家说的“学”主要是讲求做人，所以扬雄在这里是从人格养成的角度对读书学习无用的观点进行批驳的。这对我们今天也有启发。当前，有些家长和老师只重视孩子的知识学习，不重视孩子的人格养成，甚至对如何做人给予错误的引导，这是很危险的，因为青少年时期正是人格养成的关键时期，一旦开始就走错了路，以后就很难改正。这将会害了孩子的一生。

1.5　螟蛉之子殪而逢蜾蠃[1]。祝之曰[2]：“类我，类我。”久则肖之矣。速哉[3]，七十子之肖仲尼也。

［注释］

[1] 螟蛉之子殪（yì）而逢蜾蠃（guǒ luǒ）：螟蛉之子死了遇见蜾蠃。按：螟蛉是鳞翅目昆虫螟蛾的幼虫，不可能有子。古人是把小螟蛾误认为螟蛉之子。殪，死。蜾蠃，属膜翅目的细腰蜂。蜾蠃捉住螟蛉后，用尾刺刺之，使呈麻木状态，古人以为是螟蛉死了。 [2]“祝之曰”以下四句：蜾蠃祈祷说：像我吧，像我吧。祈祷的时间长了，螟蛉之子就变得像蜾蠃，成为蜾蠃了。按：蜾蠃在产卵期间，将螟蛉麻醉置于巢中，以供其幼虫生长时为食，幼虫成长为成虫后破巢而出。古人看见蜾蠃衔螟蛉入巢，破巢而出的却是蜾蠃，故误以为是蜾蠃把螟蛉变成了自己的后代。祝，祈祷。类，像。肖，似。 [3]“速哉”二句：孔子的七十个优秀弟子变得像孔子一样，可真快呀。关于孔子优秀弟子的人数有七十二人和七十七人两种说法。《史记·孔子世家》说：“孔子以诗书礼乐教，弟子盖三千焉，身通六艺者七十有二人。”《史记·仲尼弟子列传》则说：“孔子曰：受业身通者七十有七人，皆异能之士也。”这里说“七十”是举其整数言之。

［点评］

本章是强调教育对培育后代的作用。扬雄认为，如果老师能像孔子那样教育得法，弟子们能像七十子那样聪明颖悟，很快变得和老师一样，就像七十子很快变得和孔子一样。即使弟子们不像七十子那样聪明颖悟，只要老师有像蜾蠃祈祷螟蛉那样的耐心和恒心，弟子们最终也会受到感化，变得和老师一样。扬雄不懂得，教育不应该追求让后代酷似前代，而应该追求让后代超越前代。从这一点看，扬雄的认识不及韩愈。

1.6　学以治之[1]，思以精之[2]，朋友以磨之[3]，名誉以崇之[4]，不倦以终之[5]，可谓好学也已矣[6]！

[注释]

[1] 学以治之：通过学习来培养和教育人。汪荣宝说："此节论为学之本末。'学以治之'，义虽可通，疑当作'学以始之'，与'不倦以终之'文义尤相应也。'治''始'形近易误。"（《法言义疏》卷一）可供参考。治，治理，引申为培养、教育。之，指本章所说的为学之人。　[2] 思以精之：通过思考使为学之人吸取精华。精，动词，意为除去芜杂，抓住精华。　[3] 朋友以磨之：为学之人要朋友之间互相切磋。磨，琢磨，这里指朋友之间对学问的讨论。　[4] 名誉以崇之：为学之人用名誉激励自己。名誉，美好的名声。崇，推崇，激励。　[5] 不倦以终之：为学不能半途而废，要坚持到底。　[6] 可谓好学也已矣：这样就可以说是好学了吧。已矣，句末助词。

[点评]

本章是讲为学的态度与方法。从态度说，要坚持不懈，贯彻始终。俗话说，"行百里者半九十"。若不能坚持到底，半途而废，便会前功尽弃。从方法说，既要善于思考，又要有交流互动。孔子说："学而不思则罔，思而不学则殆。"（《论语·为政篇》）学习与思考要紧密结合，不可偏废。学者之间的交流互动也不可少。不仅"独学而无友，则孤陋而寡闻"（《礼记·学记》），而且真理愈辩愈明，只有经过大家的讨论与争辩，才能得出比较全面正确的认识。至于“名誉以崇之”，实至名归，个人就不必刻意追求了。

1.7 孔子习周公者也[1]，颜渊习孔子者也。羿、逄蒙分其弓[2]，良舍其策，般投其斧，而习诸，孰曰非也？

或曰[3]：“此名也，彼名也，处一焉而已矣。”

曰[4]：“川有渎，山有岳。高而且大者，众人所不能逾也。”

[注释]

[1]“孔子习周公者也”二句：孔子学习周公，颜渊学习孔子。其意在强调学习的作用和成效，为下文作铺垫。周公，姓姬名旦，周文王之子，周武王之弟，周成王之叔。因其采邑在周（今陕西岐山县北），故称周公。周武王死后，即位的周成王年幼，周公摄政。他平定了东方诸国的叛乱，制定了一套适合当时统治需要的制度，即后世儒家所说的“制礼作乐”，为“成康之治”奠定了基础，所以成为儒家心目中的圣人。颜渊，颜回（前 521—前 481），字子渊，春秋末年鲁国人。他是孔子最赞赏的学生，以德行著称。孔子曾称赞他：“贤哉，回也！一箪食，一瓢饮，在陋巷，人不堪其忧，回也不改其乐。”（《论语·雍也篇》）其事迹见《史记·仲尼弟子列传》和《论语》。 [2]“羿（yì）、逄（páng）蒙分其弓”以下五句：如果后羿、逄蒙拆掉他们的弓，王良丢掉他的马鞭，公输般扔掉他的斧子，来学习周公、孔子、颜渊，谁能说不对呀？羿，中国古代善射而名羿的有两个人：一个是尧时“上射十日而下杀猰貐”的羿

（见《淮南子·本经训》）。一个是夏代诸侯国有穷之君，即“不修民事而淫于其原兽”，被“家众杀而亨之”的后羿（见《左传·襄公四年》）。根据文义，这里应是指后羿。逢蒙，或作“逄蒙”“蓬蒙”“逢门”“蠭门”等，亦是古代善射者，传说曾学射于后羿。分，分解，拆开。良，即王良，又叫邮无恤、孙无政。他是春秋时著名的善御者，曾当过赵简子的车夫。舍，放弃。策，马鞭。般，即公输般，或作“公输盘”，他是春秋战国之际鲁国的巧匠，所以又叫鲁班。投，扔，抛。诸，之，指周公、孔子、颜渊等人。　[3]“或曰”以下四句：有人对上述说法提出疑义，认为周公、孔子、颜渊得到的是一种名声，后羿、逢蒙、王良、公输般得到的是另一种名声，能得到其中一种名声就可以了。意为不必向周公、孔子、颜渊学习。处，居住，置身。　[4]“曰”以下五句：回答说：河流中有大河叫渎，山陵中有高山叫岳。（山岳之高，川渎之大，是一般的山川不能超越的）高尚而且伟大的圣贤，也是一般人所不能超越的。言外之意是，后羿等人的名声不能和周公等人的名声相比。渎（dú），古代把流入海的大河称为渎，以别于注入其他江河的支流。《尔雅·释水》：“江、河、淮、济为四渎。四渎者，发源注海者也。”岳，高大的山。《尔雅·释山》：“泰山为东岳，华山为西岳，霍山为南岳，恒山为北岳，嵩高为中岳。”逾（yú），超越。

［点评］

本章仍然是强调要向圣贤学习。如果说向圣贤学习做人的道理是可取的话，轻视甚至主张废弃各种技艺就不对了。社会的存在和发展离不开分工，各种职业都是不可缺少的。何况高尚的道德和出色的技艺并非不可兼具，轻视甚至主张废弃技艺，其实源于儒家“学而优则仕”（《论语·子张篇》）的观念。因为在孔子看来，“耕也馁在其中矣，学也禄在其中矣”（《论语·卫灵公篇》），任何技艺都不如“学而优则仕”。所以樊迟请学稼学圃，就被孔子骂为“小人”（《论语·子路篇》）。

1.8　或问[1]：“世言铸金，金可铸与？”

曰：“吾闻觌君子者，问铸人，不问铸金。”

或曰[2]：“人可铸与？”

曰：“孔子铸颜渊矣。”

或人踧尔曰[3]：“旨哉！问铸金，得铸人。”

[注释]

[1]“或问”以下七句：有人问：社会上流传着炼石成金的说法，能够炼石成金吗？回答说：我听说见到君子，只问能不能炼成人，不问能不能炼成金。铸金，当时社会上流传着所谓“神仙黄白之术”，方士们宣扬用神仙之术可以炼石成金。觌（dí），见。君子，本是古代对贵族的通称，后来演变为对有学问、有道德的人的尊称。铸人，培养、造就人才。　[2]“或曰”以下四句：有人问：人可以铸就吗？回答说：孔子就铸成了颜渊。　[3]“或人踧（cù）尔曰”以下四句：有人震惊地说：好呀，我问能不能铸成金，却得知了能不能铸成人。踧尔，震惊的样子。踧，震惊。尔，形容词或副词的词尾，表示“……的样子”。旨，美好。

[点评]

扬雄是不相信所谓“神仙黄白之术”的。但在这里，他并没有明确地反对所谓"神仙黄白之术"，而是借题发挥，宣扬儒家的教化思想。这种借题发挥以阐述自己的思想观点，或抨击当时的社会弊端，是扬雄常用的一种方法。

《尚书·洪范》："五事：一曰貌，二曰言，三曰视，四曰听，五曰思。貌曰恭，言曰从，视曰明，听曰聪，思曰睿。恭作肃，从作乂，明作哲，聪作谋，睿作圣"。

1.9 学者[1]，所以修性也。视、听、言、貌、思[2]，性所有也。学则正[3]，否则邪。

［注释］

[1]"学者"二句：学习是为了修养人性。所以，连词，表示因果关系，说明"学"是为了"修性"的。性，人性。 [2]"视、听、言、貌、思"二句：观看、聆听、言谈、容貌、思想都是人性的组成部分和表现。 [3]"学则正"二句：通过学习，上述五种行为、表现才会端正；如果不学习，这些行为、表现就会走上邪路。

［点评］

本章是讲学习对培养人性的作用，并列出了人性的组成和表现。其内容应是本于《尚书·洪范》的貌、言、视、听、思"五事"，不同的是，《尚书·洪范》是讲统治者治理国家的条件和方法，扬雄在这里则将其看作人性的内容，针对的是所有人的道德修养。

1.10 师哉[1]，师哉！桐子之命也。务学不如务求师[2]。师者[3]，人之模范也。模不模[4]，范不范，为不少矣！

［注释］

[1]“师哉”以下三句：老师是决定儿童命运的人。师哉，重复意在强调以引起读者注意。桐子，即“童子”。命，命运，指人一生的各种遭遇，如贫富、贵贱、祸福、寿夭等。 [2]务学不如务求师：单单努力学习，不如努力寻找老师。务，从事，致力。求，寻找。 [3]“师者”二句：老师是人们的模范。范，通“笵”。《说文解字·木部》：“笵，法也。”段玉裁注曰：“以木曰模，以金曰镕，以土曰型，以竹曰笵，皆法也。”“法”就是标准的意思。可见模、镕、型、笵都是制作器具时所依据的标准件，因所用材料不同而有不同的名称，后来意义逐步演变，于是为器之标准者称为“模型”，为人之标准者则称为“模范”。 [4]“模不模”以下三句：老师做事不符合模范，真不少呀。“模不模，范不范”是把“模范”拆开表达，即模范而不成为模范。

［点评］

扬雄在这里之所以强调“师”的作用，和当时的教育制度有关。那时，读书学习不是为了获取某种知识，掌握专业技能，从事某种职业，而是为了进身官场，走上仕途。因为自汉武帝立五经博士以后，讲述某一经典的老师，学习掌握某一种经典，已经成了一般知识分子走上仕途的唯一途径。当然，即使是学习某种专业知识，老师的教学态度与方法，也是很重要的。但本章所关心的，并不在此。

1.11 一閧之市[1]，不胜异意焉；一卷之书[2]，不胜异说焉。一閧之市[3]，必立之平；一卷之书[4]，必立之师。

[注释]

[1]“一閧（xiàng）之市”二句：即使是一个小巷子里的市场，也有无数不同的价格。《文选》李善注引作“一巷之市，不胜异价”。閧，同“巷”。市，市场。不胜，不可胜数，数不尽，形容其多。胜，尽。异意，不同的打算，意谓不同的要价。 [2]“一卷之书”二句：即使是只有一卷的经书，也有无数不同的解释。《文选》李善注引作“一卷之书，不胜异意”。 [3]“一閧之市”二句：即使是一个小巷子里的市场，也必须规定标准的价格。平，市场上官定的物价，中国古代曾设官管理市场并评定物价。汪荣宝说：“汉时物价皆官为制定，谓之平。过平为赃。每月更定，故谓之月平。”（《法言义疏》卷一） [4]“一卷之书”二句：即使是只有一卷的经书，也必须任命传授的经师。

[点评]

孔子死后，儒家逐渐分化为许多派。秦始皇焚书坑儒，禁止民间私藏儒家经典。直到西汉惠帝废除挟书律后，这些书籍才又慢慢传布出来。最初由于字体的不同，形成了今文和古文的区别，以后就发展成了不同的学派。在一派里面，对一部经典的解释往往又分为许多家，形成各执师说家法，代相传授，互相排斥，宗派林立的状况。朝廷对于承认的学派，则立学官以主持经典的传授。

本章所说就反映了这种情况。

1.12 习乎习[1]！以习非之胜是也[2]，况习是之胜非乎？於戏[3]！学者审其是而已矣。

或曰[4]：“焉知是而习之？”

曰[5]：“视日月而知众星之蔑也，仰圣人而知众说之小也。”

孟子曰：“圣人，百世之师也。”（《孟子·尽心下》）

［注释］

[1] 习乎习：学习呀学习。这是感慨和强调学习的作用之大，为下文作铺垫。 [2]“以习非之胜是也”二句：用学习错误的学说战胜正确的学说，来比拟学习正确的学说来战胜错误的学说吗？意思是说误把错误的学说当作正确的学说。以，用。非，错误。胜，战胜，胜过。是，正确。况，比拟。 [3]“於戏”二句：呜呼，关键是学习的人要审查什么是正确的学说。於戏，即“呜呼”，古代二者读音相同，感叹词。司马光说：“宋、吴本作‘乌呼’。”审，审查，引申为仔细考究。而已矣，句末助词。 [4]“或曰”二句：有人问：怎样才能知道什么是正确的学说而去学习呢？焉，如何，怎么。之，指前面的“是”，即正确的学说。 [5]“曰”以下三句：回答说：看见日月就知道其他星光的微弱，谛听圣人的道理就知道其他学说的渺小。意谓以圣人的道理来判断一种学说是否正确。蔑（miè），微小。仰，仰望，引申为谛听、学习。众说，指儒家以外其他各家的学说。

［点评］

本章首先讲学习的重要作用，说明如果沉溺在错误的东西中，就会排斥正确的东西。这个看法是对的。这种现象可以说古今中外都不乏其例。怎样避免这种情况呢？就要从开始即选择学习正确的东西。为此就需要知道什么是正确的。扬雄认为，正确与否，就看是否符合圣人之道。而包括扬雄在内的儒家心目中的圣人之道，也就是孔子之道。这就反映了扬雄思想的局限性。

1.13　学之为王者事，其已久矣[1]。尧、舜、禹、汤、文、武汲汲[2]，仲尼皇皇[3]，其已久矣。

［注释］

[1]“学之为王者事”二句：学问是成就帝王的事业，那是很久的事了。王，我国古时夏、商、周三代中央政权的最高统治者称“王”。这里的“王”，统指帝王。其，代词，指“学之为王者事”。　[2] 尧、舜、禹、汤、文、武汲汲：是说尧、舜、禹、汤、文王、武王都在忙碌地讲求学问。尧、舜，我国古史传说中的两位“圣君”，实际上是原始社会末期部落联盟的首领。二人的事迹可参看《史记·五帝本纪》。禹，我国古史传说中的“圣君”，其实既是原始社会末期的最后一个部落联盟首领，又是我国第一个王朝夏朝的开国君主。其事迹可参看《史记·夏本纪》。汤，姓子，名履，又称“天乙”，或作“大乙”，谥为成汤。他是夏朝末年诸侯国汤的首领，后灭夏而建立了商王朝。其事迹可参看《史记·殷本纪》。文、武，周文王姬昌和其子周武王姬发。姬昌是商朝末年诸侯国周的首领，他奠定了灭商的基础，谥为文王。姬

发继位后，灭商而建立了周王朝，谥为武王。二人的事迹可参看《史记·周本纪》。汲汲，急切的样子。　[3] 仲尼皇皇：是说孔子忙忙碌碌地讲求学问。皇皇，古与“遑遑”或“徨徨”通，匆忙的样子。

［点评］

本章论讲求学问的目的。学问讲求好了，才能像尧、舜、禹、汤、文、武那样治理好天下，成为圣君。或者像孔子那样，作《春秋》，为后世立法，成为素王。

1.14　或问“进”[1]。曰：“水。”

或曰：“为其不舍昼夜与[2]？”

曰[3]：“有是哉！满而后渐者，其水乎！”

或问“鸿渐”[4]。

曰[5]：“非其往不往，非其居不居，渐犹水乎？”

请问“木渐”[6]。

曰[7]：“止于下而渐于上者，其木也哉？亦犹水而已矣！”

扬雄这段话是根据《孟子·离娄下》“源泉混混，不舍昼夜，盈科而后进，放乎四海”和《孟子·尽心上》“流水之为物也，不盈科不行；君子之志于道也，不成章不达”等话申述，意思是说，君子为学，必须像水那样不舍昼夜地向前。

［注释］

[1]“或问‘进’”以下三句：有人问进取，回答说：就像水一样。　[2] 为其不舍昼夜与：因为水昼夜不停地奔流吗？不舍昼

夜，本于《论语·子罕篇》："子在川上曰：逝者如斯夫，不舍昼夜。"舍，居住，停留。［3］"曰"以下四句：回答说：是这样啊，把坑填满后又往前流的，就是水呀！渐，进。［4］或问"鸿渐"：有人问对大雁行止的看法。鸿渐，见《周易·渐·爻辞》。虞翻注："鸿，大雁也。渐，进也。"大雁为候鸟，冬去春来，行动很有规律。扬雄把它人格化，用来比喻人的进退出处。李轨注："鸿之不失寒暑，亦犹水之因地制行。"［5］"曰"以下四句：回答说：鸿不愿意去的地方不去，不愿意住的地方不住，鸿的行止就像水一样吗？其，代词，指鸿。两句中的前一个"往"和"居"是名词，指鸿要去往和居住的地方。后一个"往"和"居"是动词，指去往和居住的行动。［6］请问"木渐"：又问对树木生长的看法。因为树木不能像鸿雁那样迁移，"非其往不往，非其居不居"，故有此问。木渐，见《周易·渐·象辞》："山上有木渐，君子以居贤德善俗。"［7］"曰"以下四句：回答说：扎根在下面而往上生长的，不就是树吗？也像水一样呀！止，居止，此处指树木扎根于下。

孟子曰："今有无名之指屈而不信，非疾痛害事也，如有能信之者，则不远秦楚之路，为指之不若人也。指不若人，则知恶之；心不若人，则不知恶，此之谓不知类也。"（《孟子·告子上》）

［点评］

本章论进取。扬雄取水、鸿、木为喻，说明他对进取的看法。水，"不舍昼夜""满而后渐"，为学也要兢兢业业，不断进取，不可日久生怠。鸿，"非其往不往，非其居不居"，为学也要有正确的选择，树立正确的志向。木，"止于下而渐于上"，为学也要不断超越自我，不能故步自封，这样才能不断地有所成就。

1.15　吾未见好斧藻其德若斧藻其楶

者也[1]。

[注释]

[1] 吾未见好斧藻其德若斧藻其楶（jié）者也：我没有看到喜好修养自己的德如同雕琢自己房子梁上短柱的。《文选》李善注两引此句,《太平御览》卷一百八十八“楶”条引此句，皆无“好”字。语气有所减弱，但意思未变。斧藻，雕刻文饰。斧，在这里用作动词，意为削刻。藻，修饰文采。其，自己。楶，梁上短柱，旧说以为即斗拱。实际上应该是“斗”，即垫“拱”的方木块，不应该包括“拱”。

[点评]

这是扬雄针对当时奢侈浮华的风气在发感慨，说人们修饰房间里像楶那样的小东西，用心都超过修养自己的品德。这对我们当前强调自我修养，反对享乐主义和奢靡之风也不无参考意义。

1.16 鸟兽触其情者也[1]，众人则异乎？贤人则异众人矣！圣人则异贤人矣！礼义之作有以矣夫[2]！人而不学[3]，虽无忧，如禽何！

[注释]

[1] “鸟兽触其情者也”以下四句：鸟兽是受它们的情欲冲动支配的，一般人不同吗？贤人不同于一般人，可以不受情欲的支配，圣人比贤人更不受情欲的支配。触，动。刘向《说苑·修文》：

“触情纵欲谓之禽兽。” [2] 礼义之作有以矣夫：礼义的制定是有道理的。以，原因，理由。夫，句末感叹词。 [3] “人而不学”以下三句：人如果不学习礼义，即便没有忧愁，也和禽兽没有什么区别。如禽何，与禽何，与禽兽没有什么区别。如，与。

[点评]

本章是通过禽兽与人的区别来论证礼义制度的必要性。鸟兽是受情欲冲动支配的，人和鸟兽有没有区别呢？“众人则异乎？”不予肯定，即众人不一定和鸟兽有区别。如果不加以约束的话，就会和鸟兽一样，受情欲冲动的支配，因此必须制定礼义制度加以约束。至于贤人和圣人，扬雄认为他们和众人不同，他们虽然也有情欲，但懂得制定、学习礼义以控制自己的情欲，所以扬雄感叹“礼义之作有以矣夫”，认为礼义的制定是有原因和理由的。

1.17 学者[1]，所以求为君子也。求而不得者有矣[2]，夫未有不求而得之者也。

[注释]

[1] “学者”二句：求学问，是为追求成为君子。所以，连词，表示因果关系。在这里，“求为君子”是因，“学”是果。因为要“求为君子”，所以要“学”。 [2] “求而不得者有矣”二句：企求成为君子而成不了君子是有的，却没有不求成为君子而能为君子的。

［点评］

本章是说求学问的目的。儒家历来认为，求学问的目的，主要不是获取知识，而是学习做人。而做人的最高目标，就是成为君子。但是尽管追求成为君子，能否成为君子却不一定。如孔子说："文，莫吾犹人也。躬行君子，则吾未之有得也。"（《论语·述而篇》）还说："君子道者三，我无能焉：仁者不忧，知者不惑，勇者不惧。"（《论语·宪问篇》）可见成为君子之不易。如果不追求成为君子，当然更不可能成为君子。在当前家长、教师普遍重视青少年的知识学习，忽视思想品德教育的情况下，儒家的这种教育思想，很值得我们思考和借鉴。

1.18 睎骥之马[1]，亦骥之乘也；睎颜之人，亦颜之徒也。

或曰[2]："颜徒易乎？"

曰："睎之则是。"

曰："昔颜尝睎夫子矣[3]，正考甫尝睎尹吉甫矣，公子奚斯尝睎正考甫矣。不欲睎[4]，则已矣；如欲睎，孰御焉？"

［注释］

[1]"睎（xī）骥（jì）之马"以下四句：学习良马的马，也是良马一类的马；仰慕颜回的人，也是颜回一类的人。睎，希望，引申为仰慕、学习。骥，良马。乘（shèng），古代称一车四马为

一乘，引申为类别。等级等。颜，指颜回。徒，门徒，指同派系同信仰的人。　[2]“或曰”以下四句：有人问：成为颜回一类的人容易吗？回答说：只要学习就可以成为颜回一类的人。是，代词，指“颜徒”，即颜回一类的人。　[3]“昔颜尝睎夫子矣”以下三句：过去颜回曾经学习孔子，正考甫曾经学习尹吉甫，公子奚斯曾经学习正考甫。李轨注说：“吉甫作《周颂》，正考甫慕之而作《商颂》”，“奚斯……慕正考甫作《鲁颂》”。不过，《周颂》《商颂》《鲁颂》究竟为何人所作，历来有不同说法。夫子，古代对老师或学者的尊称，这里指孔子。正考甫，又作“正考父”，春秋时期宋国人，宋襄公时为上卿。尹吉甫，周宣王时的贤臣，曾北伐狁狁，收复太原。公子奚斯，公子鱼，字奚斯，鲁国人。　[4]“不欲睎”以下四句：不想学习，就算了，如果想学习，谁阻挡得了呢？不欲睎，或作“如不欲睎”。孰，谁。御，抵挡，阻挡。

[点评]

本章是说向圣人、贤人学习的必要和可能。扬雄认为，一般人要向圣人、贤人学习，就能够成为圣人、贤人一类的人。这和上一章说的“求为君子”“求而不得者有矣”，看来是矛盾的。原因是两章强调的重点不同。上一章，是说“求为君子”之不易，意在教人要更加努力。本章则是强调主观上要有学习的愿望。这种因强调重点不同而论述似乎矛盾的情况，在古今中外思想家和学者的著述中都不乏其例，所以对人们的言论和思想要作整体性的思考，才会有比较全面的认识。

1.19　或曰[1]：“书与经同而世不尚，治之可乎？”

曰：“可。”

或人哑尔笑曰[2]：“须以发策决科。”

曰：“大人之学也为道[3]，小人之学也为利。子为道乎，为利乎？”

或曰[4]：“耕不获，猎不飨，耕猎乎？”

曰：“耕道而得道[5]，猎德而得德，是获飨已。吾不睹参、辰之相比也。是以君子贵迁善[6]。迁善者，圣人之徒与？百川学海而至于海[7]，丘陵学山不至于山，是故恶夫画也。”

［**注释**］

[1]“或曰”以下五句：有人问：儒家经典以外的书籍与五经相同，人们却不尊崇，是否可以学习研究？回答说：可以学习研究。书，指五经以外的儒家典籍，如《论语》《孝经》等。五经，指《周易》《尚书》《诗经》《礼经》《春秋》五部书，汉代时被尊称为五经。儒家认为，这五部书反映了作为众人言行规范的恒常不变的圣人之道，故尊称之为五经。不尚，不尊崇，这里也包含有不立于学官之意。西汉自文帝开始征用儒生，至武帝时，五经博士皆备。平帝时，又立古文经学博士。但五经以外的儒家典籍，都未立博士，只能私相传授。所以学习研究这些书籍，也不可能做官。刘歆和赵岐有文帝时诸子曾立于学官的说法，见刘歆《移太常博

士书》和赵岐《孟子题辞》，但时间较短，不久被罢黜。治，学习研究。 [2]“或人哑（è）尔笑曰”二句：有人发出笑声说：学习必须用来应考做官。哑尔，笑出来的样子。哑，笑声。尔，词尾，表示状态、样子。以，用。发策，汉代取士时，把问题写在竹简上，叫应考的人抽签，抽着什么问题，就回答什么问题。这叫“发策”，也叫“射策”。策，古代写字用的竹简。决科，汉代策试中，把问题分为三等或三类，名为甲科、乙科、丙科。科，等级，类别。 [3]“大人之学也为道”以下四句：大人从事学习研究是为了“道”，小人从事学习研究是为了“利”。你是为了道呢？还是为了利呢？道，儒家认为正确的道理。利，个人的私利。 [4]“或曰”以下四句：又问：耕种得不到收获，狩猎得不到猎物，还耕种和狩猎吗？言外之意是说，如果学习研究五经以外的书无官可做，无利可图，还学习研究它们干什么呢？飨（xiǎng），狩猎完毕，献其所得叫“飨”。 [5]“耕道而得道”以下四句：追求道而获得道，追求德而获得德，这就是自己的收获。我们从来没有看到参星和辰星同时出现在天空上。参、辰，参是西方七宿之一，属于现代天文学中的猎户座。辰是古代用来确定一年中季节的标准星象。当时是以“大火”（即心宿二，又叫“商星”）的位置作为确定季节的标准，所以又把心宿叫作辰。心宿是东方七宿之一，属于现代天文学中的天蝎座。参、辰二宿在天空中遥遥相对，此起彼落，永不并现于天空。所以人们常用来比喻两个事物的不相容，或朋友间的不相见。如杜甫《赠卫八处士》：“人生不相见，动如参与商。”扬雄在这里是用参、辰之不相比来说明不能把“为道之学”与“为利之学”相提并论，二者是不相容的。比，靠近，并列。 [6]“是以君子贵迁善”以下三句：君子珍视培养善良的品德。能够培养善良品德的人，就是圣人的门徒。语本《周易·益·象辞》：“君子以见善则迁，有过则改。”是以，因此。迁善，崇尚和学习好的品德。

迁，升，登。去下之高谓之“迁”，引申为慕尚。 [7]“百川学海而至于海”三句：应当像河流那样奔流不止，永远向前，直达大海。不能像丘陵那样小有所成便停滞不前。恶（wù），憎恶。夫（fū），句中助词，没有实义。画，停止。《论语·雍也篇》：“子曰：力不足者中道而废，今女画。”《论语集解》引孔曰：“画，止也。力不足者当中道而废，今女自止耳，非力极。”

［点评］

自汉武帝接受董仲舒的建议“罢黜百家，独尊儒术”及立五经博士，跟随经师学习解说某部经，成为士子进身仕途、获取功名利禄的唯一途径。研治其他典籍则得不到这种利益。所以不要说诸子百家之学，就是儒家五经以外的典籍文献也遭到冷落。但扬雄还是坚持传统儒学的观点，认为治学的主要目的应该是提高道德修养，而不是满足个人私利。而且，他不仅反对世俗的“为利之学”，就是“为道之学”，他也认为应该像河流一样前进不止，不能像丘陵一样中途即停止不动，不再上升。这对今天我们考虑自己的学习目的和学习态度也应该有所启发。

1.20 频频之党[1]，甚于鸨斯，亦贼夫粮食而已矣。朋而不心[2]，面朋也；友而不心，面友也。

［注释］

[1]“频频之党”以下三句：群聚游宴的集团，比斯鸟还厉害，

无非是糟蹋粮食罢了。频频，有党比、频数（shuò）两重意思。《广雅·释诂》:“频，比也。”王念孙《广雅疏证》云:“党谓之比，亦谓之频；数谓之频，亦谓之比，义相因也。”这里是亲密而且成群结伙的意思。党，朋群，朋辈。指由私人利害关系结成的集团。鸮（yù）斯，也写作“鷽斯”。《诗经·小雅·小弁》:“弁彼鷽斯，归飞提提。”孔颖达疏云:“此鸟名鷽，而云斯者，语辞。”鸮斯即寒鸦。秋季常成群飞行，啄食植物主要是农作物的种子。贼，败坏，毁害，在这里用作动词。　[2]“朋而不心”以下四句：作为朋友而不能诚心相交，不过是表面上的朋友罢了。这里把“朋”和“友”拆开来说，是一种互文见义的修辞法，意在加强语气，使人更加注意。心，在这里用作动词，是以心相交的意思。面，表面。

［点评］

本章是反对以私利相交、群聚游宴的朋党，提倡朋友之间以诚心相交。真正以诚心相交、志同道合的朋友，经得起患难，可生死不渝。以个人私利相交的所谓朋友，一遇到患难，所谓友谊便顷刻瓦解。如果有了利害冲突，则不仅友谊可顷刻之间化为乌有，甚至可能反目成仇，互相攻击，必欲置之死地而后快。交友之道，岂可不慎？

1.21　或谓子之治产不如丹圭之富[1]。曰[2]：“吾闻先生相与言，则以仁与义；市井相与言，则以财与利。如其富！如其富！”

或曰[3]：“先生生无以养也，死无以葬也，如之何？”

曰[4]：“以其所以养，养之至也；以其所以葬，葬之至也。”

［注释］

[1] 或谓子之治产不如丹圭之富：有人说你经营的财产不如丹圭那样多。子，指扬雄。治，治理，经营。产，产业，财产。丹圭，即白圭，名丹，字圭。名、字连称则为“丹圭”，战国时人，以善于经营著名。其事迹散见于《孟子·告子下》《韩非子·喻老》《韩非子·内储说下》《战国策·魏策四》《吕氏春秋》《史记·货殖列传》《史记·鲁仲连邹阳列传》等书。但也有人说这些记载中的白圭不是同一个人。 [2]“曰”以下七句：回答说：我听说先生们在一起谈话，是谈论仁和义；商人们在一起谈话，是谈论财和利。这就是他们的富！这就是他们的富！先生，古代对有道德有学问的人的尊称。市井，古代把交易做买卖的地方叫“市井”，这里指做买卖的人。相与（yǔ），互相交往。如其富，如其富，仁和义就是先生们的富，财和利就是市井之人的富。《汉书·货殖传》引《管子》云：“古之四民不得杂处。士相与言仁谊于闲宴，工相与议技巧于官府，商相与语财利于市井，农相与谋稼穑于田野，朝夕从事，不见异物而迁焉。”可见这是古语，故曰“吾闻”。如，乃，是。《论语·宪问篇》：“桓公九合诸侯，不以兵车，管仲之力也。如其仁，如其仁。”王引之《经传释词》说：“如犹乃也。”其，他们，指先生们和市井之人。 [3]“或曰”以下四句：有人问：你不经营产业，如果活着

的时候没有东西养活自己，死后没有东西安葬自己，怎么办？先生，指扬雄，以，用。如之何，奈其何。如，奈。之，指“生无以养”“死无以葬”。何，如何，怎么办。 [4]“曰”以下五句：回答说：用可以用来奉养的东西奉养，就是最好的奉养；用可以安葬的东西安葬，就是最好的安葬。意为顺其自然，不必刻意追求。以其所以葬，原作“以其所葬”，陶鸿庆说：“‘以其所葬’，五臣注本作‘以其所以葬’，当从之。此答或人‘生无以养，死无以葬’之问，故云然。李注云：‘养不必丰，葬不必厚，各顺其宜，惟义所在。’吴注云：‘生，事之以礼，不必丰也；死，葬之以礼，不必厚也。’义也、礼也，皆指所以养、所以葬而言。”（《读诸子札记》十四）陶说是，今从之。所以，即所用，指用来奉养和安葬的东西。

［点评］

本章是扬雄假设有人说他贫穷，甚至无以为生，借此来阐述他关于仁义与财利的观点。他是推崇仁义，否定财利的。其观点概本于“君子喻于义，小人喻于利”（《论语·里仁篇》）。其实，儒家对于仁义与财利的观点，并不这样简单。比如子贡，就是孔门著名的理财家。而颜回这个道德模范，却穷困而短命。以至于孔子都大发感慨：“回也其庶乎，屡空。赐不受命而货殖焉，亿则屡中。”（《论语·先进篇》）如果把孔子下面的两段话联系起来看，对儒家关于仁义与财利的观点，或许会有比较全面的认识。“子曰：富而可求也，虽执鞭之士，吾亦为之，如不可求者，从吾所好。”“子曰：饭蔬食饮水，曲肱而枕之，乐亦在其中矣。不义而富且贵，于我如浮云。”

（《论语·述而篇》）

1.22 或曰[1]："猗顿之富以为孝，不亦至乎？颜其馁矣。"

曰[2]："彼以其粗，颜以其精；彼以其回，颜以其贞。颜其劣乎？颜其劣乎？"

［注释］

[1]"或曰"以下四句：有人说：以猗顿那样的富有来孝顺父母，不是最好吗？像颜回那样穷（父母就要挨饿了）。猗（yī）顿，春秋末年鲁国大商人，以煮盐贩卖和经营畜牧业致富。因发家于猗氏，故名猗顿。其事迹见《史记·货殖列传》及裴骃《史记集解》。颜其馁矣，因为颜回很穷，故云。馁，饥饿。 [2]"曰"以下七句：回答说：猗顿是用他粗俗的物质孝顺父母，颜回是用他优良的道德孝顺父母；猗顿是用他的邪道孝顺父母，颜回是用他的正道孝顺父母。颜回的孝难道不好吗？颜回的孝难道不好吗？彼，指猗顿。粗，粗俗，指对父母的衣食之养。精，精华，指对父母的精神之奉。回，邪。贞，正。"颜其劣乎"之"其"，在这里是文言副词，表示反诘。

［点评］

本章是说怎样孝顺父母，奉养父母。扬雄推崇从精神上奉养父母，而贬低从物质上赡养父母。从古至今，确实有很多人只注意从物质上赡养父母，不注意满足父母的精神需求。从这一点说，扬雄的观点有其合理之处。

《论语·为政篇》就有这样的论述:“子游问孝。子曰:今之孝者是谓能养。至于犬马皆能有养。不敬,何以别乎?”“子夏问孝。子曰:色难。有事弟子服其劳,有酒食先生馔,曾是以为孝乎?”但也不可过分强调某一点而贬低另一点。像颜回那样,自己就因穷困而短命,还怎样奉养父母?所以还是精神奉养和物质赡养并重才好。

1.23 或曰[1]:“使我纡朱怀金,其乐不可量也!”

曰[2]:“纡朱怀金者之乐,不如颜氏子之乐。颜氏子之乐也内,纡朱怀金者之乐也外。”

或曰:“请问屡空之内[3]。”

曰[4]:“颜不孔,虽得天下不足以为乐。”

“然亦有苦乎[5]?”

曰[6]:“颜苦孔之卓之至也。”

或人瞿然曰[7]:“兹苦也,只其所以为乐也与?”

[注释]

[1]“或曰”以下三句:有人说:如果让我做了高官,抱着系了朱绶的金印,那个快乐真是没法衡量呀!纡(yū),系,结。朱,朱绶,系印的大红丝带。金,金印。 [2]“曰”以下五句:回答说:纡朱怀金的快乐,不如颜回的快乐。颜回的快乐,是内在的快乐;

纡朱怀金的快乐，是外在的快乐。颜子氏，指颜回。内，内心，指精神状态。外，外物，指物质享受。 [3] 请问屡空之内：请问常常贫穷（还能有什么内在的快乐？）《论语·先进篇》："回也其庶乎，屡空。"又《论语·雍也篇》："贤哉，回也。一箪食，一瓢饮，在陋巷，人不堪其忧，回也不改其乐。"屡，多次，每每。空，匮乏，贫穷。 [4] "曰"以下三句：回答说：颜回如果不能向孔子学习，即使得到整个天下，也不足以使他快乐。言外之意是，颜回的快乐，是由于他能够向孔子学习。孔，指孔子。 [5] 然亦有苦乎：这样颜回也有苦恼吗？然，如此，这样。 [6] "曰"二句：回答说：颜回的苦恼就是孔子的道德学问高超到了极点。《论语·子罕篇》："颜渊喟然叹曰：仰之弥高，钻之弥坚，瞻之在前，忽焉在后。夫子循循然善诱人，博我以文，约我以礼。欲罢不能，既竭吾才，如有所立卓尔，虽欲从之，未由也已。"颜苦孔之卓之至也，五臣注本此句无"之至"二字。司马光说："李本作'颜苦孔之卓之至也'。今从宋、吴本。"卓，高超，杰出。至，极，最。 [7] "或人瞿（jù）然曰"以下三句：有人惊喜地说：这种苦恼啊，就是颜回能快乐的原因吧？瞿然，惊喜的样子。《庄子·徐无鬼》："子綦瞿然喜曰，奚若？"陆德明释文："瞿然，……司马云：喜貌。……李云：惊视貌。"

［点评］

所谓"孔颜之乐"，自宋代以后成为儒学中的一个热门话题。其实宋代理学家们不过是借此来构建自己的学术体系，阐述自己的学说观点。就孔子和颜回本身讲，其根本主旨就是说精神快乐胜过物质快乐。人如果有了一种精神境界，即使物质生活十分贫困，也会十分乐观，不以为苦。如孔子对颜回“人不堪其忧，回也不改其乐”的评价，又如孔子评价自己：“饭蔬食饮水，曲肱而枕之，乐亦在其中矣。不义而富且贵，于我如浮云。”（《论语·述而篇》）这一点，从古到今在不少仁人志士身上都有所体现。范仲淹的“先天下之忧而忧，后天下之乐而乐”，可作为历史上的代表。但过分强调精神，贬低物质，同样片面。

1.24　曰[1]：“有教立道无止：仲尼；有学术业无止：颜渊。”

或曰[2]：“立道仲尼，不可为思矣；术业颜渊，不可为力矣。”

曰[3]：“未之思也，孰御焉？”

［注释］

[1]“曰”以下五句：有人说：从事教育事业和创立学说，要像孔子那样；学习和从事传播老师的事业，要像颜渊那样。有，古汉语词头，没有实义。立，创设。道，学说。术，与“述”通，传述。业，事业。无止，原作“无心”，不通。《法言音义》曰：“天复本并作‘无止’。”汪荣宝曰：“‘心’‘止’隶形相近而误。”（《法言义疏》卷二）因据改。　[2]“或曰”以下五句：又有人说：创立学说，要做到孔子那样，是思想达不到的；传播老师的事业，要做到像颜渊那样，是力量所不及的。立道仲尼，创立学说如孔子。述业颜渊，传述师业如颜渊。　[3]“曰”以下三句：回答说：（认为要做到像孔子和颜渊那样是不可能）是没有经过思考，（如

果你想做到像孔子和颜渊那样）谁又能阻挡呢？之，指“立道仲尼”和“术业颜渊”。孰，谁。御，抵挡，阻碍。

［点评］

本章是说孔子和颜渊做事坚持不懈的精神。其实不管从事什么工作，都需要这种“咬定青山不放松”的坚持精神。但我们常犯的毛病，就是容易日久生怠。做一种工作久了，就常常产生厌烦情绪，以至于不再精益求精，而是应付差事，甚至干脆放弃，导致半途而废，有的人一生做不出什么成绩，原因往往即在于此。其实只要认定一个目标坚持不懈地做下去，不管资质如何，总会做出一些成绩，资质有高低，成绩有大小，但绝不会一辈子一事无成。

吾子卷第二

【题解】

在本卷中，扬雄主要以儒家的五经和圣人为标准，论述了自己的文艺思想，特别是对辞赋和音乐的看法，并连带评论了有关的古代著名思想家和著名辞赋家。

扬雄在青年时代本来很喜欢辞赋，又特别崇拜司马相如，所以“每作赋，常拟之以为式”（《汉书·扬雄传》）。但扬雄又是一个有政治理想的人。他作赋并不是纯粹为了迎合帝王的兴趣以获取功名利禄，还希望用赋来讽谏帝王，使帝王能遵守“圣人之道”以治国安民，求得国家的长治久安。因此，当他看到辞赋这种文章体裁对帝王的奢侈淫佚不但达不到讽谏的目的，反而成了一种鼓励，有害于实现安邦定国的目的时，他对辞赋的态度就变了。《汉书·扬雄传》对此有颇为生动的说明：“雄以为赋者，将以风也，必推类而言，极丽靡之辞，闳侈巨衍，竞于使人不能加也，既乃归之于正，然览者已过矣。往时武帝好神仙，相如上《大人赋》，欲以风，帝反缥缥有陵云之志。繇是言之，赋劝而不止，明矣。又颇似俳优淳于髡、优孟之徒，非法度所存，贤人君子诗赋之正也，于是辍不复为。”

本卷关于辞赋的论述，就反映了扬雄态度转变后对辞赋的观点。所以当有人问“赋可以讽乎”时，他回答：“讽则已；不已，吾恐不免于劝也。”并以“女工之蠹”的华丽縠纱来比喻堆砌华丽辞藻却缺乏正确思想的辞赋，还提出了评价赋之优劣的“诗人之赋丽以则，辞人之赋丽以淫”的判断标准。关于行事与言辞的关系，他则认为不论行事超过言辞或是言辞超过行事，都失之偏颇，必须二者相称才合乎轨范。在作这些评论时，扬雄都是以儒家的五经和圣人作为判断是非的标准，所以他反复指出“舍五经而济乎道者，末矣”，“万物纷错则悬诸天，众言淆乱则折诸圣”。为了维护儒家的正统地位，他反对诸子学说，认为“委大圣而好乎诸子者”，是不识正道的人；认为公孙龙虽然有“诡辞数万”，但不合乎先王之法，所以君子不以为法。他还以当代孟轲自居，认为自己有责任像孟轲批判杨朱、墨翟那样捍卫儒家思想，批判当时流行于社会上的不符合儒家观念的各种学说。

2.1　或问[1]：“吾子少而好赋？”

曰[2]：“然。童子雕虫篆刻。”俄而曰：“壮夫不为也。”

或曰[3]："赋可以讽乎？"

曰[4]："讽乎？讽则已；不已，吾恐不免于劝也。"

或曰[5]："雾縠之组丽。"

曰[6]："女工之蠹矣。"

"《剑客论》曰[7]：剑可以爱身。"

曰[8]："狴犴使人多礼乎？"

［注释］

[1]"或曰"二句：有人问：先生您年轻时喜欢赋吗？吾子，我的先生，指扬雄。赋，汉代的一种文体，特点是极力堆砌辞藻，但缺乏思想内涵。扬雄早年很喜欢这种文体，曾模仿司马相如写过《甘泉赋》《河东赋》《长杨赋》《羽猎赋》等赋。但后来他的思想发生变化，转而批判汉赋的形式主义倾向。　[2]"曰"以下五句：回答说：对呀，就像儿童学习雕琢虫书和篆写刻符一样。过了一会儿又说：成年人是不做这种事的。雕虫篆刻，儿童学习书写古文字。《说文解字·自叙》："秦书有八体：一曰大篆，二曰小篆，三曰刻符，四曰虫书，五曰摹印，六曰署书，七曰殳书，八曰隶书。"雕，雕刻。古代没有纸和墨，写字用刀刻在竹简或木板上。虫，虫书。篆，篆书。刻，刻符。俄而，一会儿。壮夫，成年人。　[3]"或曰"二句：又问：赋可以用来讽谏吗？（为什么成年人不作赋呢？）讽，婉言进谏。　[4]"曰"以下五句：回答说：讽刺吗？赋起到讽谏的作用就应结束。如果内容过分铺张，我怕不可避免地变成鼓励了。已，停止。劝，鼓励。　[5]"或曰"

二句：继续问：轻细的縠纱就要华丽。言外之意是说赋必须铺张形容。雾縠（hú），形容縠轻细若雾。縠，有皱纹的纱。组，编织，引申来形容縠的纹路。《太平御览》卷八百十六“縠”条引此句作“雾縠之丽”，无“组”字。 [6]“曰”二句：回答说：华丽的雾縠成了侵蚀妇女劳动的蛀虫。言外之意是说，赋堆砌辞藻、铺张华丽是破坏著述事业的蛀虫。女工，女子之事，指纺织、缝纫、刺绣等传统上由妇女从事的工作。蠹（dù），蛀虫。 [7]“《剑客论》曰”二句：《剑客论》说：“剑可以护卫身体。”言外之意是说，华丽的雾縠、铺张的辞赋也各有其用处。《剑客论》，当是古代论剑术之书，《史记·太史公自序》有“以传剑论显”的话，《盐铁论·盐铁箴石》也曾经提到“剑客论”。《汉书·艺文志》兵技巧家有“剑道三十八篇”。爰，隐蔽，保障。或说亦作“蔆”。蔆之本义为隐蔽，引申为保障。 [8]“曰”二句：回答说：监狱可以使人讲究礼仪吗？狴犴（bì àn），牢狱的代称。狴犴本是古代传说中一种野兽的名字，因为过去牢狱的门上常常画有狴犴，所以也称牢狱为狴犴。《法言集注》说：“狴犴，牢狱也。”

［点评］

扬雄在觉悟到汉赋堆砌华丽辞藻、缺乏思想内容，即“劝百而讽一”的弊病以后，就不再作赋而专心于《法言》和《太玄》的写作，企图用传统儒家思想挽救衰败的西汉帝国。在社会大趋势下，这种个人补救时弊的努力当然不可能成功。但他的《法言》和《太玄》确实为中国的思想史和哲学史做出了贡献，所以可以流传千载而不泯灭。

扬雄的小赋，如《太玄赋》《逐贫赋》以及为回答别人问难而写的《解嘲》《解难》，篇幅既不长，又抒发了自己的思想感情。不像那些大赋，拼命堆砌辞藻而缺乏思想内容和真情实感。从这一点说，我们可以把扬雄这些小赋看作是辞赋由讲究辞藻的宫廷文学汉代大赋，向魏晋时代抒发个人感情的小赋转变的一个中间环节。

2.2　或问[1]："景差、唐勒、宋玉、枚乘之赋也，益乎？"

曰[2]："必也淫。"

"淫则奈何[3]？"

曰[4]："诗人之赋丽以则，辞人之赋丽以淫。如孔氏之门用赋也[5]，则贾谊升堂、相如入室矣。如其不用何？"

［注释］

[1]"或问"以下三句：有人问：景差、唐勒、宋玉、枚乘等人的赋有益处吗？景差，或作"景瑳"。战国时代楚国人，以辞赋见称，作品已失传。王逸《楚辞・大招》序说："大招者，屈原之所作也，或曰景差，疑不能明也。"唐勒，与景差同时代人，楚国大夫，亦以辞见称，作品已失传。宋玉，与唐勒同时代人，楚国大夫，屈原弟子。传世的作品有《九辩》《招魂》《风赋》《高唐赋》《神女赋》《登徒子好色赋》等。枚乘（？—前140），字叔，淮阴人，西汉著名的辞赋家，传世的作品有《七发》等。其事迹见《汉书・贾邹枚路传》。　[2]"曰"二句：回答说：一定会产生堆砌辞藻的弊端。淫，赋过度堆砌辞藻，侈靡烦琐。　[3]淫则奈何：如果辞藻堆砌该怎么办呢？奈何，如何，怎么办。奈，如。　[4]"曰"以下三句：回答说：诗人之赋华丽而符合标准，辞人之赋华丽但铺张过度。则，标准，准则。我国古代诗歌分为以《诗经》为代表的北方系统和以《楚辞》为代表的南方系统，故有诗人、辞人之分。在扬雄看来，创作出的诗赋与创作原则

相符的人才配叫作诗人，如果过分铺张，不符合他主张的创作原则，这样的人就只能叫“辞人”，不能叫诗人。 [5]“如孔氏之门用赋也”以下三句：这是扬雄进一步阐述儒家对辞人之赋的态度，说如果孔子门下需要这种赋的话，那么贾谊就好像是登上了正厅，司马相如就好像是进入了内室。无奈孔子门下是不需要这种赋的。《汉书·艺文志》引此句作“如孔氏之门人用赋也，则贾谊登堂，相如入室矣”。《太平御览》卷五百八十七“赋”条引此句作“如孔氏之门用赋也，则贾谊登堂，相如入室矣”。贾谊（前200—前168），洛阳人，西汉前期著名的政论家和文学家。其事迹见《史记·屈原贾生列传》和《汉书·贾谊传》。传世的作品有《吊屈原赋》《鹏鸟赋》《新书》。升堂，与下文“入室”语本《论语·先进篇》：“子曰：由也升堂矣，未入于室也。”这是孔子对子路学问的评价，说子路的学问已经不错了，但是还不够精深。我国古代宫殿前为堂，后为室。堂即正厅，室为内房，必须先登上正厅，然后才能进入内房，所以用来比喻学问造诣的不同阶段。相如，司马相如（前179—前118），字长卿，成都人，西汉前期著名的辞赋家。其事迹见《史记·司马相如列传》和《汉书·司马相如传》。传世的作品有《子虚赋》《大人赋》《上林赋》《长门赋》等。

［点评］

从这一章的论述可以看出，扬雄虽然改变了少年时代对司马相如及其赋作的崇拜和欣赏态度，但他并没有完全否定作为表现手法的赋，他只是反对司马相如等人极力堆砌华丽辞藻而缺乏正确讽谏的内容，对上章所说“讽则已”的赋，即达到讽谏目的就结束的赋，特别是“丽以则”的“诗人之赋”，他是不反对的。

为此，必须不计个人得失，不汲汲于功名利禄，才能心无旁骛，数十年如一日地坚持下去。那些非物质文化遗产继承人，就是这样的人。做不到这一点，在任何行业中也难做出优异的成绩。

2.3 或问苍蝇、红紫[1]。曰：“明视。”问郑、卫之似[2]。曰：“聪听。”或曰[3]：“朱、旷不世，如之何？”曰：“亦精之而已矣。”

[注释]

[1]“或问苍蝇、红紫”以下三句：有人问若遇到能变乱黑白的苍蝇或能淆乱正色的红紫，不能分辨怎么办？回答说：提高你的视力，就能分辨了。苍蝇，古人认为苍蝇能够变乱黑白，所以用来比喻能够颠倒是非的人。《诗经·小雅·青蝇》：“营营青蝇，止于樊；岂弟君子，无信谗言。”郑玄笺说：“蝇之为虫，污白使黑，污黑使白，喻佞人变乱善恶也。”红紫，古人认为浅红色和紫色是间色（杂色），能够淆乱正色（大红）。《论语·阳货篇》：“子曰：恶紫之夺朱也。”红，古代是指浅红，大红则称“朱”或“赤”。明视，提高视辨力。这里“明”是动词，“视”为名词，这是一个动宾短语。 [2]“问郑、卫之似”以下三句：有人问若听到郑、卫之音淆乱雅乐，不能分辨怎么办。回答说：增强你的听力，就能分辨了。郑、卫，春秋时期郑国和卫国的民间音乐。儒家认为郑、卫之音淆乱所谓雅乐（统治者在祭祀、朝会、宴享时所用的官方音乐），是“乱世之音”（《礼记·乐记》），所以予以贬斥。似，类似。聪听，“聪”是动词，“听”为名词，这是一个动宾短语。 [3]“或曰”以下五句：有人问：像离朱那样善视、师旷那样善听的人很少，怎

么办？回答说：也不过是力求精通罢了。言外之意是说，只要努力钻研、精益求精，都可以做到像离朱那样善视，像师旷那样善听，能够分辨“苍蝇、红紫”和“郑、卫之似”。朱，离朱，或作“离娄”，传说为黄帝时人，视力特别好，能于百步之外，见秋毫之末。其事迹见《孟子·离娄上》赵岐注及《经典释文·庄子音义·骈拇》。旷，即师旷，字子野，他是春秋时期晋平公的乐师，我国古代著名的音乐家。据说他对音律的分辨力特别强。其事迹散见于《礼记》《左传》《国语》及秦汉诸子书。不世，不是每个世代都有，即很少的意思。精，努力钻研、精益求精的意思。

[点评]

这一章反映了扬雄坚持传统的儒家观点，反对偏离正统的思想，但更应该注意的是他关于学习态度的思想，即学习任何东西、从事任何工作都要努力钻研、精益求精，而只有坚持下去，才能把专业掌握得非常好。

2.4　或问[1]：“交五声、十二律也，或雅，或郑，何也？”

曰[2]：“中正则雅，多哇则郑。”

“请问本[3]？”

曰[4]：“黄钟以生之，中正以平之，确乎郑、卫不能入也。”

[**注释**]

[1]“或问”以下五句：有人问：音乐都是由五个音阶、十二个声调组成的，但有的是雅乐，有的是郑、卫之音，这是为什么呢？交，俱，都是。《尚书·禹贡》：“庶土交正。”孔安国传：“交，俱也。众土俱得其正。”五声，中国古代音乐中的五个音阶，即宫、商、角（jué）、徵（zhǐ）、羽。五声加上变徵、变宫，即相当于现代音乐中的七个音阶（即简谱中的七音阶）。十二律，中国古代音乐中表示某个固定音高的名称，类似于现代音乐中的调名，按其相生次序排列是：黄钟、林钟、太簇、南吕、姑洗、应钟、蕤宾、大吕、夷则、夹钟、无射、仲吕。其中奇数的又称“律”，偶数的又称“吕”，故十二律又称“六律六吕”。以十二律配七音，旋相为宫（即根据需要选择以某一律为基调），就可以得出不同调子的音乐。 [2]“曰”以下三句：回答说：适中端正的音乐就是雅乐，淫滥邪侈的音乐就是郑、卫之音。中正，适中端正，符合规则。中，适中，不偏不倚。正，端正，不歪不斜。多哇，淫滥邪侈。多，“侈（chǐ）”的假借字。哇（wā），谄佞，邪侈。《广雅·释诂》：“哇，邪也。” [3]请问本：创作雅乐的根本原则是什么？本，根本，引申为原则、标准等义。 [4]“曰”以下四句：回答说：以黄钟为标准产生出十二律，按照符合规则的方法，把五声和十二律处理恰当。这样创作出来的雅乐，严整确切，就不是郑、卫之音所能混淆的了。黄钟以生之，古代定十二律，是用不同长度的竹管定出不同高低的声音。黄钟律是用九寸长的竹管，其他十一律则是在此基础上按三分损一或三分益一的办法，依次加以损益得来。如黄钟律九寸，三分去一为林钟律，故林钟律为六寸。林钟律三分益一生太簇律，故太簇律为八寸。依次类推，生出十二律，故曰“黄钟以生之”。因此黄钟律也被称为“律本”或“律元”。中正以平之，用符合

规则的方法创作音乐。平，动词，平定、治理，在这里指“治乐”，即创作音乐。之，代词，指音乐。确，坚固。《周易·文言》：“确乎，其不可拔。”即坚固不可动摇，这里指雅乐的严整确切。入，窜入，混淆。

[点评]

扬雄推崇雅乐，贬斥郑、卫之音，反映了他的正统儒家思想。音乐都由五声、十二律组成，却被分为雅乐，郑、卫之音的论述，说明在不同思想原则的指导下，会创作出倾向不同的音乐。儒家音乐的指导原则是中正，符合中正原则的，是雅乐；不符合中正原则的，是郑、卫之音。

2.5 或曰[1]：“女有色，书亦有色乎？”

曰[2]：“有。女恶华丹之乱窈窕也，书恶淫辞之淈法度也。”

[注释]

[1]“或曰”以下三句：有人问：女子有相貌美和丑的分别，书籍也有好坏的分别吗？色，相貌。 [2]“曰”以下四句：回答说：书籍也有美和丑的分别。女子憎恨利用脂粉化妆来冒充美貌，书籍憎恨利用华丽言辞来搅乱法度。恶（wù），憎恨，讨厌。华丹，指化妆。华，铅华，古代妇女用来搽脸的粉。丹，丹砂，即朱砂，古代妇女用作抹唇的口红。乱，混淆，以假充真。窈窕（yǎo tiǎo），女子美好的样子。淫辞，邪僻夸张的言辞。淈（gǔ），搅乱。

法度，准则，扬雄用以指儒家的圣人之道。

［点评］

任何时代总有反对当时正确思想的作品。对此，我们也不能掉以轻心。其中，坦率地反对正确思想的作品，容易识别。不容易识别的是以隐蔽的手法掩盖其真实目的的作品。这就更需要我们仔细审视辨别。

2.6 或问[1]："屈原智乎？"

曰[2]："如玉如莹，爰变丹青。如其智！如其智！"

［注释］

[1]"或问"二句：有人问：屈原明智吗？屈原（约前 340—前 278）：名平，字原，又名正则，字灵均，战国时期楚国的贵族和重臣，我国古代著名的政治家和诗人。他因感到无力挽救楚国，自投汨罗江而死。其事迹见《史记·屈原贾生列传》。传世的作品有《离骚》《天问》《九章》《九歌》等，均见《楚辞》。 [2]"曰"以下五句：回答说：屈原品质高尚，好像玉石那样晶莹，高尚的品质化作了灿烂的诗章。这就是他的明智！这就是他的明智！言外之意是惋惜屈原不够明智。如玉如莹，如美玉般晶莹。莹，有二义：一为如玉之石，二为色彩晶莹，这里可谓二义兼备。爰，于是。丹青，本为古代绘画中常用的红、青两种颜料，由此成为图画的代称，引申之又可指文章的华彩。如其智，乃其智，这就是他的智。如，乃，就，参看 1·21 章注 [2]。

[点评]

屈原因无力挽救楚国而自沉汨罗江，他对楚国的忠贞历来受到人们称赞。但也有一些人与屈原的选择不同，如吴起虽为卫人，后又仕鲁、仕魏、仕楚，商鞅虽为卫人，后又去魏投秦。而吴起在楚、商鞅在秦的变法图强，也受到了后人的赞赏。因此，忠于国家或者实现个人抱负，都有其可取之处。其实战国七雄都是华夏境内的割据政权。这和当代各国的关系并不相同，更不同于某些列强对弱小国家的侵略。所以后人都不予责难，相反，予以肯定。

2.7 或问[1]："君子尚辞乎？"

曰[2]："君子事之为尚。事胜辞则伉，辞胜事则赋，事辞称则经。足言足容，德之藻矣。"

[注释]

[1]"或问"二句：有人问：君子崇尚言辞吗？尚，尊崇，注重。辞，辞藻，辞令。 [2]"曰"以下七句：回答说：君子以事实（内容）为尚。事实超过言辞就太质朴，言辞超过事实就太浮夸，事实和言辞相称才合乎规范。既有丰富的辞藻，又有充分的事实，才彰显出道德的丰富多彩。胜，超过。伉，质直，即质朴无文之意。赋，如赋之铺张堆砌，即浮夸之意。称（chèn），适宜，相当。经，符合规范。足言足容，即"事辞称"。足，充分。容，内容，指辞中之事。藻，藻饰，丰富多彩。

现在的一些文章，特别是一些研究论文往往不注意可读性，甚至有意地反其道而行之。似乎越晦涩，越使人不知所云，才越能显示出自己的高水平。甚至生造一些名词术语，或硬译一些国外的名词术语，以抬高身价。结果只能在局中人的小圈子里传播。殊不知这只能得意于一时，时过境迁，就会被人们忘记得干干净净。

[**点评**]

扬雄在本章中关于文章内容与形式之关系的论述还是比较全面的。文章只重形式，不重内容，就会空洞无物；只重内容，不重形式，就会言而无文。因此，文章的内容与形式应该相得益彰，在讲究内容的基础上，也要力求形式上的完美。这也是我们写文章时应该注意的。

公孙龙被称为诡辩家，但诡辩在人类思想的认识发展过程中并非毫无贡献，诡辩可以激发人们对推理和论证的思考，从而更好地理解该结论的来源和真实性，有助于我们提高推理能力和批判性思维能力。另外，诡辩还可以帮助我们更好地理解人类思维中的一些局限和偏见，强化理论思维。

2.8　或问[1]：“公孙龙诡辞数万以为法，法与？”

曰[2]：“断木为棋，梡革为鞠，亦皆有法焉，不合乎先王之法者，君子不法也。”

[**注释**]

[1]“或问”以下三句：有人问：公孙龙把数万言的诡辩之辞作为准则，这是准则吗？公孙龙（约前320—前250），字子秉，战国时赵人。我国古代著名的哲学家和逻辑学家，名家的代表人物之一。传世的著作有《公孙龙子》一书。诡辞，诡辩之辞。因为公孙龙曾经提出“离坚白”和“白马非马”等论点，把事物及其属性割裂开来，所以人们称其言论为“诡辞”。法，法则，标准。　[2]“曰”以下六句：回答说：砍截木头做棋子，刮摩皮革做足球，也都有准则。不合乎古代圣王之准则的，君子不认为它是准则。梡（kuǎn），通捖（wán，又音 guā），刮摩的意思。革，兽皮经过刮磨去毛处理后叫“革”。鞠（jū），我国古代的一种足球，以革为皮，里边塞上毛发等东西。先王，古代的帝王，指儒家崇

拜的尧、舜、禹、汤和周文王、周武王等圣王。不法，不以为法，即不认为它是准则。

［**点评**］

儒家认为的先王之法，是古代圣王的治国之法。这和“断木为棋，梡革为鞠”的技艺之法，当然是不同的。但各有其道，也各有其用，不能互相代替，也都不可废弃。

2.9 观书者譬诸观山及水[1]，升东岳而知众山之峛崺也，况介丘乎！浮沧海而知江河之恶沱也，况枯泽乎！舍舟航而济乎渎者[2]，末矣！舍五经而济乎道者，末矣！弃常珍而嗜乎异馔者[3]，恶睹其识味也？委大圣而好乎诸子者，恶睹其识道也？

［**注释**］

[1]“观书者譬诸观山及水”以下五句：读书好比看山看水，登上东岳就可以看见群山的蜿蜒曲折，何况那些低矮的土堆呢！泛舟大海就可以看出江河的污浊渺小，何况那些干涸的洼地呢！这几句是为后文尊崇儒家的“大圣”及五经作铺垫。诸，“之于”的合音。升东岳而知众山之峛崺（lǐ yǐ）也，《文选》吴季重《答东阿王书一首》“然后知百里之卑微也”句下李善注引此句作“升东岳而知众山之逦迤”。“逦迤”即“峛崺”。

升，登上。东岳，指泰山。中国古代有五岳，即中部地区的五座大山，具体所指在历史上有所变化，通常认为五岳是：东岳泰山，西岳华山，中岳嵩山，南岳衡山，北岳恒山。岞嶬，山势低长，连绵曲折。介，大。《尔雅·释诂》："介，大也。"丘，土堆。浮，泛舟。沧海，大海。沧，暗绿色。因大海水深呈暗绿色，故称大海为沧海。恶沱，污浊不清的意思。枯泽，干涸的水洼。　[2]"舍舟航而济乎渎（dú）者"以下四句：舍弃航船而能够渡过大河的事，是没有的！舍弃五经而能够求得圣人之道的事，是没有的！济，渡。渎，大河。古代把独流入海的大河称为"渎"，以别于注入其他江河的支流。《尔雅·释水》："江、河、淮、济为四渎。四渎者，发源注海者也。"济乎道，即求得圣人之道。济，渡，引申为达到、求得之意。末，无，没有。　[3]"弃常珍而嗜乎异馔（zhuàn）者"以下四句：舍弃正常的美食而嗜好怪异的食物的人，他哪里懂得味道呢？抛弃大圣而喜好诸子的人，他哪里懂得大道呢？常，正常的。珍，宝贵之物，这里指美食。嗜，特别爱好。异，怪异的。馔，食物。恶（wū），表示疑问，哪里，怎么。睹，看见，这里引申为知道。识，认识，懂得。委，舍弃。大圣，伟大的圣人，指孔子。好，爱好。诸子，众先生，本指先秦两汉时期各个学派及其代表人物。《史记·太史公自序》归纳为阴阳、儒、墨、名、法、道六家，《汉书·艺文志》则归纳为儒、道、阴阳、法、名、墨、纵横、杂、农、小说十家。这里则是指儒家以外的各家学说。诸，众。子，古代对有学问、有道德的男子的尊称，相当于现在的"先生"。道，根本的理论和规范。这里指儒家认为的"圣人之道"，即以孔子为代表的儒家学说。

[点评]

我们和扬雄对“经典”和“大圣”的看法不同。虽然我们也把五经看作古代的经典著作，但这和儒家把五经作为人生规范意义上的经典，有根本的区别。我们也尊崇孔子，认为孔子是我国古代伟大的思想家、教育家，但这和儒家把孔子作为顶礼膜拜的圣人，也不相同。当然，我们同样应有自己尊崇的导师，要有指导自己行为的经典。

2.10 山峌之蹊[1]，不可胜由矣；向墙之户，不可胜入矣。

曰[2]：“恶由入？”曰：“孔氏。孔氏者，户也。”

曰[3]：“子户乎？”

曰[4]：“户哉！户哉！吾独有不户者矣！”

[注释]

[1]“山峌之蹊（xī）”以下四句：山谷截断的小路，不可能走得通；面对墙壁的门户，不可能进得去。这是用比喻来说明，儒家以外的诸子学说都是貌似有理，但实际上行不通。所以下文说，只有孔子的学说才是真正的道路，可以走得通，才是真正的门户，可以进得去。山峌之蹊，《孟子·尽心下》有“山径之蹊”，一般解释为“山坡的小路”，与此处的“不可胜由”显然是矛盾。故扬雄对“山峌之蹊”的理解与孟子不同，这里的“山峌之蹊”，应该解释为忽然断绝的山谷间的偏僻小路，故“不可胜由”。“山峌之蹊”似路，但实际上走不通，和下句“向墙之户”似门，但

实际上进不去，意思也就一致了。蹊，人不常走的偏僻小路。不可胜，不能胜任。胜，胜任。由，通过。向，面对。 [2]“曰”以下六句：问：那么从哪里进去呢？回答说：从孔子那里进去。孔子就是门户呀。由，自，从。孔氏，指孔子。 [3]“曰”二句：又问：先生您进入门户吗？户，这里用作动词，指进入门户。 [4]“曰”以下四句：回答说：我进入门户呀！进入门户呀！我岂有不进入门户的道理啊！独，宁，岂。

[点评]

扬雄在本章中强调学习儒家的唯一性，学习以孔子为代表的儒家学说，人生才能畅通无阻。这和他本人的情况并不符合。《汉书·扬雄传》说他“少而好学，不为章句，训诂通而已，博览无所不见”。他还从少年时代就学习过道家学说，后来又采择儒、道两家学说撰写了《太玄》。可见他在这里不过是针对当时儒学不振的情况而言。

随着甲骨文、青铜器铭文、古代竹简文献的发现越来越多，人们越来越认识到古文字的研究和学习对继承传统文化的重大意义。它已经大大超越了扬雄对于学习古代文字“愈于妄阙”的评价，成为具有重要学术价值和现实意义的独立学科。

2.11 或欲学《苍颉》《史篇》[1]。曰[2]：“《史》乎！《史》乎！愈于妄阙也。”

[注释]

[1]或欲学《苍颉》《史篇》：有人想学习《苍颉篇》和《史籀篇》这些古代字书。《苍颉》，指《苍颉篇》，古代小篆体字书。《汉书·艺文志》有“《苍颉》一篇”，又说：“《苍颉》七章者，秦丞相李斯所作也。”苍颉或作“仓颉”，传说中黄帝时初造文字的人。

《史篇》，指《史籀篇》，古代大篆体字书。传说为周宣王时的太史籀所作，近人认为，此书乃春秋战国期间秦人所作，是用来教学童识字的。因首句为“太史籀书”，故取“史籀”二字以名篇。籀，诵读。 [2]“曰”以下四句：回答说：学习这些字书总比荒废缺失、什么都不学要好。《史》，《史篇》。狭义即《史籀篇》，广义泛指一切字书。

[点评]

了解扬雄的思想，就知道扬雄对学习古代字书是有限度的肯定。在他看来，学习儒家经典应放在首位，学习古代字书只是“愈于妄阙”，即总比什么都不学要好。

2.12 或曰[1]：“有人焉，自云姓孔而字仲尼，入其门，升其堂，伏其几，袭其裳，则可谓仲尼乎？”

曰[2]：“其文是也，其质非也。”

“敢问质[3]？”曰：“羊质而虎皮，见草而说，见豺而战，忘其皮之虎矣。”

[注释]

[1]“或曰”以下八句：有人问：有人自称姓孔而字仲尼，进入他的家门，登上他的堂屋，靠着他的几凳，穿着他的衣裳，就可以说他是仲尼吗？几，古人席地而坐时倚仗的矮

桌。　[2]“曰”以下三句：回答说：这人外表上像仲尼，但本质上不是仲尼。文，文饰，外表。质，本性，实质。　[3]“敢问质”以下六句：请问怎样认识本质？回答说：本质上是羊却披着虎皮，看见青草就高兴，遇到豺就发抖，忘了自己披的是虎皮了。言外之意是说，冒充孔子的人，独处无事时可以冒充孔子，一旦与人相处或实际行事，就会暴露出他并非孔子的本质。敢，谦辞，这里是“请”的意思。说，古同“悦”，喜悦。战，战栗，发抖。

[点评]

本章是针对当时一些儒生背弃儒家固有的思想品德和行为规范而言。当时很多儒生虽然名为儒生，也自称儒生，但在行动上却热心于追逐名利，为此而互相攻击，甚至不惜歪曲、割裂儒家经典文本来为自己的行为辩护。对儒家应有的行为规范，应具的思想品质，却避之唯恐不及。扬雄对这种现象深恶痛绝，所以给予揭露和讽刺。

2.13　圣人虎别[1]，其文炳也；君子豹别，其文蔚也；辩人狸别[2]，其文萃也。狸变则豹[3]，豹变则虎。

[注释]

[1]“圣人虎别”以下四句：圣人像虎的斑纹，他的文采蔚然可观。君子像豹的斑纹，他的文采华美丰盛。“虎别”和“豹别”

是讲圣人和君子之美（本质）。“文炳”和“文蔚”是讲圣人和君子之文（表现）。语本《周易·革卦·象辞》：“大人虎变，其文炳也。”“君子豹变，其文蔚也。”别，同“辮”，斑纹。炳，明亮，显耀。蔚，茂盛，秀美。 [2]“辩人狸别”二句：辩人像狸猫的斑纹，文采华美。辩人，即明辨之人。辩，通“辨”。《孟子·告子上》：“万钟则不辩礼义而受之。”狸，又叫“狸猫”“山猫”等，属哺乳纲食肉目猫科的一种小型猛兽，俗称“野猫”。萃，丛聚荟萃。 [3]“狸变则豹”二句：是说狸变化就成为豹，豹变化就成为虎。意思是说，通过变化品质就可以得到提升。《周易·系辞下》：“穷则变，变则通，通则久。”

［点评］

扬雄认为人是可以提升、改变的，“辩人”可以变为君子，君子可以变为圣人。那么，普通人可以改变吗？扬雄没有论及，似存有疑问，这较之先秦时期“人皆可以为尧舜”（《孟子·告子下》）、“涂之人可以为禹”（《荀子·性恶》）的观点，当然是一种退步。

2.14 好书而不要诸仲尼[1]，书肆也；好说而不要诸仲尼，说铃也。君子言也无择[2]，听也无淫。择则乱，淫则辟。述正道而稍邪哆者有矣[3]，未有述邪哆而稍正也。

［注释］

[1]“好（hào）书而不要（yāo）诸仲尼”以下四句：喜好

读书而不用孔子的标准进行约束取舍，不过像个不辨是非只知陈列贩卖的书摊罢了；喜好议论而不用孔子的标准进行约束取舍，不过像个不辨是非只知叮当乱响的铃铛罢了。好，喜好。要，约束，控制。肆，铺子，商店。 [2]“君子言也无择”以下四句：君子不发表不正确的言论，不聆听不中正的声音。发表不正确的言论就会造成混乱，聆听不中正的声音就会走上邪路。择，读为“斁（dù）”，败坏。淫，过分。辟（pì），邪。 [3]“述正道而稍邪哆（chǐ）者有矣”二句：传述正道而逐渐走入邪道的人是有的，却没有传述邪道而逐渐走入正道的人。稍，逐渐。哆，邪，参看2.4章注[2]。稍正，《法言音义》曰：“天复本作‘稍正道’。”

《史记·太史公自序》说：“夫儒者以六艺为法。六艺经传以千万数，累世不能通其学，当年不能究其礼，故曰：‘博而寡要，劳而少功。’”《汉书·艺文志》说：“后世经传既已乖离，博学者又不思多闻阙疑之义，而务碎义逃难，便辞巧说，破坏形体；说五字之文，至于二三万言。后进弥以驰逐，故幼童而守一艺，白首而后能言；安其所习，毁所不见，终以自蔽。”

［点评］

在本章中，扬雄仍然是在维护以孔子为代表的儒家正统思想。但他说的“述正道而稍邪哆者有矣，未有述邪哆而稍正也”却不无启发，值得我们深思。俗话说，“由俭入奢易，由奢入俭难”。世界上的事就是这样，学坏容易学好难。所以做事情要“慎始”，不可轻易尝试。

2.15 孔子之道[1]，其较且易也。

或曰：“童而习之[2]，白纷如也，何其较且易？”

曰：“谓其不奸奸、不诈诈也[3]。如奸奸而诈诈，虽有耳目，焉得而正诸？”

[注释]

[1] “孔子之道”二句：孔子的学说，大概是明白而且容易理解的吧。其，也许，大概，但在推测之中带有肯定的意思。较，与“皎”或“皦”通，明白、明显之意。李轨注：“言较然易知。” [2] “童而习之”以下三句：从儿童时开始学习孔子的学说，到头发都白了，还乱纷纷地没学出个头绪，怎么能说它是明白而且易于理解呢？汉代对儒家经典的解释越来越烦琐，以至于一个人从小开始学习，到老也掌握不了一部经。白，白发，喻老年。纷如，乱纷纷、乱糟糟的样子。如，词尾，表示状态。何，代词，表示疑问，怎么，什么。 [3] “谓其不奸奸、不诈诈也”以下四句：“较且易”是说它不以奸邪对待奸邪，不以诈伪对待诈伪，如果以奸邪对待奸邪，以诈伪对待诈伪，即使有人监视着，又怎么能纠正奸邪和诈伪呢？奸奸，以邪对邪。奸，邪。诈诈，以伪对伪。诈，伪。有耳目，有人听着看着，即有人监视着。焉得，怎么能。焉，表示疑问。得，可以，能够。正（zhèng），纠正，改正。诸，“之乎”的合音。

只有多闻多见，才能从繁杂的现象中抓住关键、吸收精华、掌握本质，但并不是只要多闻多见，就可以做到这一点。要做到这一点，必须用抽象力，即科学的抽象方法对纷繁复杂的现象进行科学分析，求得事物的本质和规律。

[点评]

扬雄无法否认儒家经典“童而习之，白纷如也”的事实，因而无法正面回答“何其较且易”这个问题。他只好顾左右而言，用“不奸奸、不诈诈”来回答，完全是答非所问。从这里我们可以看出当时儒家经典传述的纷乱状况。扬雄对此既无奈，但又要维护儒家的权威，于是就出现了这种尴尬局面。

2.16 多闻则守之以约[1]，多见则守之以

卓。寡闻则无约也[2]，寡见则无卓也。

[注释]

[1]“多闻则守之以约（yào）”二句：要多听，然后抓住其中的关键；要多看，然后吸收其中的精华。守，把守，守卫，引申为掌握、抓住。约，简要，引申为要领、关键。卓，高超，引申为精华。 [2]“寡闻则无约也”二句：听得少就不可能抓住关键，看得少就不可能抓住精华。寡，少。无约，没有抓住关键，即抓不住关键。无卓，没有抓住精华，即抓不住精华。

[点评]

重视闻见，而且认为要多闻多见才能掌握事物的关键和精华，这是扬雄认识论中的一个闪光点。在当时以神学化了的经学为主流的情况下，扬雄重视认识论是很不容易的。可惜，他未能始终如一、普遍全面地坚持这个观点。

用衣服的颜色来区别人的贵贱等级，一直延续到辛亥革命推翻清朝统治以后。在清朝，比如黄色就只能皇室衣服专用，其他人是不能用的。如果哪个大臣被皇帝赐穿黄马褂，那是皇帝极大的恩典，对大臣来说则是极大的荣宠。

2.17 绿衣三百[1]，色如之何矣；纻絮三千[2]，寒如之何矣。

[注释]

[1]“绿衣三百”二句：绿衣虽然多到三百，无奈不是正色。语本《诗经·邶风·绿衣》：“绿兮衣兮，绿衣黄里。”毛传：“兴也。绿，间色；黄，正色。”关于正色与间色，参看2.3章注[1]。 [2]“纻（zhù）絮三千”二句：破旧的麻布衣服虽然多到

三千，无奈不能御寒。纻絮，破旧的麻布衣服。纻，纻麻，又指纻麻织成的布。絮，指破旧的棉絮。《说文解字·纟部》：“絮，敝绵也。”汉代只有丝和麻，没有今天所说的棉花。贵族穿丝绸，平民穿麻布。“绵”即丝绸或麻布。

[点评]

按照儒家的解释，黄为正色，反而为里为裳，绿为间色，反而为面为衣，这是典型的上下贵贱易位，是不能允许的。扬雄就是用这种解释来阐明自己的儒家正统思想。至于麻布破衣虽然多到三百，也不能御寒，言外之意无非说，不合乎正道的东西，再多也没有用，同样是为了证明儒家正统思想才是唯一能够治理社会的正确思想。

2.18 君子之道有四易[1]：简而易用也[2]，要而易守也，炳而易见也，法而易言也。

[注释]

[1] 君子之道有四易：君子的理论有四个方面是容易做到的。《太平御览》卷四百零三“道德”条引此句作“君子之道有四”，无“易”字。 [2]“简而易用也”以下四句：君子之道内容简练而易于实行，论述扼要而易于掌握，意义明显而易于了解，合乎规范而易于说明。

[点评]

扬雄认为真正能对社会发展产生影响和作用的理论，应该具备这些特质。因为只有这样，才能为广大群众理解和掌握，并且付诸实行，从而对社会的发展产生影响和作用。至于那些深奥艰涩的理论，或许可以对人类的思维产生影响，甚至促进人类思维的发展，但不可能对社会的发展产生直接的作用。

从表面上看，这似乎是“英雄造时势”，其实从根本上说，还是“时势造英雄”。即在这种历史需要的条件下，时代总会创造出这种领袖人物。谁能成为这种领袖人物，或许有某种偶然性，但这种领袖人物的出现却是必然的。正如马克思说的，每一个时代都需要有自己的伟大人物。如果没有这样的人物，它就会创造出这样的人物。

2.19 震风陵雨[1]，然后知夏屋之为帡幪也。虐政虐世[2]，然后知圣人之为郛郭也。

[注释]

[1]“震风陵雨”二句：受到疾风暴雨的袭击，才知道大厦是遮蔽风雨的帐幕。震风，疾风。夏屋，大屋。《诗经·秦风·权舆》：“夏屋渠渠。”毛传云：“夏，大也。”夏，通“厦”。帡幪（píng méng），即帐幕，在上面的称“幪”，在旁边的叫“帡”。 [2]“虐政虐世”二句：遇到残暴的政治残害社会，然后才知道圣人是保护百姓的屏障。虐，残暴，残害，郛郭，外城。这里是屏障的意思。郛，意同“郭”，《说文解字·邑部》：“郛，郭也。”

[点评]

当国家面临危亡，人民深陷苦难之时，只有抱着救世之心的圣人，才能力挽狂澜，扶大厦之将倾，挽救国家于危亡之际，拯救人民于苦难之中。扬雄所说的圣人可以指尧、舜、禹、汤等古代圣王，多数情况下是指孔子，同时也可以指儒家的理想人格。扬雄认为，圣人是社会治理的根本，圣人的作用在于唤醒民众、教化民众，进而引导民众。

2.20 古者杨、墨塞路[1]。孟子辞而辟之[2]，廓如也。后之塞路者有矣[3]，窃自比于孟子。

对错误的思想当然要进行批评，不能任其泛滥，毒害社会而不闻不问，但不宜用行政手段加以禁止。那样，错误思想并未消失，可能转入地下，其影响甚至会因为许多人的好奇而更加扩散。而正确思想由于缺乏同错误思想斗争中增强活力和丰富发展的机会，往往会趋于僵化，不但会失去推动社会发展的积极作用，甚至会成为束缚人们思想和行为的教条。

[注释]

[1] 古者杨、墨塞路：古时候杨朱和墨翟的学说泛滥，堵塞了儒家的正路。杨，指杨朱，或称“杨子”“阳生”“阳子居”等，战国初期魏国（今河北南部、河南北部一带）人，我国古代著名的思想家。他主张“贵生”“贵己”“为我”“全性葆真”等思想，因而受到儒家的猛烈攻击。其著作未能流传下来。其生平事迹和思想观点散见于《孟子》《庄子》《韩非子》《吕氏春秋》《淮南子》等书。《列子》中有《杨朱篇》，但《列子》成书较晚，所以《杨朱篇》不能代表杨朱的思想。墨，墨翟（约前480—前420），春秋战国之际鲁国（今山东西南部）人（一说宋国人，曾做过宋国大夫）。我国古代著名的思想家，曾学习儒术，后因不满儒家礼制的烦琐和厚葬的靡财，转而成为儒家的反对者。他主张兼爱、非攻、尚贤，因而遭到儒家的攻击。现存《墨子》一书，是墨家学派的著作总集，记载了墨翟及其弟子的言行和思想。塞路，堵塞了大道，形容当时杨朱和墨翟的学说充盈天下，排挤了儒家学说。《孟子·滕文公章句下》说：“杨朱、墨翟之言盈天下。天下之言不归杨，则归墨。”“杨、墨之道不息。孔子之道不著，是邪说诬民，充塞仁义也。”即其义。 [2]“孟子辞而辟之”二句：

孟子著书立说驳斥杨朱和墨翟的学说，把他们清除得干干净净。孟子对杨朱和墨翟学说多有批驳，如《孟子·滕文公章句下》说："杨氏为我，是无君也。墨氏兼爱，是无父也。无父无君，是禽兽也。""吾为此惧，闲先圣之道，距杨、墨，放淫辞，邪说者不得作。"孟子，孟轲（约前372—289），战国时代邹（今山东邹城）人。我国古代著名的思想家，儒家崇拜的"亚圣"，即仅次于孔子的圣人。其事迹见《史记·孟子荀卿列传》。现存《孟子》一书，记载了孟子及其弟子的言行和思想。辞，发言，著文。辟，排除，驳斥。之，代词，指杨朱和墨翟的学说。廓如，广阔空旷的样子。廓，广阔，空旷。如，词尾，表示状态、样子。 [3]"后之塞路者有矣"二句：孟子以后又有错误的学说泛滥，堵塞了儒家的正路。我私下里把自己比作孟子。意为也要发言批驳它们。后，孟子以后，实际上指扬雄当时。窃，私下，暗自，表示自谦。

［点评］

任何一种思想只要它存在的土壤，即社会根源还存在，它就不会消失。不管你对它进行多么严厉的批判，甚至动用行政手段加以禁止，它也不会消失。所以，扬雄说"古者杨、墨塞路。孟子辞而辟之，廓如也"，并不符合事实。后来杨、墨思想的消失，并不是由于孟子对它们的批判，而是因为它们存在的社会土壤已经消失，已经不再为社会所需要。

2.21 或曰[1]："人各是其所是而非其所非，将谁使正之？"

曰[2]："万物纷错则悬诸天，众言淆乱则折诸圣。"

或曰[3]："恶睹乎圣而折诸？"

曰[4]："在则人，亡则书，其统一也。"

［注释］

[1]"或曰"以下三句：有人问：人们都肯定他们所赞成的而否定他们所反对的，那么由谁来纠正他们的错误呢？是，肯定，赞成。前一个作动词，后一个为名词。非，否定，反对。前一个是动词，后一个是名词。将（jiāng），副词，应该。谁使，使谁，用谁，由谁。正，纠正，匡正。 [2]"曰"以下三句：回答说：世间万物纷繁错综，就用天象来测量它们；各种言论淆浊混乱，就由圣人来评判它们。纷错，纷繁错综。悬，犹正。这里意谓观测、测量，古代进行建筑时以细绳系重物作垂线以观正邪谓之"悬"，故借"悬"为正。我国古代天文学上又曾用"悬"来观测日影和星位以定时间和季节，所以这里说"万物纷错则悬诸天"。众言，众人之言。折，判断，裁决。《论语·颜渊篇》："片言可以折狱者，其由也与？" [3]"或曰"二句：有人问：怎样才能见到圣人，由圣人来评判它们呢？恶（wū），怎样，如何。睹，看见，见到。乎，相当于"于"。诸，"之乎"的合音。 [4]"曰"以下四句：回答说：圣人在就由圣人来评判，圣人不在就用圣人的书来评判。圣人和圣人的书在根本上是一样的。则，就是。亡，死亡，不在。统，系统，总体。

[**点评**]

每个时代都有自己的圣人（导师、引领者、指路人），扬雄的圣人是儒家的创始人孔子，对社会、人生中一切事物之是非对错，都依照孔子来判别。对我们来说，同样需要树立自己心中的“圣人”，作为评判一切事物对错的准则和依据。

修身卷第三

【题解】

扬雄在本卷中论述了其人性论观点，以及由此而产生的人应该怎样修身养性，以达到儒家所要求的君子的标准等问题。

在扬雄之前，我国古代关于人性的学说，大体上有“性善说”“性恶说”“性无分善恶说”“性有善有恶说”几种，主流是儒家从孟子以来所主张的“性善说”。但在阶级社会中，面对激烈的阶级斗争和社会矛盾，“性善说”很难自圆其说。所以在扬雄生活的时代，社会上流行的是董仲舒的“性三品”说，即性有三品：圣人之性、中民之性、斗筲之性。圣人是教化别人的人，生来就具有完美的善性，这就是“圣人之性”。坚决破坏统治秩序之人的人性是“斗筲之性”，这是根本没有善的因素，教化也改变不好的人。这两种人都是少数。社会上大多数人的人性是“中民之性”，即性中有善质，但须教化而成。这在基本上仍然是一种“性善论”，不过根据阶级社会的实际状况对“性善论”的明显缺陷作了些补救而已。但随着社会危机的加深和阶级对立的尖锐化，这种学说的虚伪性及其与生活现实的矛盾，仍然日益暴露出来。而针对严重的社会问题和董仲舒“人性论”的危机，扬雄提出了自己的人性学说。

扬雄认为，“人之性也善恶混。修其善则为善人，修其恶则为恶人。气也者，所以适善恶之马也与？”“善恶混”即善恶相杂，就是说人性中既有善也有恶，关键在于“修”，即培养。培养人性中的善就成为善人，培养人性中的恶就成为恶人。在这个基础上，扬雄用很多文字论述了修身养性的问题。如必要性（如“夫有意而不至者有矣，未有无意而至者也”），目的（如“立义以为的”“治己以仲尼”），方法（如“修身以为弓，矫思以为矢”“强学而力行”），效果表现（如“仁、义、礼、智、信之用”“取四重，去四轻”）等，并详细论列了圣人、贤人、众人在各方面的区别。

本卷中有一个不大容易搞清楚的问题，就是“气也者，所以适善恶之马也与”中的“气”究竟是什么。因为扬雄在此没有加以说明，而且除此之外，在《法言》中也再没有谈到过气。从扬雄对人性修养的多处论述看，“气”既可以指人们所处的周围环境，也可以指人的修养功夫，很可能这两种意思都有，但他却没有明确地加以论述，这反映了扬雄思想的含糊和不彻底。

3.1　修身以为弓[1]，矫思以为矢，立义以为的，奠而后发[2]，发必中矣。

［注释］

[1]“修身以为弓”以下三句：把修养品德作为弓，矫正思想作为箭，树立正义作为靶心。修身，修养品德。矫思，矫正思想。矢（shǐ），箭。立义，树立正义。的（dì），练习射箭用的靶子的中心，这里意谓目标。　[2]“奠而后发”二句：瞄准以后发准，必然射中靶心，即达到了树立正义的目标。奠，定，这里意谓瞄准。发，发射。中（zhòng），射中靶心，这里意谓达到目标。

［点评］

一个人，如果没有高尚的品德、正确的思想，自然就不可能有正义感，更谈不上见义勇为。但要注意的是，不同时代、不同立场的人，往往有不同的正义观。《论语·子路篇》所载叶公与孔子关于“直”的对话，就很说明问题：“叶公语孔子曰：吾党有直躬者，其父攘羊，而子证之。孔子曰：吾党之直者异于是，父为子隐，子为父隐，直在其中矣。”

3.2　人之性也善恶混[1]。修其善则为善人，修其恶则为恶人。气也者[2]，所以适善恶之马也与？

传统上认为，孟子讲性善，荀子讲性恶，汉代学者则试图将二者进行综合，故出现了“性三品”与“善恶混”两种不同学说。

[注释]

[1] “人之性也善恶混”以下三句：人性中善恶相混，培养人性中的善就成为善人，培养人性中的恶就成为恶人。对“人之性也善恶混”，后人有两种理解。一种观点认为，“混”是混淆无别，因此“善恶混”就是不分善恶。另一种观点认为“混”是异物相杂，因此“善恶混”就是有善有恶。实际上异物相杂才是“混”字的根本含义，混淆无别之义是建立在异物相杂基础上的。如果是同一种事物，怎么还会说混淆无别呢？所以，“善恶混”即有善有恶，善恶相杂。修，修养，培育。其，指示代词，指“人之性”。 [2] “气也者”二句：“气”这个东西，就是人走向善或恶时所骑的马吧？按：对于气是什么东西，扬雄没有说。在《法言》中，除此处外，再也没有谈到过气。我们从扬雄关于人性的学说中可以看出，在形成善人或恶人的过程中，他是十分重视外界环境的影响作用的。从而，我们可以把这个“气”看作是存在于人身之外而能影响人性的一种东西。它可能是指人们所处的周围环境，特别是社会环境。另外，把“气也者，所以适善恶之马也与”和“修其善则为善人，修其恶则为恶人”联系起来看，这个“气”对人性所起的作用和“修”对人性所起的作用是相同的。这样看来，它似乎又是指人们本身的一种修养功夫，从扬雄哲学的全面情况看，很可能是这两种意思都有。也者，文言助词，指人或事物。所以，所用，用来。以，用。适，往，走向。也与，句末疑问词。

[点评]

在扬雄之前，关于人性的学说，大体上有性善、性恶、性有善有恶、性无分善恶等几种观点，以及董仲舒的“性三品说”。可见扬雄在人性问题上并没有什么创造性，而且说得比较含糊。但正因为说得比较含糊，才引起了后人对其人性学说的看法分歧和不同意见，以至于争论多年而无法取得一致。这其实是古今中外学术思想史中一种普遍的现象。究其原因，有的可能是思想家自己对所涉问题还没有彻底思考明白。但也不排除有的思想家可能是有意为之，借此来扩大自己思想的影响。

3.3 或曰："孔子之事多矣[1]。不用，则亦勤且忧乎？"

曰："圣人乐天知命[2]。乐天则不勤，知命则不忧。"

《周易·系辞上》："乐天知命，故不忧。"

［注释］

[1]"孔子之事多矣"以下三句：孔子会干的事很多。如果没有人任用他，他也会苦恼和忧虑吗？语本《论语·子罕篇》："太宰问于子贡曰：夫子圣者与？何其多能也？子贡曰：固天纵之将圣，又多能也。子闻之，曰：太宰知我者乎！吾少也贱，故多能鄙事。君子多乎哉？不多也。"勤，忧。《吕氏春秋·古乐》："勤劳天下。"高诱注："勤，忧。"把"勤"与"忧"分开说，是为了加强语气，使读者更加注意。这是修辞学上的互文见义。 [2]"圣人乐天知命"以下三句：圣人乐于天意，懂得命运。乐于天意就不苦恼，懂得命运就不忧虑。乐天知命，其实就是"乐知天命"，这里也是为了加强语气，使读者更加注意，而采取了修辞学上的互文见义。天、命均指命运，即人力无法控制、掌握

的外在力量。乐天知命，即懂得如何面对命运，也就是要尽人事以待天命。

[点评]

乐天知命并非无所作为，而是要明白“天人之分”，知道哪些属于人力无法控制的命运，哪些属于人事，尽人事以待天命。郭店竹简《穷达以时》说：“有天有人，天人有分。察天人之分，而知所行矣。有其人，无其世，虽贤弗行矣。苟有其世，何难之有哉？”竹简所说的天指命运天，所谓“遇不遇，天也”，故也是对命运问题的讨论。根据竹简，关系世间人们命运的，不仅有个人的努力也有天的影响，天人各有其分是说天人各有其职分、作用、范围，二者互不相同。而明白了哪些属于人，哪些属于天，便知道哪些该为，哪些不该为，知道应该如何行为。郭店竹简《语丛一》：“知天所为，知人所为，然后知道，知道然后知命。”这里的“天所为”“人所为”就是其职分和作用，也就是天人之分。在竹简看来，个人的富贵穷达主要取决于时运，这些属于天，是天的职分；而一个人的德行如何则主要靠自己，属于人的职分。明白了这种“天人之分”，就不应汲汲于现实的际遇，而应“敦于反己”，只关心属于自己职分的德行，尽人事以待天命，这样就做到了“知命”。孔子自称“五十而知天命”（《论语·为政篇》），认为“不知命，无以为君子也”（《论语·尧曰篇》）。在对待命运的问题上，扬雄与孔子的思想是一致的，故能对孔子做出准确评价。

3.4 或问铭[1]。

曰："铭哉[2]，铭哉！有意于慎也。"

为了警示或勉励自己，我们每个人都不妨给自己写一个"座右铭"。

[注释]

[1] 或问铭：有人问对于铭文的看法。铭，本来指刻在器物上的短文，记述自己或先辈的生平、事业，或用以警惕、勉励自己。最初的铭是刻在钟鼎等不易毁坏的金属用品上，后来又多刻在石头上，再后来又发展成一种独立的文体。凡押韵、讲究节奏而又有所寓意的短文，都可以叫"铭"，并且从只能为上层阶级使用，逐渐发展到一般大众皆可使用。 [2]"铭哉"以下三句：铭呀，铭呀，它是为了使人注意、谨慎呀。按：记述先人生平、事业的，如墓志铭。用以勉励或警惕自己的，如座右铭。关于铭文的情况，可参考刘勰《文心雕龙·铭箴》及有关注释。

[点评]

铭文在发展成一种独立的文体，并为大众所使用以后，产生了一些优美的名篇，如刘禹锡的《陋室铭》。有些优美的短文名篇，虽然不以"铭"命名，其实也可以看作是"铭"，如周敦颐的《爱莲说》。

3.5 圣人之辞[1]，可为也；使人信之，所不可为也。是以君子强学而力行[2]。

[注释]

[1]"圣人之辞"以下四句：圣人说的话，你也可以说，但

要使人对你说的话如同对圣人的话一样信服，那就不可能了。 [2] 是以君子强学而力行：因此君子要勤奋地学习并且努力地去实行。是以，即“以是”，因此。强，与“力”意思相近，都是勤奋、努力的意思。

［点评］

本章说明了一个做人的道理，好话人人会说，但是如果只说不做，人们不会信服，相反，还会鄙视你。所以，要多做好事而少说甚至不说。俗话说，群众的眼睛是雪亮的。日久天长，大家自然会看出你是个什么样的人。

3.6　珍其货而后市[1]，修其身而后交，善其谋而后动，成道也。

［注释］

[1] “珍其货而后市”以下四句：精制自己的货物然后再去交易，培养自己的品德后再去交往，完善自己的谋划后再去行动，这是成功的方法。珍，这里用作动词，指完善、精制。市，交易，买卖。修，培育，修养。身，人的道德、品行。交，交往。善，完善。谋，计谋，谋划。动，行动。成，成功。道，道路，道理，引申为方法、技术。

［点评］

俗话说，有备无患；凡事预则立，不预则废。“备”和“预”最重要的内容就是首先要做好自己的事，当然也要准确和细致地了解对方的图谋。对两方面的情况都心中有数，再来谋划自己的行动，怎么会不成功呢？所谓“知己知彼，百战不殆”，不就是这个道理吗？

3.7 君子之所慎[1]：言、礼、书。

[注释]

[1]“君子之所慎”二句：君子所要慎重对待的有言论、礼仪、书籍三事。言，言论。礼，礼仪。言、礼，包含了人的一切言谈举止。书，指反映当时各种学说的书籍。西汉自汉武帝“罢黜百家，独尊儒术”以后，诸子之书被视为异端，受到排斥。儒家内部也分为今文和古文两派，每派又分为若干家。对每一部儒家经典，各家都有自己的一套解释，代代相传，自以为正统。各家之间则彼此视为异端，互相攻击。所以扬雄把对待书的态度也列为君子应该慎重对待的内容。

[点评]

时代不同，对人的言谈举止的要求也会不同。但遵守当时的社会规范，用以约束个人的言谈举止，则是社会的共同要求。因为只有这样，社会才能良好有序地运行。否则，社会秩序紊乱，每个人都会深受其害。至于社会上的各种思潮，更需要以正确的立场、观点、方法去看待，分清良莠，明辨是非，切忌不加考察，盲目追随一些所谓权威。

关键是上位者要真心并力行倡导“上交不谄、下交不骄”的风气，特别要提倡下级敢于对上级提出不同意见的风气。有“明主”，才会有“诤臣”。昏君在位，不能说绝对没有“诤臣”，但肯定极少，而且会因言得祸，遭到严重的迫害，大多数人则噤若寒蝉。

3.8　上交不谄[1]，下交不骄，则可以有为矣。

或曰：“君子自守[2]，奚其交？”

曰：“天地交[3]，万物生；人道交，功勋成。奚其守？”

[**注释**]

[1]“上交不谄”以下三句：与比自己地位高的人交往不谄媚，与比自己地位低的人交往不骄横，就可以有所作为了。语本《周易·系辞下》：“子曰：知几其神乎！君子上交不谄，下交不渎，其知几乎。几者动之微，吉之先见者也。君子见几而作，不俟终日。”《周易·系辞上》说：“夫易，圣人之所以极深而研几也。唯深也，故能通天下之志。唯几也，故能成天下之务。” [2]“君子自守”二句：君子守住自己的本分就是了，何必要与人交往呢？自守，即“守自”，倒装的动宾短语，意思是守住自己的本分。奚，何，为什么。其，文言副词，表示反诘。 [3]“天地交”以下五句：天与地相交合，就产生了万物；人与人相交往，就成就了功勋。为什么只守住自己的本分而不交往呢？应劭《风俗通义·愆礼》说：“谨按《易》称：天地交，万物生；人道交，功勋成。”但今本《周易》中没有这段话，仅《周易·泰传·彖辞》有“天地交而万物通也，上下交而其志同也”的说法，与此文相类似。

[**点评**]

这里说的道理很正确，但真正做到从内心到外表都能平等地对待与上的交往和与下的交往，并不容易。无论是古代的等级社会，还是现代社会，要在处理这种关系中真正做到对上不唯唯诺诺，敢于指出上级不正确的一面，对下不颐指气使，能虚心听取下级的不同意见，都不容易。

3.9 好大而不为[1]，大不大矣；好高而不为，高不高矣。

［注释］

[1]“好（hào）大而不为”以下四句：喜好伟大的成就而不去做，伟大的成就便不可能实现；喜好崇高的事业而不去做，崇高的事业就不可能成功。好，喜欢，爱好。为，做，行。

［点评］

俗话说，天上不会掉馅饼。任何事情，经常处于“理想”之中而缺乏行动，“理想”自然不可能实现。同样地，如果总是处在制订计划、规划的过程中，“理想”也不会实现。这些是很简单的道理，人人都懂，却不见得人人都能做得很好。

3.10 仰天庭而知天下之居卑也哉[1]！

［注释］

[1] 仰天庭而知天下之居卑也哉：仰望高高的天庭星垣才知道

世人所在的地方是多么低下。仰，仰望。天庭，星垣名，或作“天廷”。居，所在的地方。卑，低下。

[点评]

这句话是一种隐喻。言外之意如李轨注所说，是“睹圣道然后知诸子之浅小”。这是扬雄常用的一种论证方法。如《学行卷》1.12章就曾说：“视日月而知众星之蔑也，仰圣人而知众说之小也”。

德高于才、没有德的才都可能会产生危害。当然，最好是德才兼备。

3.11 公仪子、董仲舒之才之邵也[1]！使见善不明[2]，用心不刚，俦克尔？

[注释]

[1] 公仪子、董仲舒之才之邵也：公仪休、董仲舒的才能卓越。公仪子，即公仪休，战国时代鲁国人。他曾做过鲁穆公的国相，以奉法循理、不与民争利著名。传说他不让家中种菜和织布，理由是不与菜农和织女争利。其事迹见《史记·循吏列传》。董仲舒（前179—前104）：广川（今河北景县）人，西汉时期重要的哲学家和专治《春秋公羊传》的今文经学家。他以儒家思想为主，兼采阴阳五行家和法家等各派思想，综合成以“天人感应”为中心的神学思想体系，在中国历史和思想史上有很大影响。他还向汉武帝提出“罢黜百家，独尊儒术”的建议，得到汉武帝的采纳，使儒家思想成为国家的统治思想，其事迹见《史记·儒林列传》和《汉书·董仲舒传》。传世著作有《春秋繁露》和文集。邵，应为“卲”，高大，美好。 [2]“使见善不明”以下三句：如果他们对善认识得不明确，决心树立得不坚定，怎么能够做到这样

呢？使，假使，如果。见善，对善的认识。用心，决心。刚，坚决，坚定。俦（chóu），何，怎么、怎样的意思。克，能够。尔，后缀，相当于“然”，如此，这样。

［点评］

做任何事情，都要有明确的认识、坚定的决心，才能做好，这是对的。但是，还要考虑事情的可能性，看时机是否成熟。如果时机不成熟，没有可能性，决心再大，也做不成。所以，要想把事情做好，先要调查研究，根据实际情况制订规划，然后付诸实践，这样才能立于不败之地。

3.12 或问仁、义、礼、智、信之用[1]。曰：“仁[2]，宅也；义，路也；礼，服也；智，烛也；信，符也。处宅[3]，由路，正服，明烛，执符，君子不动，动斯得矣。”

《孟子·尽心上》：“居恶在？仁是也。路恶在？义是也。居仁由义，大人之事备矣。”扬雄这段话就是据此加以补充发展而来。

［注释］

[1] 或问仁、义、礼、智、信之用：有人问仁、义、礼、智、信有什么用处。 [2]“仁”以下十句：仁好像住宅，义好像道路，礼好像衣服，智好像灯烛，信好像信符。符，信符，古代用作信用凭证的物品，用竹、木、玉、铜等做成某种特殊形状，在上面刻上文字或图画，从中间一剖为二，两方各执一半。需要验证时，各出其所执半符拼合之，看是否符合。《史记·信陵君列传》中记载的著名的信陵君魏无忌窃符救赵就是关于信符的故

事。 [3]“处宅”以下七句：住进住宅，顺着道路，穿好衣服，点亮灯烛，拿着信符，做好了这一切，君子除非不做事，只要做事就会成功。处，居住。由，顺着。正服，把衣服穿端正，穿好。明，明亮，这里意谓点亮。执，拿着。动，有所动作，做事。斯，则。得，得当，成功。

［点评］

本章实际上是说，一个人，如果具备了仁、义、礼、智、信五种品质，并且付诸行动，无论做什么事都会成功。

本章所引不见今本《孟子》，可能是佚文。《汉书·艺文志·诸子略》儒家类有“《孟子》十一篇”。赵岐《孟子题辞》说：“又有外书四篇：《性善辩》《文说》《孝经》《为正》。其文不能弘深，不与内篇相似，似非《孟子》本真，后世依仿而托之者也。”据此，有人认为此处所引孟子的话，可能是外书四篇中的文字。

3.13 有意哉[1]！孟子曰[2]：“夫有意而不至者有矣，未有无意而至者也。”

［注释］

[1] 有意哉：不论做什么事，都要有意愿才行。 [2]“孟子曰”以下三句：孟子曾经说过：有意愿去做，但做不成的事是有的，但没有缺乏意愿却能够成功的事。至，到，这里引申为做成、成功的意思。

［点评］

没有意愿、不想做的事，自然谈不上能否做成。即使有意愿、有坚定的意志，能够不怕困难、坚持去做，其实也不一定能够做成。因为一件事情能否做成，有许多影响因素。因此，不应迟疑和等待，要充分发挥人的主观性，积极努力去做。即使各种因素具备，也不一定能做成。当然，坐等各种因素齐备，也是等不来的，这时就要发挥人的主观能动性。

3.14 或问治己[1]。

修身是重要的，但要使社会中有更多的君子，还需要制度的完善。

曰："治己以仲尼。"

或曰："治己以仲尼[2]，仲尼奚寡也？"

曰："率马以骥[3]，不亦可乎？"

或曰："田圃田者莠乔乔[4]，思远人者心忉忉。"

曰："日有光[5]，月有明。三年不目日，视必盲；三年不目月，精必蒙。荧魂旷枯[6]，糟莩旷沉。擿埴索涂，冥行而已矣。"

［注释］

[1]"或问治己"以下三句：有人问怎样修养自己，回答说：用孔子作为标准来修养自己。治，治理，引申为修正、培养。以，用，依。 [2]"治己以仲尼"二句：既然是用孔子作为标准来修养自己，像孔子那样的人为什么那么少呀？这句话的言外之意是，以孔子这样高的标准来修养自己，一般人是做不到的。奚，何，为什么。寡，少。 [3]"率（shuài）马以骥"二句：用良马来引导马，不也可以吗？意谓以孔子作为标准来引导大家修养自己。率，带领，引导。以，用。骥，良马。亦，也。 [4]"田圃田者莠（yǒu）乔乔"二句：耕种大片田地，因为管理不过来，

莠草就会长得很高；怀念远方亲人，因为不能相见，精神就会忧愁苦恼。这是用比喻来说明，要求大众以孔子为榜样来修养自己，标准太高，做不到。语本《诗经·齐风·甫田》："无田甫田，维莠骄骄；无思远人，劳心忉忉。"田圃田，前一个"田"作动词，当耕种讲；后一个"田"是名词，即田地。甫，大。《诗经·齐风·甫田》毛传："甫，大也。""圃"与"甫"通。甫田即"圃田"，大田，即大片田地。或说圃田是古薮泽名，其地在今河南中牟，泽中多生杂草。莠，草名，属单子叶植物纲禾本科，俗称狗尾巴草。乔乔，高大的样子，形容杂草茂盛。忉（dāo）忉，忧愁，苦恼。 [5]"日有光"以下六句：太阳有光芒，月亮有明光。三年不见太阳，眼睛必然变盲；三年不见月亮，眼睛必然失明。这是用日月来暗喻孔子，意思是说人如果不向孔子学习，就会像盲人一样生活在黑暗之中。语本《论语·子张篇》："仲尼，如日月也，无得而逾焉。人虽欲自绝也，其何伤于日月乎？多见其不知量也。"目，看，视，这里作动词用。视，与下文"精"都指人的视力。盲，与下文"蒙"都指人的眼睛瞎了。 [6]"荧魂旷枯"以下四句：精神久废不用就要枯萎，视力久废不用就要消失。那就只好用手杖戳点地面寻找道路，好像在黑暗中行走了。这几句话还是暗喻，人如果不像孔子学习，就好像精神枯萎、视力消失的盲人，只能在黑暗中行走了，必然到处碰壁。荧魂，指人的精神。旷，久废不用。枯，枯萎。糟，当为"精"，汪荣宝说："糟，当依旧本作'精'。精，糟形近而误。"（《法言义疏》卷五）莩（fú），芦苇秆子里面的薄膜。借为"稃（fū）"，米之外皮，都有外表之意。精莩，意为精光外浮，指人的视力。沉，意谓精光消失。擿（zhì），同"掷"。这里是戳、点的意思。埴（zhí），黏土，这里指地面。索，寻找。涂，同"途"，道路。冥，黑暗。

［点评］

人都要向圣贤学习，而且可以学得像圣贤那样，这种观点在中国思想史上可谓源远流长。孔子就说要“见贤思齐”（《论语·里仁篇》）。《孟子·滕文公章句上》引颜渊的话，说得就更明确：“舜何人也，予何人也，有为者亦若是。”扬雄强调“治己以仲尼”，也是这种思想的表现。但扬雄又不止于此，他进一步阐述了不向圣贤学习会产生的问题。俗话说，学习如逆水行舟，不进则退。其实不仅学习知识是如此，道德修养以至做人同样是如此。

3.15　或问[1]：“何如斯谓之人？”

曰：“取四重，去四轻，则可谓之人。”

曰[2]：“何谓四重？”曰：“重言、重行、重貌、重好。言重则有法，行重则有德，貌重则有威，好重则有观。”

“敢问四轻[3]？”

曰：“言轻则招忧，行轻则招辜，貌轻则招辱，好轻则招淫。”

强调庄重、严肃是合理的，但是也不能过分严肃，不能不管什么场合都正襟危坐、不苟言笑。除了必须严肃的场合外，还是要和蔼可亲、平易近人，否则就会拒人于千里之外，最后变成孤家寡人。

［注释］

[1]“或问”以下六句：有人问：怎样才可以称之为人？回答说：做到四种庄重，去掉四种轻浮，就可以称之为人。何如，如何，

怎么样。斯，犹则。取，采取，这里意谓做到。重，庄重，慎重。轻，轻浮。 [2]“曰”以下八句：问：什么是四种庄重？回答说：庄重的语言、庄重的行为、庄重的容貌、庄重的爱好。语言庄重就有准则，行为庄重就有道德，容貌庄重就有威仪，爱好庄重就有可显示。威，威仪。观，显示。 [3]“敢问四轻”以下六句：请问有四种轻浮会怎样？回答说：言语轻浮就会招来忧患，行为轻浮就会招来罪过，容貌轻浮就会招来耻辱，爱好轻浮就会招来邪恶。敢问，请问，冒昧请求，表示谦虚的口气。忧，忧患。辜，罪过。辱，耻辱。淫，邪辟。

［点评］

言行轻浮是人生之大忌，特别是年轻人，更要注意这一点。其后果轻则被人瞧不起，严重则可能招来杀身之祸。古今中外的文学作品中，都不乏这样的故事。

《论语·雍也篇》：“质胜文则野，文胜质则史，文质彬彬，然后君子。”

3.16 《礼》多仪[1]。

或曰：“日昃不食肉[2]，肉必干；日昃不饮酒，酒必酸。宾主百拜而酒三行，不已华乎？”

曰：“实无华则野[3]，华无实则贾，华实副则礼。”

［注释］

[1]《礼》多仪：《礼》中有很多礼节仪式。《礼》，或认为是《仪礼》。多仪，《汉书·艺文志》和《礼记·中庸》都提到“威仪三千”，可见其多。 [2]“日昃（zè）不食肉”以下六句：这

是对“礼多仪”的质疑。如果礼仪太多，花的时间太长，太阳偏西了还不吃肉，肉必然会变干；太阳偏西了还不喝酒，酒必然会变酸。宾主之间礼拜百次才互相请酒三次，不是太浮华了吗？《礼记·聘义》：“酒清人渴而不敢饮也，肉干人饥而不敢食也。日莫（暮）人倦，齐庄、正齐，而不敢解惰，以成礼节。”日昃，太阳偏西。百拜，形容礼仪之多。拜，宾主之间在仪式进行中所行的礼节。酒三行，是说宾主之间互相请酒三次，才算完成了所谓“壹献之礼”。按：古代饮酒，开始主人请客人喝酒，叫“献”。客人喝后，转过来请主人喝酒，叫“酢”。然后，主人先自喝，又再请客人喝酒，叫“酬”。这样一轮完毕，就叫“壹献之礼”。按照规定，不同等级的人喝酒，其“献”数是不同的：上公九献，侯伯七献，子男五献，卿、大夫三献，士一献。这里说的“酒三行”，也就是“壹献之礼”。《礼记·乐记》：“是故先王因为酒礼。壹献之礼，宾主百拜，终日饮酒而不得醉焉。此先王之所以备酒祸也。”郑玄注：“壹献，士饮酒之礼。百拜以喻多。” [3]“实无华则野”三句：这是对上述质疑的回答。是说有内容而没有文采，就显得粗野；有文采而没有内容，就显得虚假；文采和内容相称，才合乎礼仪。实，实质，内容。华，文采，文饰。野，粗野。贾（gǔ），五臣注本作“史”。《论语·雍也篇》：“质胜文则野，文胜质则史。”或说贾指虚假买卖，也可通。副，符合，相称。

［点评］

在日常的各种活动中，特别是在一些纪念活动中，应当讲究礼仪，要有一定的仪式。仪式要与活动的内容相匹配，而且要严肃庄重，予人一定的神圣感，但都不可过度烦琐。俗话说，过犹不及，物极必反，过度烦琐的礼仪会使人反感，最终影响活动的开展。

《论语·雍也篇》："贤哉，回也。一箪食，一瓢饮，在陋巷，人不堪其忧，回也不改其乐。"

3.17　山雌之肥[1]，其意得乎？

或曰："回之箪瓢，臞，如之何？"

曰："明明在上[2]，百官牛羊亦山雌也；暗暗在上，箪瓢捽茹亦山雌也。何其臞？千钧之轻[3]，乌获力也；箪瓢之乐，颜氏德也。"

［注释］

[1]"山雌之肥"以下六句：山上的野鸡那样肥，是它的意愿得到了满足吧？有人问：颜回穷得用竹篮吃饭，用木瓢喝水，如果瘦了，他该怎么办呢？意得，意愿得到了满足。回之箪（dān）瓢，形容颜回的贫穷。箪，古人用来盛饭食的圆形小竹篮。臞（qú），或作"癯"，消瘦。　[2]"明明在上"以下五句：如果是英明君主掌权，像唐尧给虞舜配备百官牛羊，让虞舜掌管天下，虞舜也就像山上的野鸡了；如果是昏昧的君主掌权，像颜回那样用竹篮吃饭，用木瓢喝水，拔野菜当饭吃，也就像山上的野鸡了，怎么会瘦呢？明明，英明，贤明。在上，在高位，指掌权。百官牛羊，用以代表君主对贤臣的知遇。语本《孟子·万章章句上》："帝（尧）使其子九男二女、百官牛羊仓廪备，以事舜于畎亩之中，天下之士多就之者，帝将胥天下而迁之焉。"暗暗，昏昧，昏庸。捽（zuó）茹，拔野菜吃。捽，揪，拔。茹，蔬菜。或说"捽"读为"啐"，捽茹即吃野菜。何其臞，怎么会瘦呢？何，怎么。其，句中助词，没有实义。　[3]"千钧之轻"以下四句：举千钧重的东西都很轻松，是因为有乌获那样

大的力气；用竹篮吃饭木瓢喝水却很快乐，是因为有颜回那样高的道德。千钧，古时三十斤为一钧，千钧是形容物体之重。乌获，战国时秦国的大力士，其事迹散见于《孟子》《韩非子》《史记·秦本纪》中。

［点评］

儒家希望获得帝王的赏识，如果不能得到，则应有坚定的信仰和高尚的道德，“穷则独善其身，达则兼善天下”。

3.18 或问[1]：“犁牛之鞟与玄骍之鞟有以异乎？”曰：“同。”

“然则何以不犁也[2]？”曰：“将致孝乎鬼神，不敢以其犁也。如刲羊刺豕，罢宾犒师，恶在犁不犁也。”

［注释］

[1]“或问”以下四句：有人问：杂色的牛去毛以后的皮，与纯黑色、纯赤色的牛去毛以后的皮有什么不同吗？回答说：是一样的。犁牛，杂色的牛。犁，杂色。《论语·雍也篇》：“犁牛之子骍且角。”何晏注：“犁，杂文也。”有人释“犁”为“耕”，则“犁牛”就是耕牛。但古代供祭祀做牺牲用的牛不用作耕牛，耕牛也不用作牺牲，故释“犁”为“杂色”更恰当。鞟（kuò），去了毛的兽皮，即革。玄，黑色，这里指黑色的牛。骍（xīng），赤色，这里指赤色的牛。据说，夏朝尚黑色，祭祀时就用黑牛

做牺牲。周朝尚赤色，祭祀时就用赤牛做牺牲，都不用杂色的牛做牺牲，所以有这种疑问。 [2]“然则何以不犁也”以下七句：因为犁牛之鞹与玄骍之鞹没有什么不同，所以发出疑问：那么为什么不用杂色的牛做祭祀时的牺牲呢？回答说：因为这是用来向鬼神表达敬意，所以不敢用杂色的牛。如果是杀羊宰猪，招待客人，犒劳将士，哪里还管它杂色不杂色。然则，那么。何以，为什么。致，给予，表达。孝，尊敬，敬意。刲（kuī），割，杀。豕（shǐ），猪。罢（pí），古同“疲”，疲劳，引申为慰劳的意思。犒，以酒肉慰劳军队。恶（wū），哪，何。在，在乎。

[点评]

祭祀不同的对象，要用不同的供品。正如纪念不同的人物或事件，要用不同的仪式。但单纯强调这一点，没有太大的意义。《论语·雍也篇》说：“犁牛之子骍且角，虽欲勿用，山川其舍诸。”这个观点才是正确的用人方针，即用人只问德才，不计出身。

3.19 有德者好问圣人[1]。

或曰：“鲁人鲜德[2]，奚其好问仲尼也？”

曰：“鲁未能好问仲尼故也[3]。如好问仲尼，则鲁作东周矣。”

[注释]

[1] 有德者好（hào）问圣人：有道德的人喜欢向圣人请教。

好，喜爱。圣人，指孔子。 [2]“鲁人鲜（xiǎn）德”二句：鲁国的当权者缺乏道德，为什么他们喜欢向孔子请教呢？鲁人，指孔子在时鲁国的当政者。鲜，少。奚，何，为什么。其，代指“鲁人”。 [3]“鲁未能好问仲尼故也”以下三句：鲁国的当政者不喜欢向孔子请教。如果他们喜欢向孔子请教，那么鲁国就成为东方的周国了。鲁作东周，鲁成为东方之周，即鲁国兴周道于东方的意思。周兴起于西方，鲁在东方，所以把鲁行周道说成是“鲁作东周”。据《论语·阳货篇》记载，公山弗扰叛鲁，曾招孔子，孔子欲往，子路不同意。孔子说：“夫召我者，而岂徒哉？如有用我者，吾其为东周乎？”本章所谓“鲁作东周”，当即本此。

［点评］

当政者重用什么人，确实会对国家的治乱兴衰产生很大的影响。唐太宗的“贞观之治”，重用魏徵应当是原因之一。宋徽宗的“靖康之耻”，其宠臣蔡京等人的作为也是不可忽视的因素。但扬雄在本章中对孔子作用的描述却并不符合实际。孔子的思想适合国家统一时用来治理社会，所以汉代统一天下后，汉武帝能采纳董仲舒的建议“罢黜百家，独尊儒术”。但孔子的思想却不适合战乱纷争时用来夺取政权，所以在春秋战国时儒学始终得不到列国统治者的青睐。

3.20　或问：“人有倚孔子之墙[1]，弦郑、卫之声，诵韩、庄之书，则引诸门乎？”

曰："在夷貉则引之[2]，倚门墙则麾之。惜乎！衣未成而转为裳也。"

［注释］

[1]"人有倚孔子之墙"以下四句：如果有人靠在孔子家的墙边，弹奏郑、卫的音乐，诵读韩非、庄周的著作，那么引导他进入孔子家里来吗？倚孔子之墙，意谓在孔子附近，联系下文所谓"夷貉"，这里应是指在华夏族地区。弦，系于琴瑟等乐器上用以弹奏发声的丝线。这里用作动词，意为弹奏。郑、卫之声，先秦时期郑、卫等地方的民间音乐，儒家认为是靡靡之音，会淆乱官方的所谓雅乐。韩，韩非（约前280—前233），战国末年著名的思想家，法家思想的集大成者。本为韩国的公子，入秦后被杀，传世有《韩非子》一书。庄，庄周（约前369—前286），战国时宋国人，道家的著名代表人物，现存的《庄子》（又称《南华经》）三十三篇，是由后人编纂的一部先秦道家思想的总集，分内篇、外篇、杂篇三个部分。一般认为，内篇七篇为庄周自著，外篇、杂篇则是其后学所述。关于韩非、庄周的事迹，见《史记·老庄申韩列传》。引诸门乎，引他进门到家里来吗？ [2]"在夷貉则引之"以下四句：如果这人是在非华夏族所在的地区，就引导他进来；如果这人是在华夏族所在的地区，就把他赶走。可惜呀！没成为上身的衣服，却变成了下身的裙子。言外之意是，这个人居住在华夏之地，本来应该接受圣人之道，可惜步入歧途，接受了邪说。夷貉，指非华夏族的少数民族。夷，古代对东方少数民族的称呼。貉，同"貊（mò）"，古代对北方落后的少数民族的侮辱性称呼，这里用来代表落后的国家。麾，与"挥"同，意谓挥手赶开。衣、裳，古代把上衣

叫作“衣”、下衣叫作“裳”，认为衣贵而裳贱。

［点评］

“在夷貉则引之，倚门墙则麾之”。前者是对的，后者就不对了。除了对待敌人外，应该尽可能地团结所有的人，不应该有所放弃。“倚门墙则麾之”，很可能会为渊驱鱼、为丛驱雀，把这一部分人赶到敌人那边去，却孤立了自己，所以是不可取的。

3·21 圣人耳不顺乎非[1]，口不肄乎善；贤者耳择、口择，众人无择焉。

没有天生的圣人、贤人、众人，圣人、贤人、众人都是自己选择、努力的结果。

或问[2]：“众人？”

曰：“富、贵、生。”

“贤者？”

曰：“义。”

“圣人？”

曰：“神。”

观乎贤人则见众人[3]，观乎圣人则见贤人，观乎天地则见圣人。

天下有三好[4]：众人好己从，贤人好己正，圣人好己师。

天下有三检[5]：众人用家检，贤人用国检，圣人用天下检。

天下有三门[6]：由于情欲，入自禽门；由于礼义，入自人门；由于独智，入自圣门。

[注释]

[1]“圣人耳不顺乎非”以下四句：圣人的耳朵自然能排斥邪恶的话，圣人的嘴巴自然能讲出善良的话。贤人的耳朵要经过辨别，才能排斥邪恶的话；贤人的嘴巴要经过辨别，才能讲出善良的话。一般人则不会辨别。不顺，不顺从，即排斥。顺，从。非，错误，邪恶。不肄（yì），不用学习。肄，学习。 [2]“或问”以下十句：有人问：一般人追求什么？回答说：一般人追求财富、显贵、生命。贤人追求什么？回答说：贤人追求正义。圣人追求什么？回答说：圣人追求超人的智慧。神，神明，超人的智慧，即下文所说的“独智”。 [3]“观乎贤人则见众人”以下三句：观察贤人就可以了解一般的人。观察圣人就可以了解贤人。观察天地就可以了解圣人。根据扬雄的看法，众人要向贤人学习，贤人要向圣人学习，圣人则要向天地学习。见，了解。 [4]“天下有三好（hào）”以下四句：天下的人有三种爱好：一般人爱好别人顺从自己，贤人爱好别人纠正自己，圣人爱好别人效法自己。好，爱好。己从，从己，顺从自己。这是一个倒置的动宾短语，下文“己正”“己师”，句法与此相同。己正，正己，纠正自己。己师，师己，效法自己。师，师法，仿效。 [5]“天下有三检”以下四句：天下的人有三种检验自己言行是否正确的方法：一般人用自己的家庭来检验，贤人用所处的国家来检验，圣人用整个天下来检验。检，检查，检验。国，指诸侯之国。天下，指整个中国。 [6]“天下有三门”以下七句：天下可以分为三个种类：

因为按照情欲行动，就归入禽兽一类；因为按照礼义行动，就归入人类一类；因为按照超人的智慧行动，就归入圣人一类。门，种，类。由于，介词，表示原因。入自，归入。独智，独具的智慧，超人的智慧，即上文所谓“神”。

［点评］

在本章中，扬雄从多方面对众人、贤人、圣人作了比较，值得注意的是他对这三种人的人生追求和爱好作了比较。没有崇高理想的一般人，追求的是财富、显贵、生命，爱好别人顺从自己。贤人则不同，追求的是正义，并且爱好别人纠正自己的错误。圣人追求的则是“独智”，并且爱好别人效法自己。比较起来，一般人的追求和爱好层次太低，圣人需有“独智”，层次太高，只有贤人的追求和爱好是应该努力追求的。

3.22 或问：“士何如斯可以禔身[1]？”曰：“其为中也弘深[2]，其为外也肃括，则可以禔身矣。”

身处腐朽社会中的志士仁人，宁可牺牲个人的平安、幸福，冒着生命危险也要进行斗争、改造社会，使大多数人都能得到平安、幸福。

［注释］

[1] 士何如斯可以禔（zhī）身：士怎样才可以使自己平安幸福？士，本为古代最低的一个贵族阶层，介于卿大夫和庶民之间，逐渐演变为对古代知识分子的通称，这里即指知识分子。何如，如何，怎样。斯，则，乃。禔，平安，幸福。《说文解字·示部》：“禔，安福也。从示，是声。” [2] “其为中也弘深”以下三

句：士如果使自己的思想道德博大精深，使自己的言行严肃端正，就可以使自己平安、幸福了。中，内心，指思想。弘，博大。深，精深，深刻。外，仪表，指言行。肃，严肃。括，约束，即按社会规范和法律法规说话和做事。

［点评］

一个人具有良好的思想修养，言行严肃端正，在一般情况下，确实可以使自己平安、幸福，但当一个社会极其腐败时，即使个人的修养和言行都很好，也可能会遭遇灾祸。《水浒传》中的林冲就是一个很好的例子。所以能否得到平安、幸福，除了个人因素外，最重要的还是社会环境。有了好的社会环境，才会有个人的平安、幸福。

3.23 君子微慎厥德[1]，悔吝不至，何元憝之有！

［注释］

[1]“君子微慎厥德”以下三句：君子对自己道德上极其微小的地方都很慎重，连使自己后悔的小错误都不会有，怎么会有大的罪恶呢！微慎，非常谨慎。厥，代词，指“君子”。悔吝，意谓使自己忧虑的小错误。《周易·系辞上》：“悔吝者，言乎其小疵也。”“悔吝者，忧虞之象也。”悔，后悔。吝，惋惜。何元憝（duì）之有，即“何有元憝”，怎么会有元憝！之，文言助词，放在名词宾语“元憝”之后，把动词“有”后移，使句子变成“何元憝

之有”，以加强语气。元，首，大。慝，罪恶。

［点评］

本章与上章的意思是一致的，不过上章是从弘扬德行说，本章是从谨慎德行说。

3.24　上士之耳训乎德[1]，下士之耳顺乎己[2]。

不管什么人，都需要听听与自己不同的声音。当然，领导者更需要如此，如果总是“一言堂”，听不到不同的声音，说明你已经脱离了群众，成了孤家寡人。

［注释］

[1] 上士之耳训乎德：学问大道德高尚的人，愿意听符合道德标准的话。上士，指学问大道德高尚的人。训，顺，从。 [2] 下士之耳顺乎己：学问小道德低下的人，愿意听符合自己心意的话。下士，指学问小道德低下的人。顺，五臣注本作“训”。

［点评］

俗话说，良药苦口利于病，忠言逆耳利于行。愿意听符合自己心意的话，是一般人的常态，“忠言逆耳”的话一般人都不愿听，真正能做到“闻过则喜”的人终究是很少的。

3.25　言不惭[1]，行不耻者，孔子惮焉！

一个人在任何时候、任何事情上都能做到“言不惭，行不耻”，是非常难的，而做到这一点，就值得人们的敬佩。

［注释］

[1]“言不惭”以下三句：言谈中没有什么可惭愧的，行为上

没有什么可羞耻的人，孔子都是敬畏的呀！惮，畏惧，这里含有尊敬的意思，不是单纯的怕。按：《论语·宪问篇》："子曰：'其言之不怍，则为之也难。'"意思是说，说话大言不惭的人，实行起来难以做到。所以朱熹说："大言不惭，则无必为之志，而不自度其能否矣。欲践其言，岂不难哉！"但更早的古注却都是从肯定的意义上来解释这句话的。如马融注："怍，惭也。内有其实，则言之不惭。积其实者，为之难也。"王弼注："情动于中而外形于言，情正实而后言之不怍。"这大概是古人的共同解释，但都失之迂曲而难于理解。扬雄这句话就是根据《论语》的话引申而来。如果联系《法言·渊骞卷》第23章所说"夫能正其视听言行者，昔吾先师之所畏也"来看，很明显也是从肯定的意义上讲的。

[点评]

言行都极其端正的人，确实会受到人们的尊敬。但是不是畏惧这种人，却要看是什么人。除了惯于暗中作祟、心中有鬼的人，一般人是不会畏惧言行端正的人的。说"孔子惮焉"，是有点夸大其词了。扬雄大概是为了强调这种人的稀少，才这样说的。

问道卷第四

【题解】

“道”作为名词，本指人行走的可达到一定目标的道路。《说文解字·辵部》:“道，所行道也，……一达谓之道。”引申为人或万物行动所遵循的途径，再引申为规律、准则、道理、方法等，逐渐有了哲学概念的内涵。又有“天道”“人道”之分。天道指自然现象所遵循的规律，人道指人类社会所遵循的准则。在此基础上概括出包含天、人的最高规律、准则，即“道”。于是“道”成为一个哲学范畴，为各派思想家、政治家所普遍使用。但不同的思想家、政治家赋予“道”的具体内容并不相同，甚至互相对立。所以孔丘说：“道不同，不相为谋。”(《论语·卫灵公篇》)老子则在中国哲学史上最先把“道”作为宇宙万物的本原(如“有物混成，先天地生。……可以为天地母。吾不知其名，字之曰道”“道生一,一生二,二生三,三生万物”等)，为中扬雄称“适尧、舜、文王者为正道”，可以说开唐宋时期“道统说”之先河。如韩愈在《原道》中说：“斯吾所谓道也……尧以是传之舜，舜以是传之禹，禹以是传之汤，汤以是传之文、武、周公，文、武、周公传之孔子，孔子传之孟轲。轲之死，不得其传焉。”在《读荀子》中则说：“圣人之道……火于秦，黄老于汉。其存而醇者，孟轲氏而止耳，扬雄氏而止耳。”后世一些继承“道统说”的学者，干脆把扬雄、韩愈都纳入道统嫡传的世系之中。如孙复在《信道堂记》中说：“吾之所谓道者，尧、舜、禹、汤、文、武、周公、孔子之道也，孟轲、荀卿、扬雄、王通、韩愈之道也。”

国哲学奠定了第一块基石，可以说是中国哲学自觉的第一人。春秋战国以至于西汉时期的许多思想家和著作（如《管子》《文子》《庄子》《孟子》《荀子》《韩非子》《吕氏春秋》《易传》《黄帝内经》《礼记》《左传》《新语》《新书》《淮南子》《春秋繁露》《史记》等）也都对“道”有所论述。虽赋予“道”的具体内涵各有不同，但大体上不出上述各种意义的范围。

扬雄在本卷中所说的“道”主要指人道。具体说则是伏羲、黄帝、唐尧、虞舜、文王、周公以至孔丘等儒家所认为的圣人的治国之道。符合这些圣人的标准的为正道，不符合这些圣人的标准的为“它道”“奸道”，并把“道”看成是贯穿在仁义、礼乐、法度等具体思想和制度中的一般原则。以此为准则，扬雄对老子、庄周、邹衍、申不害、韩非，以至于狙诈之家等进行了评判。

本卷中值得注意的观点还有：一、扬雄以为道并不是凝固不变的，须根据情况，“可则因，否则革”，“新则袭之，敝则益损之”。二、扬雄认为，当“法度彰、礼乐著”，天下太平时可以无为，“垂拱而视天下民之阜”。当“法度废、礼乐亏”，天下大乱时就不能无为，“安坐而视天下民之死”。三、扬雄还对“涂民耳目”的愚民政策提出异议，认为“天之肇降生民，使其目见耳闻”是“涂”不了的，只能“视之礼、听之乐”，即以礼乐来教化。

4.1 或问道[1]。

曰：“道也者，通也，无不通也。”

或曰："可以适它与[2]？"

曰："适尧、舜、文王者为正道[3]，非尧、舜、文王者为它道。君子正而不它。"

[注释]

[1]"或问道"以下五句：有人问道是什么。回答说：道是可以到处通达的，没有什么地方不能通达。道，本义为人行走的道路，引申为人们行动所遵循的途径，再引申为道理、规律、准则、方法，以至于学说、世界观、思想体系等。后世儒者往往只承认儒家的根本原则为道，但扬雄却是在上述广泛的意义上来使用"道"这个概念的，所以有"正道"与"它道"之分，颇类似于《庄子》所谓"盗亦有道"。　[2]可以适它与：道可以通到别的地方（邪路）去吗？适，之，往。它，指人以外的其他事物，这里引申为异、邪。　[3]"适尧、舜、文王者为正道"以下三句：走向尧、舜、周文王的道是正道，不走向尧、舜、周文王的道是邪道。君子走正道而不走邪道。

[点评]

尧、舜、周文王都是孔子心目中的圣人。如《论语·泰伯篇》："子曰：大哉，尧之为君也！巍巍乎！唯天为大，唯尧则之。荡荡乎，民无能名焉。""巍巍乎！舜、禹之有天下也而不与焉！"对周文王，则说："三分天下有其二，以服事殷。周之德，其可谓至德也已矣！"（《论语·泰伯篇》）所以本章实际上还是维护孔子之道，也就是儒家之道。

4.2 或问道[1]。

曰："道若涂若川，车航混混，不舍昼夜。"

或曰[2]："焉得直道而由诸？"

曰："涂虽曲而通诸夏[3]，则由诸；川虽曲而通诸海，则由诸。"

或曰[4]："事虽曲而通诸圣，则由诸乎！"

[注释]

[1]"或问道"以下五句：有人问道是什么。回答说：道像道路，像河流，车船来来往往，昼夜不停。涂，同"途"，道路。混混，这里同"滚滚"。《说文解字·水部》："混，丰流也。"段玉裁注："盛满之流也。《孟子》曰：'源泉混混'。古音读如衮，俗字作滚。"本来是形容源泉水流不绝的样子，这里用来形容车船众多、来往不断。不舍昼夜，昼夜不停。不舍，不舍弃，不断绝。 [2]"或曰"二句：有人问：怎样才能找到直道而顺着它走呢？焉，表示疑问，怎样。由，从，顺。诸，"之乎"的合音。 [3]"涂虽曲而通诸夏"以下四句：道路虽然曲折，只要通往华夏，就顺着它走；河流虽然曲折，只要通往大海，就顺着它走。夏，中国古称"夏"，或称"华"，合则称"华夏"。由诸，顺着它。诸，代指"涂"或"川"。 [4]"或曰"以下三句：这是有人根据上面所说的道理做出的推论：事情虽然曲折，只要符合圣人的道理，就照着去做！

[点评]

在儒家的心目中，道本来是至高无上的。当然，这指的是正道，不是“它道”“邪道”。但本章却说：“道若涂若川，车航混混，不舍昼夜。”这是为什么呢？实际上，这里的言外之意是说：人们在生活中时时刻刻也离不开道。意在拉近道与人的距离，要人们时刻注意循道而行，不要离开道。

4.3 道、德、仁、义、礼[1]，譬诸身乎！夫道以导之[2]，德以得之，仁以人之，义以宜之，礼以体之，天也。合则浑，离则散。一人而兼统四体者[3]，其身全乎！

［注释］

[1]“道、德、仁、义、礼”二句：道、德、仁、义、礼可以譬喻为人的身体。譬，譬喻。 [2]“夫道以导之”以下八句：道用来引导人，德用来成就人，仁用来培育人，义用来规范人，礼用来体现人。这是符合天道的，这些都齐全了才成为一个完整的人，不齐全就成不了一个完整的人。之，指人。天，天道。浑，齐全，完整。散，离乱，零散。 [3]“一人而兼统四体者”二句：这就好像一个人，要同时具备四肢，他的身体才是完整的。统，总，合。四体，四肢。

［点评］

本章用人体的不可残缺来譬喻道、德、仁、义、礼之不可缺一，即人的整体品质是由多方面的修养共同构成的，缺了哪个方面，人的道德品质都不完美。其实一般说来，人具备了其中一个方面，就不会缺失其他方面。

当然，对少数人来说，情况就可能不一样。

俗话说："上之所好，下必甚焉。"以至于有"楚王好细腰，宫中多饿死"这样的现象。可见上位者的表率作用的重要。所以，凡是想治理好自己所管辖地区的领导者，一定要特别注意自己的言行，其实在家庭中也是一样的。大人们往往认为小孩子不懂事，在孩子面前无所顾忌。其实小孩子从诞生起，就一直在注视着大人的一言一行，并模仿着大人。所以什么样的家庭，往往出什么样的子弟。身教重于言教，讲的就是这个道理，为父母者岂可不谨言慎行？

4.4　或问德表[1]。

曰："莫知，作上作下。"

"请问莫知[2]？"

曰："行礼于彼，而民得于此，奚其知？"

或曰[3]："孰若无礼而德？"

曰："礼，体也。人而无礼，焉以为德？"

[注释]

[1]"或问德表"以下四句：有人问有道德的标志是什么，回答说：民众是不知道的，当权的人在上面践行道德，民众在下面跟着践行道德。表，表现，标志。作上作下，即上作下作。作，作为，这里指践行道德。　[2]"请问莫知"以下五句：继续问：为什么会不知道？回答说：当权的人在上面践行道德，民众在下面自然受到教化，怎么会意识到呀！　[3]"或曰"以下七句：又问：如何不用礼却有道德呢？回答说：礼是人的根本。作为人而不讲究礼，又怎么能有道德呢？体，本义为身体，引申为骨干、根本。焉以，何以，怎么。为，有。

[点评]

本章是讲上位者的表率作用，这其实是孔子思想中的一个重要观点。如在《论语·颜渊篇》中就曾反复谈到这个问题："季康子问政于孔子。孔子对曰：政者，正也。子帅以正，孰敢不正？”又如：“季康子患盗，问于孔子，孔子对曰：苟子之不欲，虽赏之不窃。”又如：“季康子问政于孔子曰：如杀无道以就有道，何如？孔子对曰：子为政焉用杀？子欲善而民善矣。君子之德风，小人之德草。草上之风必偃。”

4.5 或问天[1]。

曰：“吾于天与？见无为之为矣。”

或问：“雕刻众形者[2]，匪天与？”

曰：“以其不雕刻也[3]。如物刻而雕之，焉得力而给诸？”

《庄子·应帝王》中，倏和忽为浑沌凿七窍，一日凿一窍，七窍成而浑沌死的故事，即是从反面论证无为、反对有为的故事。

［注释］

[1]“或问天”以下三句：有人问天的作用是什么。回答说：对于天吗？我看到了没有作为的作为。 [2]“雕刻众形者”二句：制造万物的，不是天吗？雕刻，此处意谓制造。众形，众多的形象，即万物的形象，也就是万物。匪，与“非”通，不，不是。 [3]“以其不雕刻也”以下三句：因为天是不制造万物的（所以才有万物）。如果万物每一个都要天来制造，天从哪里得到那么多力气，能做完这么多的事呢？以，由于，因为。焉，怎么，哪里。得，得到。给，供给，给予。诸，“之乎”的合音。

［点评］

“无为”本是道家的思想。如《老子·第二章》：“圣人处无为之事，行不言之教。”《老子·第三章》：“为无为，则无不治。”《老子·第三十七章》：“道常无为而无不为。”《老子·第三十八章》：“上德无为而无以为。”《老子·第五十七章》：“我无为而民自化。”《老子·第六十四章》：“圣人无为，故无败。”扬雄年轻时曾师从西汉末年道家的代表人物严君平，接受过道家思想的教育。本章就反映了其思想中的道家因素。

扬雄接受老子的道、德，但反对其批评仁、义、礼、学的态度，故他是以道为形上本体，而以仁、义为德。

4.6 《老子》之言道、德[1]，吾有取焉耳；及捶提仁、义[2]，绝灭礼、学，吾无取焉耳。

[注释]

[1]“《老子》之言道、德”二句：《老子》关于道和德的言论，我是赞成的。《老子》，先秦时期道家学派的主要代表作品之一，传为老子所著。关于老子其人以及《老子》一书，在司马迁写《史记·老子韩非列传》时就已经搞不清楚了，所以司马迁就写了三个“老子”：李耳、老莱子、太史儋。以后也争论不断，至今仍有许多不同意见。学术界一般认为老子为春秋末年的李耳。有取，有可采用的，即赞成。 [2]“及捶提仁、义”以下三句：《老子》攻击仁和义，废除礼仪、抛弃学问的主张，我是不赞成的。捶提，攻击，反对。捶，敲打。提，取出，引申为不赞成、反对。《老子》中有关崇尚道、德，而贬抑仁、义、礼、智的论述有很多。如《老子·第十八章》：“大道废，有仁义。慧智出，有大伪。”《老子·第十九章》：“绝圣弃智，民利百倍；绝仁弃义，民复孝慈；绝巧弃利，盗贼无有。”

［点评］

我们曾指出，扬雄受到道家思想的影响，本章就反映了这种情况。所以在对诸子百家的抨击中，他对道家不是完全否定，而是有所肯定。当然，他还是站在儒家的立场上评判是非的。儒家也讲道、德，所以对于“《老子》之言道、德”，他是赞成的。但对《老子》之“捶提仁、义，绝灭礼、学”，他就不赞成了。因为儒家是讲究仁、义、礼、学的。他不能容忍反对仁、义、礼、学的思想。

4.7 吾焉开明哉[1]！惟圣人为可以开明，他则苓。大哉圣人[2]，言之至也。开之廓然见四海，闭之閛然不睹墙之里。

扬雄所说的圣人特指孔子，他尊奉孔子为教主，从儒家信徒的立场可以理解。但一切以圣人为标准，也会削弱人们的理性思考能力。

［注释］

[1]“吾焉开明哉”三句：我哪里能启发蒙昧而使人明智呀！只有圣人才可以启发蒙昧使人明智，其他人只会使人像隔着竹墙看东西一样朦胧不清。开明，开启明智，意谓启发蒙昧人明智。惟，文言助词，用在句首，加强语气。苓，看东西朦胧不清的意思。古代的车，有时用竹席做围墙，以避风尘。这种竹墙叫“苓”（亦作“笭”）。隔着车苓看东西，当然看不清楚，故有此喻。 [2]“大哉圣人”以下四句：伟大呀！圣人。圣人的言论是最高的准则。听了圣人的言论，就可以开阔到看到整个天下；不听圣人的言论，就黑暗得连墙里面的事物也看不见。至，极，最。这里是准则、标准的意思。开，即上文“开明”的意思，意谓听到圣人的言论。廓然，广大开阔的样子。廓，广大，开阔。四海，古代以为居住

的陆地四周皆有海，故以四海之内喻全国、天下。闭，与上述“开”意义相反，意谓不听圣人的言论。閛（pēng），闭门的声音，或作“闇”（暗）。

［点评］

一切以“圣人”的言论，也就是孔子的言论为准则，这是包括扬雄在内的所有儒者的一贯思想。但是，如果不看具体情况，孤立地看待孔子所说的话，有些话表面看起来甚至是矛盾的。比如《论语·先进篇》记载：“子路问：闻斯行诸？子曰：有父兄在，如之何其闻斯行之？冉有问：闻斯行诸？子曰：闻斯行之。”公西华对孔子似乎矛盾的回答不理解，提出疑问。孔子回答说：“求（冉有）也退，故进之；由（子路）也兼人，故退之。”可见孔子就是根据子路和冉有二人的不同情况做出不同的回答，因此，不能孤立地去看待孔子的话。

4.8 圣人之言[1]，似于水火。

或问水火[2]。

曰：“水，测之而益深，穷之而益远；火，用之而弥明，宿之而弥壮。”

［注释］

[1]“圣人之言”二句：圣人的言论就好像水和火。 [2]“或问水火”以下八句：有人问水和火是什么样（实际上是问“似于水火”的“圣人之言”是什么样）。回答说：水，越测量它就越深，

越追寻它就越远；火，越使用它就越亮，越积存它就越旺。穷，极、尽，引申为穷尽、寻究。弥，愈益，更加。宿，本义为宿止，引申为积留。壮，健壮，引申为旺盛。

［点评］

本章是说，圣人之言就像不可穷尽的水之深、愈益明亮的火之旺。古今中外确实都有这种现象。当一个名人说了一些话后，当代和后代的许多人便纷纷从各方面加以阐释和论证。于是名人言论的内涵就越来越丰富，外延也越来越广阔，其意义似乎也越来越伟大。自孔、老的言行著于竹帛以来，《论语》和《老子》的注释就有上千种，研究和阐释的文章更是不计其数，就是这种现象的反映。

4.9　允治天下[1]，不待礼文与五教，则吾以黄帝、尧、舜为疣赘。

在扬雄看来，礼文、五教由黄帝、尧、舜所创，故离开礼文、五教，则黄帝、尧、舜成为多余。

［注释］

[1]“允治天下”以下三句：真正要治理天下，如果不采用礼仪文饰和五教，那么我就把黄帝、尧、舜等创制礼仪教化的圣人看成是身上无用的肉瘤一样。允，诚信，此处引申为“真正”的意思。礼文，礼仪文饰。五教，五种教化，《左传·文公十八年》：舜“举八元，使布五教于四方：父义、母慈、兄友、弟恭、子孝。内平外成”。这里是用“五教”代表治理天下必需的各种制度、规则。黄帝，我国古史传说中的“圣君”，实际上是原始社会末期的部落联盟首

领。其事迹可参看《史记·五帝本纪》《大戴礼记·五帝德》《大戴礼记·帝系》。尧，我国古史传说中的一位部落联盟的首领。舜，尧之后另一位部落联盟的首领，二人都是儒家推崇的圣君。疣赘，皮肤上生长的肉瘤或瘊子，常用来比喻多余的无用之物。

［**点评**］

本章是从治理国家的角度来评论黄帝与尧、舜。但在古史传说中，他们的贡献远不止这些。比如黄帝，传说中蚕桑、舟车、宫室、文字、音律、医药、算术之制，皆始于黄帝。正因为如此，他和炎帝（神农氏，教民制耒耜以兴农业，尝百草以治疾病）成为华夏民族的共同始祖。

4.10　或曰："太上无法而治[1]，法非所以为治也。"

曰："鸿荒之世[2]，圣人恶之，是以法始乎伏牺而成乎尧。匪伏匪尧[3]，礼义哨哨，圣人不取也。"

［**注释**］

[1]"太上无法而治"二句：远古时代没有法可是天下太平，法不是用来治理的。太上，最早，最前，指远古时代。《礼记·曲礼上》："太上贵德。"陆德明《经典释文》："太上，谓三皇五帝之世。"太，最。上，前。为，从事，进行。　[2]"鸿荒之世"以下三句：对于远古时代的蒙昧社会，圣人是厌恶的，因此伏牺开

始制定法制，到唐尧时法制的制定就完成了。伏牺，又作“庖牺”“包羲”“宓羲”“虙羲”等，古史传说中创造渔猎畜牧业和法制的圣君。《周易·系辞下》说：“古者庖牺氏之王天下也，仰则观象于天，俯则观法于地，观鸟兽之文，与地之宜，近取诸身，远取诸物，于是始作八卦，以通神明之德，以类万物之情。作结绳而为网罟，以佃以渔。” [3]“匪伏匪尧”以下三句：不要伏牺，不要唐尧，使礼义遭到荒芜歪曲，圣人是不赞成的。匪，与“非”通，没有，不要。哨（qiào）哨，杂乱，不正。

［点评］

本章所说的法制和礼义当然是指当时社会的各种法规制度。毫无疑义，这些法规制度首先是为当时的统治阶级服务的。但要看到，这些法规制度也有维持社会正常秩序的一面，没有了法规制度，社会就会走向混乱。因为有了这些法规制度，社会秩序才得以维持，社会才能正常运转。

4.11　或问[1]：“八荒之礼，礼也，乐也，孰是？”

曰：“殷之以中国。”

或曰[2]：“孰为中国？”

曰：“五政之所加，七赋之所养，中于天地者，为中国。过此而往者，人也哉？”

［注释］

[1]“或问”以下七句：有人问：四面八方极远地方各种不同的礼呀，乐呀，什么样的礼和乐是正确的？回答说：应该以中国的礼乐为标准，来纠正其他地方的礼乐。汪荣宝说：“疑元文当作‘八荒之礼也、乐也。’不重‘礼’字。”（《法言义疏》卷六）八荒，四面八方极远的地方，意谓普天之下。《说苑·辨物》：“八荒之内有四海，四海之内有九州。”荒，远。《楚辞·离骚》：“将往观乎四荒。”王逸注：“荒，远也。”殷，纠正。　[2]“或曰”以下九句：问：什么是中国？回答说：实行五种政治规范，收取七种作物赋税，符合天地之道所要求的，就是中国。除此以外，还能算是人吗？五政，五种政治规范。加，施设。七赋，李轨注：“五谷，桑麻也。”养，财用。中（zhòng）于天地，合于天地之道。儒家认为，正确的法制和道德，是圣人依据天地之象创造的，所以应当与天地相合。中，合。过此而往者，意谓超出“五政”“七赋”“中于天地者”之外。

［点评］

本章的特殊之处在于，不是从地理范围上讲“孰为中国”，而是从政治和文化制度上讲“孰为中国”。可以与当前所强调的国家“软实力”结合起来看，好的政治和文化制度产生的对人们的吸引力，就是软实力。因此，在国家的建设上，除了经济外，也一定要重视政治和文化制度的建设，使硬实力和软实力齐头并进。

4.12　圣人之治天下也[1]，碍诸以礼乐。无则禽，异则貉。吾见诸子之小礼乐也[2]，不见圣人之小礼乐也。孰有书不由笔[3]，言不由舌。吾见天常为帝王之笔舌也。

[注释]

[1]“圣人之治天下也”以下四句：圣人治理天下，以礼乐为标准。如果没有礼乐，人就等于禽兽；如果实行的礼乐和圣人的礼乐不一样，就是野蛮人。碍，借为“拟”，即度量、标准。这里用作动词，以……为标准。诸，之。[2]“吾见诸子之小礼乐也”二句：我见过诸子轻视礼乐，没见过圣人轻视礼乐。诸子，指先秦和汉代儒家以外的各家学说及其代表人物。小，轻视。[3]“孰有书不由笔”以下三句：哪里有写字不用笔，说话不用舌头的。我认为天常就是帝王治理天下的笔和舌呀！由，动词，用。天常，符合天道的永恒的法规制度和道德规范。

[点评]

社会治理必须要有礼乐制度。没有礼乐制度，人类就像禽兽一样，也就没有了人类社会。而不同的社会必然要求有不同的礼乐制度。不能因为采用了和圣人的礼乐制度不一样的礼乐制度，就称其为野蛮人，这就有点唯我独尊的种族主义和专制主义的味道了。同时，只有充分认识自己的礼乐制度的短处和别的礼乐制度的长处，取长补短，使自己的礼乐制度更加完善，才是正确的态度。

智力和体力一样，也是越用越好，不用则会逐渐衰退。法国博物学家拉马克（1744—1829）的“用进废退说”虽有其局限性，但对包括人类在内的动物个体来说，还是有一定的适用性。另外，我国现当代著名哲学家和哲学史家冯契先生在其著作中曾专门探讨了“转识成智”的问题，也可参考。

4.13 智也者[1]，知也。夫智，用不用，益不益，则不赘亏矣。

[注释]

[1]“智也者”以下六句：智力就是知识。对于智力，把没有运用的运用起来，把不够充分的增加起来，就既不多余也不缺乏了。用不用，第一个“用”意为运用，是动词。“不用”指没有运用的智力。这个“用”是名词。益不益，句法同上。第一个“益”意为增进，是动词。“不益”指不够充分的智力，这个“益”是名词。赘，多余。亏，缺乏。

[点评]

关于智力与知识的关系，是一个很复杂的问题。没有任何知识，当然不可能有高超的智力。但即使有知识，甚至有很丰富的知识，也不一定就有高超的智力。有的人读书甚多，对许多书都能背诵如流，却也可能没有任何建树，对所背诵的书也没有独到的见解，以至于被人讥讽为“两脚书橱”。从一些杰出人才的经历看，这似乎又和先天资质有很大关系。所以这个问题涉及哲学和生理、心理、认知科学等许多领域，很难获得确定的结论。

4.14 深知器械、舟车、宫室之为[1]，则礼由己。

［注释］

[1]“深知器械、舟车、宫室之为”二句：如果能深刻地认识到圣人制作各种器械、车船、宫室的用意，那么礼仪制度的实行就在人自己了。为，制造。

［点评］

儒家认为，各种器械、舟车和宫室都是“圣人”由于不满意原始的混乱状态而创制的。明白了圣人制作器械、舟车、宫室的用心，也就可以自己实行礼仪了。

4.15　或问大声[1]。

曰：“非雷非霆，隐隐聑聑，久而愈盈，尸诸圣。”

［注释］

[1]“或问大声”以下六句：有人问最强有力的声音是什么声音。回答说：是一种既不是雷也不是霆，但非常雄伟洪亮、时间越长久越充满宇宙的声音。这种声音只能寄托于圣人。霆（tíng），雷声。《尔雅・释天》：“疾雷为霆。”《说文解字・雨部》：“霆，雷余声也。”隐隐，形容声音洪大震动。隐，通“殷”，震动。聑（hōng）聑，大声。盈，丰满，充溢。尸诸圣，尸之于圣人，即寄托于圣人。尸，古代祭祀的时候，让一个人坐在受祭者的位子上，作为受祭者的象征，叫作“尸”。祭祀的人就把精神寄托在他的身上，后来才代之以画像或牌位。

[点评]

扬雄所说的大声，不是一般的声音，而是思想、学说，这种思想、学说只能来自圣人。

关于因、革问题，扬雄在《太玄·玄莹》中有一段话，可供参考。他说："夫道有因有循，有革有化。因而循之，与道神之；革而化之，与时宜之。故因而能革，天道乃得；革而能因，天道乃驯。夫物不因不生，不革不成。故知因而不知革，物失其则；知革而不知因，物失其均。革之匪时，物失其基；因之匪理，物丧其纪。因革乎因革，国家之矩范也。矩范之动，成败之效也。"

4.16 或问[1]："道有因无因乎？"曰[2]："可则因，否则革。"

[注释]

[1]"或问"二句：有人问：道有没有因袭呢？道，这里指治理天下的方法。后世儒者往往只承认儒家的根本原则为道，而贬斥其他学派的道论。但扬雄在其著作中却是在广泛的意义上来使用"道"这个概念的，所以才有"因""革"问题，并且有"正道""奸道""邪道"之分，参看4.1章注[1]。因，继承，因袭。 [2]"曰"以下三句：回答说：可行的就因袭，不可行的就变革。革，变更，改变。

[点评]

面对西汉末年政治昏暗、经济凋敝的情况，扬雄希望能够革除政治、经济上败坏君主制度的一些腐败现象。本章就反映了扬雄的这个思想。"可则因，否则革"实际上是说一切符合社会现实的措施要坚持，一切不符合社会现实的现象则要革除。

4.17 或问无为[1]。曰："奚为哉[2]！在昔虞、夏，袭尧之爵，

行尧之道，法度彰，礼乐著，垂拱而视天下民之阜也，无为矣。绍桀之后[3]，纂纣之余，法度废，礼乐亏，安坐而视天下民之死，无为乎？”

［注释］

[1] 或问无为：有人问无为的道理。按：“无为”本是道家的主张，在《老子》中多有论述。如《老子·第二章》：“圣人处无为之事，行不言之教。”《老子·第三章》：“为无为，则无不治。” [2]“奚为哉”以下八句：为什么要有为呢！从前虞舜和夏禹，继承唐尧的爵位，实行唐尧的方针，法令制度很清楚，礼乐制度很明确，什么也不用做就可以看着天下的民众富庶，当然不必有什么作为。袭，因袭，继承。爵，爵位，这里指尧的“帝位”。传说尧传“帝位”于舜，舜又传“帝位”于禹。垂拱，表示无所作为的样子。一说是下垂其拱，即垂手，表示无所从事；一说是垂衣拱手，表示无事安闲。两种说法大意相同，都表示无所作为。拱，两手合抱上抬，是古代人们互相打招呼时表示尊敬的样子。阜，丰盛，引申为富庶。 [3]“绍桀之后”以下六句：如果是接续夏桀的后果，继承殷纣的余波，法令制度被废弃，礼乐仪式被破坏，安坐不动就是看着天下的民众去死，还能无所作为吗？绍，接续。桀：夏朝的最后一个君主，为商汤所推翻。纂，与“缵”通，继承。纣，商朝的最后一个君主，为周武王所推翻。与上文“桀”都被认为是历史上著名的“无道昏君”，关于他们的事迹可参看《史记》的《夏本纪》和《殷本纪》。

古史传说也有不同的版本。比如尧、舜禅让，另外的传说是，尧到了晚年，为舜所囚，其帝位也为舜所夺。舜则为禹所放逐，死于南方的苍梧。其二妃娥皇、女英随帝不返，流于湘水之渚，因为湘夫人。对殷纣王的不同看法，更是从古至今。《论语·子张篇》记载子贡曰：“纣之不善，不如是之甚也。是以君子恶居下流，天下之恶皆归焉。”现代的毛泽东、郭沫若，对殷纣王也有不同的看法。

[点评]

扬雄虽然受到道家思想的影响，但从本章可以看出，他并没有不加分析地全盘接受道家的思想。对道家的“无为”，他就是站在儒家的立场上，从国家治理的角度考察无为和有为的关系，以及二者不同的适用条件。所以他说，如果是接续唐尧的清明政治，天下的民众都很富庶，当然可以安坐无为。但如果继承的是桀、纣的昏暗政治，天下的民众都濒临死亡，就不能安坐无为地看着天下的民众去死，而必须有所作为。

4.18 或问：“太古涂民耳目[1]，惟其见也、闻也。见则难蔽，闻则难塞。”

曰：“天之肇降生民[2]，使其目见耳闻，是以视之礼，听之乐。如视不礼，听不乐，虽有民，焉得而涂诸？”

非礼勿视，非礼勿听，非礼勿言。

[注释]

[1]“太古涂民耳目”以下四句：远古时代蔽塞民众的耳朵和眼睛，因为眼睛可以看见，耳朵可以听见，能看见就难以蒙蔽，能听见就难以阻塞。涂，涂抹，引申为蔽塞。惟，由于，因为。 [2]“天之肇降（jiàng）生民”以下八句：上天从最初降生民众，就使他们的眼睛能够看，耳朵能够听，因此要让他们看礼仪，要让他们听雅乐。如果看的不是礼仪，听的不是雅乐，即使有民众，又怎能不把他们的眼睛耳朵都蔽塞起来呢？肇，始。降，下落，引申为降生，产生。生民，有生之民，即

人民、民众。是以，以是，因此。视之礼，使他们看礼。之，代词，指“生民”。听之乐，使他们听乐。乐，指符合社会规范的雅乐。视不礼，所看不符合礼。听不乐，所听非雅乐。诸，表疑问，犹乎。

［点评］

本章所说实际上涉及我们日常工作中遇到困难是要堵还是要疏的问题。堵往往不易解决问题，而疏却能得到比较好的结果。比如鲧治水采用堵的办法，结果失败。其子禹吸取教训，采用疏的办法，就获得成功。当然，任何事情都不能绝对化，不是所有事情都疏比堵好。比如，对于严重的犯罪行为，就要严厉打击。

4.19 或问新、敝[1]。

曰[2]：“新则袭之，敝则益损之。”

［注释］

[1] 或问新、敝：有人问对新鲜的或破旧的事物怎么办。新，新鲜。敝，破旧。 [2]“曰”以下三句：回答说：新鲜的就沿用下去，破旧的就给以增补或删减。袭，因袭，沿用。益损，增补或删减。

［点评］

本章所说的“新、敝”，并不是一般事物的新和敝，而是指治国理政的方法，和4.16章讲道之因、革的意旨是相同的。所以“新”并非新生而是新鲜，即还适合当时情况的治理方法。“敝”则是治理方法已经有部分不适合当时的情况，所以要增加一些新的适合情况的治理方法，删减一些旧的不适合情况的治理方法。

4.20 或问[1]：“太古德怀不礼怀。婴儿慕，驹犊从，焉以礼？”

曰[2]：“婴犊乎！婴犊母怀不父怀。母怀，爱也；父怀，敬也。独母而不父，未若父母之懿也。”

［注释］

[1]“或问”以下五句：有人问：远古时候的人怀念恩惠而不怀念礼仪。就像婴儿依恋母亲，马驹和牛犊跟随母畜，哪里用得着礼仪呀？太古，远古，这里指远古时候的人。德怀，即怀德。怀，怀念，思恋。德，恩惠。礼怀，即怀礼。婴儿慕，小孩子依恋母亲。慕，思念，依恋。驹犊从，小牲畜跟着大牲畜。 [2]“曰”以下九句：回答说：婴儿和牛犊吗？婴儿和牛犊是怀念母亲而不怀念父亲。怀念母亲，是由于爱恋；怀念父亲，是由于崇敬。只怀念母亲而不怀念父亲，不如对父亲和母亲都怀念才好呀。母怀，即怀母，怀念母亲。不父怀，即不怀父。懿（yì），美，善。

［点评］

本章论礼出于爱与敬，母子之爱出于自然，似与礼仪无关，但对父亲的崇敬则需要礼仪的规范。其实不论是对母亲的爱，还是对父亲的敬，都需要节文，这也是儒家推崇礼的原因所在。

4.21 狙诈之家曰[1]："狙诈之计，不战而屈人兵，尧、舜也。"

曰："不战而屈人兵[2]，尧、舜也；沾项渐襟，尧、舜乎？炫玉而贾石者，其狙诈乎！"

或问[3]："狙诈与亡，孰愈？"曰："亡愈。"

或曰："子将六师[4]，则谁使？"

曰："御得其道[5]，则天下狙诈咸作使；御失其道，则天下狙诈咸作敌。故有天下者，审其御而已矣。"

或问[6]："威震诸侯，须于征与？狙诈之力也。如其亡？"

曰："威震诸侯，须于狙诈，可也；未若威震诸侯，而不须狙诈也。"

或曰[7]："无狙诈，将何以征乎？"

曰："纵不得不征，不有《司马法》乎？何

自古"兵不厌诈"，讲究"出敌不意，攻其不备"。哪有把自己的长短虚实公开给敌人，敌人准备不好不予攻击的道理，但世界上偏偏有这种人。春秋时期的宋襄公就是一个这样的人。公元前638年，他率军和楚兵作战，明知楚强宋弱、楚众宋寡，在宋军已排列好阵势，楚兵还在渡河之际，他不听属下的建议，不予攻击。在楚兵渡河后还未排列好阵势时，他还是不听属下的建议，不予攻击。直到楚兵排列好阵势，一切准备停当之后，他才开始攻击。其结果可想而知，宋军大败，宋襄公自己也受伤，后不治而死。这大概是古今中外军事史上难得的反面教材。

必狙诈乎？”

［注释］

[1]“狙（jū）诈之家曰”以下四句：惯用诡诈计谋的兵家说：用诡诈的计谋，不打仗就使敌人的军队屈服，就像唐尧、虞舜。狙诈之家，指专门窥伺间隙以权谋用兵的人。《汉书·叙传》说：“吴、孙狙诈，申，商酷烈。”狙，窥伺，等待机会。屈人兵，使别国的军队屈服。这是一种使动用法。　[2]“不战而屈人兵”以下六句：不打仗就使别国的军队屈服，是尧、舜，杀人流血浸染了脖子和衣服，还是尧、舜吗？嘴上夸耀的是美玉实际上兜售的却是石头的人，不就是惯用诡诈计谋的兵家吗？言外之意是说，兵权谋家嘴上说要遵循尧、舜之道，不战而屈人之兵，实际上却是杀人流血，不过是挂羊头卖狗肉罢了。沾项渐襟，血浸湿了脖子和衣襟，喻杀人流血。项，脖子。渐，沾湿。襟，本指衣服胸前或背后的部分，这里泛指衣服。炫，夸耀。贾（gǔ），卖。　[3]“或问”以下五句：有人问：用诡诈的计谋和不用诡诈的计谋，哪个更好呢？回答说：不用诡诈的计谋更好。亡，无。　[4]“子将六师”二句：如果先生您统率全国的军队，您将使用什么人呢？将，率领。六师，即六军，意谓全国的军队。则，相当于“将”。谁使，使谁，使用什么人。　[5]“御得其道”以下六句：如果驾驭的方法得当，那么天下惯用诡诈计谋的人都会接受驱使；如果驾驭方法不当，那么天下惯用诡诈计谋的人都会成为敌人。所以统治天下的人，关键是要慎重考究驾驭的方法罢了。御，驾驶，引申为控制、使用等。使，使用，驱使。有天下者，统治天下的人。审，详察，慎重。　[6]“或问”以下十一句：有人问：如果要威震各国诸侯，还是需要征战吧？这就是诡诈计谋的作用。怎么能没有诡诈计谋呢？回答说：如果要威震各国诸侯，需要诡诈计谋

是可以的；但是，却不如威震各国诸侯，而不需要诡诈计谋。须于征与：需要征战吧？于，以，用。征，讨伐，古代把以上伐下叫“征”。如其亡，何其无，怎么能没有（诡诈计谋）呢？ [7]“或曰”以下七句：有人问：如果不用诡诈计谋，那么用什么进行征战呢？回答说：即使不得不进行征战，不是有《司马法》吗？何必用诡诈计谋呀？《司马法》，传为古代“圣君”所定的征伐之法。《史记·司马穰苴列传》说：“齐威王使大夫追论古者《司马兵法》而附穰苴于其中，因号曰《司马穰苴兵法》。”刘歆《七略》将它列入兵权谋家。班固《汉书·艺文志》把它从兵书中抽出来，列入礼书一类，题为“军礼司马法百五十五篇”。又说：“兵家者，盖出古司马之职，王官之武备也。……下及汤、武受命，以师克乱而济百姓，动之以仁义，行之以礼让，《司马法》是其遗事也。自春秋至于战国，出奇设伏，变诈之兵并作。”从这一段话可以看出它与所谓狙诈的不同。现存《司法法》只有五篇，都是讲治国之道和战略问题。

［点评］

本章用“狙诈”这样的贬义词将战争中计谋的使用进行了“丑化”，全盘否定征战中的计谋，这是不合理的。实际上，战争中不可能不用计谋，《孙子兵法》开篇即说：“兵者，诡道也。”战争中使用计谋是否合理，关键在于战争性质，如果是正义的战争，用计谋把非正义的敌人打败，不但不应否定，还应大大赞扬。当然，本章这样说，也有其根源。比如《论语·卫灵公篇》就记载：“卫灵公问陈于孔子。孔子对曰：‘俎豆之事，则尝闻之矣；军旅之事，未之学也。’明日遂行。”不但对战争中使用计谋，甚至对战争采取全盘否定的态度。其实孔子也不是完全否定所有战争。对他认为正当的征战，他还是肯定的。比如《论语·宪问篇》就记载孔子说："微管仲，吾其被发左衽矣。"可见对管仲讨伐非华夏族的其他种族，保卫华夏族的征战，孔子还是肯定的。

4.22 申、韩之术[1]，不仁之至矣。若何牛羊之用人也[2]？若牛羊用人，则狐狸、蝼、螾不膢腊也与？

或曰："刀不利、笔不铦[3]，而独加诸砥，不亦可乎？"

曰："人砥则秦尚矣[4]！"

［注释］

[1]"申、韩之术"二句：申不害、韩非的学说，不讲仁爱真是到了极点。申，申不害（约前385—前337），战国时期法家代表人物之一。其事迹见《史记·老子韩非列传》，其著作已佚，只保存于《群书治要》卷三十六所引《申子·大体》和一些零星资料。韩，韩非（约前280—前233），战国末年的著名思想家，法家思想的集大成者。他本是战国七雄之一韩国的公子，被迫入秦后遭李斯陷害被杀。传世的著作有《韩非子》一书。其事迹亦见《史记·老子韩非列传》。术，学术，学说，这里指申不害、韩非提出的治理国家的方法。至，极、最。 [2]"若何牛羊之用人也"以下三句：怎么对待人像对待牛羊一样呀？若对待人像对

待牛羊一样，使田野上尸骨纵横，那么狐狸、蝼蛄、蚯蚓不是可以天天吃人肉，像人过节一样了吗？蝼（lóu），蝼蛄，属直翅目蝼蛄科的一种昆虫，俗名“地老虎”。螾（yǐn），同“蚓”，即蚯蚓。膢（lǘ）腊，都是古代祭祀的名称。“膢”是楚人在二月祭祀饮食神的节日，或说是八月祭祀谷神的节日。“腊”是冬至后第三个戌日祭祀百神的节日。《盐铁论·散不足》记：古代庶人“非乡饮酒，膢腊，祭祀无酒肉”。就是说，在古代，只有在过这些节日时，一般民众才有酒肉吃。 [3]“刀不利、笔不铦（xiān）”以下三句：刀不快，笔不尖，放到磨刀石上磨一磨，不也可以吗？刀，与下文“笔”都是古代的书写工具。古代字写在竹简或木牍上，写字用的笔是削尖了的竹棒，写错了则用刀削。铦，尖锐。独，特别，特意。砥（dǐ），磨刀石。 [4]人砥则秦尚矣：如果把人放到磨刀石上磨，那么残暴的秦朝应该受到尊崇了。人砥，即“砥人”，把人放到磨刀石上磨，就是虐待人的意思。砥，动词，意为“磨”。尚，尊崇。

［点评］

法家的专制主义主张常常为人所诟病。但要看到，在战国时代，法家提倡的君主专制，主要是针对列国贵族的。只有剥夺了旧贵族的各种特权和世袭制，把权力集中到君主手中，再配合一些其他措施，如奖励耕战等，才能使国势强盛起来。当时各列国，凡任用法家人物实行改革的，无不国势渐盛。秦用商鞅变法，大力提倡农战，却将法家的政策推向极端。商鞅“农战”的“农”不是指一般的农业生产，而是国家通过立法的形式，用暴力打断社会的正常运转，使所有从事商业、手工业、服务业以及依附于贵族的人口，都转向农业生产，实现全民皆农、人人皆农。商鞅第一次变法公布的“垦草令”，其基本精神即在于此。但是全面皆农，显然是违背社会发展的，因为随着财富的积累，必然会出现社会分工；粮食虽然是必需品，但超出了需求就成为多余之物，而必须转入流通，但“垦草令”恰恰规定“使商无得籴，农无得粜”（《商君书·垦令》）。故商鞅的农战实际是以农备战，农必须落实、转化为战，否则便无法延续，商鞅分别称之为“抟力”和“杀力”。“抟力”是聚积民众的力量，积聚财物与粮食，为对外战争做准备；“杀力”是消耗民众的力量，将多余的财物、粮食消耗掉，换取军事上的胜利。前者是富国强兵，后者是扩张兼并。只“抟力”而不“杀力”，或只“杀力”而不“抟力”，都会导致混乱和灭亡。因此，商鞅的农战实际是一种战时军事政策，只可以行之一时，而不可以行之久远。商鞅却称：“国作壹一岁者，十岁强；作壹十岁者，百岁强；作壹百岁者 ，千岁强。千岁强者王。”（《商君书·农战》）认为农战不仅可以行之一时，还可以行之久远，甚至百年、千年。这就误将特殊的战时政策当作了普遍有效的治国之策，为后来秦国二世而亡埋下祸根。为了推行极端的农战政策，商鞅利用人性“生则计利，死则虑名”的特点，用赏罚的手段对民众加以强迫和引导。在他看来，民众见识短浅，不能谋及长远，更不能对自己的利益做出判断。世俗所谓的“义”一味顺从民意，表面是利民，实际是害民。而他认为刑罚才是义的根本，是对民众最大的义；而世俗所谓义，不过是暴乱的根源。表面上看，农战是民众之所恶；从长远看，则可能是民众的利益所在。但这只有在农战得以推行，并取得成功时方可实现。要做到这一点，就要采取极端的措施，凡与农战无关者，一律禁止，违者予以惩罚；凡从事农战者，赏予爵禄，加以奖励。而要做到这一点，必须靠国家的强力干预。这种干预的力量只能是刑，是法。“刑生力，力生强，强生威。”（《商君书·去强》）“民胜法，国乱；法胜民，兵强。”（《商君书·说民》）用法控制、战胜了民众，国家就强大；民众不受法的控制，国家就混乱。礼乐不仅无助于农战，反而是破坏、瓦解农战的消极力量，必须加以禁止。商鞅的农战表面上取得一定效果，但因违背了人性，也违背了经济的发展规律，终于遭到失败。汉代的统治者则接受了秦朝的教训，经过一段时间的摸索后，“罢黜百家，独尊儒术”，并为后来各代统治者所沿用。就像叔孙通对汉高祖刘邦说的：“儒者难与进取，可与守成。”当然，统治者不可能只用儒家思想来统治天下，而应像汉宣帝所说“王霸道杂之”，即施行儒法并用。因此，统治者如果能使二者既互相协调，又互相制约，就能建成传统社会的“太平盛世”。

如果我们脱离道家思想中关于“自然”的哲学意义，只关注日常生活中使用的“自然”一语的意义，那俗话所说的“习惯成自然”，确实和围棋、击剑、杂技、魔术等熟练了看起来也很自然类似。其实，人们的日常修养又何尝不是如此呢？孔子说：“吾十有五而志于学，三十而立，四十而不惑，五十而知天命，六十而耳顺，七十而从心所欲，不逾矩。”（《论语·为政篇》）说的就是他的修养过程。通过几十年的修养，他也“习惯成自然”，能够随心所欲地说话做事，而不违反当时的礼仪制度。

4.23　或曰：“刑名非道邪[1]？何自然也。”

曰：“何必刑名[2]。围棋、击剑、反目、眩形，亦皆自然也。由其大者作正道，由其小者作奸道。”

后世儒生们常说春秋战国时代是“礼崩乐坏”的时代。实际上这是旧制度崩溃，新制度产生的时代。儒家的历史观总的说是一种“今不如昔”的退化史观。相比之下，法家的进化史观虽然在具体说明上不一定符合历史事实，但在原则上却更符合历史发展的趋势。韩非就曾讽刺儒家的退化史观，说：“今有美尧舜汤武禹之道于当今之世者，必为新圣笑矣。”（《韩非子·五蠹》）当然，儒家的历史观发展到荀子已有所变化。荀子反对孟子的“法先王”，而主张“法后王”，就反映了这种变化，可惜后代儒生大多都尊孟而抑荀，没有继承和发展荀子的思想。

[注释]

[1]“刑名非道邪”二句：刑名之学不合乎道吗？为什么又合乎自然呢？刑名，指法家。因为法家主张循名责实，所以常把法家的理论称为“刑名之学”。刑，与“形”通，指具体的事物。名，事物的名称。自然，天然，自然而然，无须人为。道和自然都是先秦道家使用的术语。前期法家与道家有一定的渊源关系，如申不害、慎到都表现出从道家向法家转变的特征。因此这里就刑名与道和自然的关系提出问题。 [2]“何必刑名”以下五句：岂止是形名之学。就是围棋、击剑、杂技、魔术，熟练了看起来也都是自然的。但是从根本上求自然的是正道，从枝节上求自然的是邪道。李轨注：“大者，圣人之言；小者，诸子之言。”司马光说：“礼乐可以安固万世，所用者大；刑名可以偷功一时，所用者小。其自然之道则同，其为奸正则异矣。”可供参考。反目，亦称“反身”，即今之杂技。眩形，犹今之魔术。大者，指根本原则。小者，指细枝末节。

[点评]

自然作为道家思想中的重要术语，本来就指自然而然，无须人为，也不能有人为。本章则认为，围棋、击剑、杂技、魔术等人们所从事的技巧活动，熟练了看起来也是“自然”的。虽然把这种“自然”斥为“奸道”，但终究不符合道家关于“自然”的根本观点。由此可以看出，扬雄虽然受到道家思想的影响，但并非以其为主导，他的思想是儒道混合，而以儒为主的。

4.24 或曰：“申、韩之法非法与[1]？”曰：“法者[2]，谓唐、虞、成、周之法也。

如申、韩，如申、韩。”

［注释］

[1] 申、韩之法非法与：申不害、韩非的法不是法吗？申，申不害。韩，韩非。二人的事迹参见 4.22 章注 [1]。 [2]“法者”以下四句：我们所说的法，是指唐尧、虞舜、周成王、周公的法，哪里是申不害、韩非的法，哪里是申不害、韩非的法。唐、虞，唐尧、虞舜，我国古史传说中的两个“圣君”。成，周成王姬诵，周武王的儿子。其事迹见《史记 · 周本纪》《尚书 · 微子之命》《尚书 · 康诰》等。周，周公姬旦，周文王之子，周武王之弟。他先是辅佐周武王打败殷纣王，建立周朝。周武王去世后，他辅佐周成王，打败管叔、蔡叔和殷的后代武庚的叛乱，并“制礼作乐”，建立了一套治理国家的制度。被封于鲁，是春秋时期鲁国的始祖。其事迹见《史记 · 鲁周公世家》。周成王、周公也是儒家崇拜的“圣人”。如，岂如。

［点评］

本章所说的“唐、虞、成、周之法”，其实是儒家之法，不过寄名“唐、虞、成、周”之下罢了。而“申、韩之法”则是法家之法。二者当然是不相容的。而扬雄所说“唐、虞、成、周之法”实际上包括了扬雄在内的儒家人物想象中的“圣人之法”。无论从什么角度来看，两者必然是不相同的。

4.25 庄周、申、韩[1]，不乖寡圣人而渐诸篇，则颜氏之子、闵氏之孙，其如台！

扬雄的阴阳五行思想在《法言》中表现得不明显，但在《太玄》中极为明显，可以说是所在多有，有的地方还说得很详细。我们这里只从《玄图》中选一段比较简短的文字，窥其一斑："一玄都覆三方，方同九州，枝载庶部，分正群家，事事其中。阴质北斗，日月畛营，阴阳沈交，四时潜处，五行伏行，六合既混，七宿轸转，驯幽历微，六甲内驯，九九实有，律吕孔幽，历数匿纪，图象玄形，赞载成功。"

［注释］

[1]"庄周、申、韩"以下四句：如果庄周、申不害、韩非不违背和轻视圣人的教导而努力学习儒家的经典，就是孔子的得意弟子颜回和闵损又能怎么样呢！意思是说颜回和闵损也不过如此。乖，违背。寡，少，引申为轻视。渐（jiān），浸染，这里引申为学习。篇，篇籍，书籍，这里指儒家的经传。颜氏之子，指颜回，字子渊。闵氏之孙，指闵损，字子骞。二人是孔子的学生中德行最好的。《论语·先进篇》："德行：颜渊、闵子骞、冉伯牛、仲弓。"之所以一个说"子"，一个说"孙"，是为了行文上有变化，不重复。如台（yí），奈何，怎样。台，何。

［点评］

本章所论述的人的思想是可以通过学习和教育改变的观点，这是扬雄的一贯主张。这特别反映在《法言》中众多论述学习和教育作用的章节中，如1.7章、1.8章、1.18章等。此外，还在3.14章中专门论述了不向圣人学习的不良后果，可见他对此问题的重视。把这些章的论述联系起来，可以对扬雄的这一思想有一个比较全面的把握。

4.26　或曰："庄周有取乎[1]？"

曰："少欲。"

"邹衍有取乎[2]？"

曰："自持。至周罔君臣之义[3]，衍无知于天地之间，虽邻不觌也。"

［注释］

[1]“庄周有取乎”以下三句：庄周的学说有可取的地方吗？回答说：减少欲望是庄周学说中可取的地方。取，选择，采用。　[2]“邹衍有取乎”以下三句：邹衍的学说有可取的地方吗？回答说：能够自我把持是邹衍学说中可取的地方。邹衍（约前305—前240），或作“驺衍”“鄹衍”，战国时期齐国人，阴阳五行家的代表人物。其著作已佚，其事迹见《史记·孟子荀卿列传》。自持，自己把握自己，即小心谨慎，不轻易作为。司马迁说邹衍“其语闳大不经”，“然要其归，必止乎仁义节俭，君臣上下六亲之施”，可为“自持”注脚。　[3]“至周罔君臣之义”三句：至于庄周否定君臣之间的正当关系，邹衍没有关于天文地理的正确知识，即使是邻居也不会看的。罔，无。君臣之义，君臣之间正当的关系。庄周反对儒家的仁、义、礼、乐和君臣之道，主张“终身不仕，以快吾志”，“无为有国者所羁”（《史记·老子韩非列传》）。所以说他“罔君臣之义”。衍无知于天地之间，邹衍讲天文地理，都是凭主观想象，由小推大，从近推远，以至于“天地未生，窈冥不可考而原”，“及海外人之所不能睹”（《史记·孟子荀卿列传》）。所以说他“无知于天地之间”。觌（dí），看，观察。

［点评］

扬雄受过道家思想的影响，所以对道家的思想他不是全盘否定，而是有肯定有否定。如4.6章对《老子》是这样，本章对庄周也是这样。阴阳五行思想在汉代社会中影响深远，扬雄对其代表人物邹衍的评价，也是既有肯定也有否定。

问神卷第五

【题解】

本卷所述，比较重要的是涉及心神、言辞、儒家经典的内容。

“神”在古代也是一个多义词，有神灵、精神、神妙等含义。扬雄在这里是用其精神之意。“心”在中国古代文献中，则有其特殊内涵。心既是内脏器官，如《说文解字》：“心，人心，土藏，在身之中。”但因为人的思想感情的变化，常引起心脏的反应，故古人又把心当作思维器官。所以《孟子·告子上》说：“心之官则思。”《释名·释形体》：“心，纤也，所识纤微，无物不贯也。”古人还认为心是统领人的整个形体和精神意志的主宰。如《管子·心术上》：“心之在体，君之位也；九窍之有职，官之分也。”《荀子·解蔽》：“心者，形之君也，而神明之主也。”《荀子·天论》：“耳目鼻口形能各有接而不相能也，夫是之谓天官；心居中虚以治五官，夫是之谓天君。”扬雄就是在这些意义上使用“心”这个概念的。所以他认为心即个人的精神意识，不但可以深入了解一般的事理，而且可以深入了解天地。当然，人要能把握住自己的心。如果把握不住，心就会跑掉。扬雄在这里实际继承了孟轲“求其放心”的观点。

关于言辞，扬雄表达了两个很重要的观点。一是认为君子之言必有验，“无验而言之谓妄”。二是提出了言为心声、书为心画的命题，认为一个人的思想一旦用语言和文字表达出来，是君子还是小人就显露出来了。扬雄的这个命题对后代的文论有很大影响。

关于儒家的五经，值得注意的是：当有人问扬雄“经可损益与”时，扬雄明确地给予肯定的回答，并且指出圣人的学说并非天生就是那个样子，而是适应时代需要造作出来的，因此必然不断有所删减或增益。这反映了扬雄强调思想要适应时代变化，即使是圣人的经典也不例外的思想。在儒学定于一尊，儒生们都死守一部儒家经典，把它作为攫取利禄之工具的时候，扬雄这种思想显得尤为可贵。传统观点认为，扬雄模拟《论语》作《法言》，模拟《周易》作《太玄》，是缺乏创造性的表现。由上述情况可以看出，扬雄的这种模拟，即使不谈思想内容，仅仅从形式上看，恐怕与其说是缺乏创造性的表现，毋宁说也是富有创造性的表现。

5.1　或问神[1]。

曰："心。"

"请问之[2]？"

曰[3]："潜天而天，潜地而地。天地，神明而不测者也。心之潜也，犹将测之。况于人乎？况于事伦乎？"

"敢问潜心于圣[4]？"

曰[5]："昔乎，仲尼潜心于文王矣，达之；颜渊亦潜心于仲尼矣，未达一间耳。神在所潜而已矣。"

[注释]

[1]"或问神"以下三句：有人问精神是怎么回事。回答说：是心产生的。因为人的思想感情的变化，常引起心脏的反应。所以我国古人常把心当作思维器官，是统领人的整个形体的精神意志的主宰。如《孟子·告子上》说："心之官则思。"《荀子·解蔽》："心者，形之君也，而神明之主也。" [2]请问之：上述说法是什么意思。五臣注本作"请闻之"。 [3]"曰"以下九句：回答说：心深入天就能了解天，深入地就能了解地。天地是幽深微妙而不易了解的，心深入天地，还能了解它们，何况对于人呢？何况对于一般的事理呢？潜，沉没，引申为深入。神明，指天地的变化与作用极其微妙。测，度量，引申为了解、认识。伦，道理，条理。 [4]敢问潜心于圣：心可以深入圣人吗？意思是说是否可以深入了解圣人，学习圣人。敢问，大胆地问，冒昧地问，这是表示谦敬的问法。 [5]"曰"

以下七句：回答说：从前呀，孔子曾经深入文王之心，做到了；颜渊曾经深入孔子之心，虽然没有达到，却只差一小点儿，关键在于深入什么罢了。乎，世德堂本无“乎”字。间（jiàn），缝隙。这里形容差距之小。所潜，指精神所潜的东西。所，代名词，与动词相结合组成名词性词组，表示行为或动作的对象。

［点评］

本章说精神可以深入理解他人和世界上的事物，但主要强调的是应达到与圣人一致的精神境界，如本章“仲尼潜心于文王”和“颜渊潜心于仲尼”。理解圣人有一定的难度，既与圣人的思想有关，也与个人的努力、用心有关，所以孔子做到了，颜回没有完全做到。

5.2　天神天明[1]，照知四方。天精天粹[2]，万物作类。

［注释］

[1]“天神天明”二句：天的神明照亮了四面八方。神，与下文“明”均指神明。　[2]“天精天粹”二句，天的精粹造作了万物的各个种类。精，与下文“粹”均指精华。

［点评］

“神明”本指天地变化与作用的微妙。这种变化与作用怎么能照耀了解四面八方，即全世界呢？这反映了扬雄具有神秘主义倾向的认识论。

5.3 人心其神矣乎[1]！操则存，舍则亡，能常操而存者，其惟圣人乎？

[注释]

[1]“人心其神矣乎”以下五句：人心真神妙呀！把握得住，它就存在，把握不住，它就会失去呀。能够经常把握住它，使它不能跑掉，大概只有圣人吧。人心，指人的思维、意识。其，表示推测。神，神奇奥妙。操，执捺，把握。亡，出逃，跑掉。惟，仅有，只有。

[点评]

这段话语本《孟子·告子上》所引孔子的话：“孔子曰：操则存，舍则亡，出入无时，莫知其乡，惟心之谓与？”本章所说的心，其实就是人的精神或者是思维。我们常说干什么事都要专心，不能走神，“专心”就是“人心”“操则存”，“走神”就是“舍则亡”，“能常操而存”确实不容易做到。但这并非只有圣人才能做到，普通人只要有足够的毅力，也是可以做到的。

5.4 圣人存神索至[1]，成天下之大顺，致天下之大利，和同天人之际，使之无间也。

以不制为龙，圣人以不手为圣人。”

[注释]

[1]“龙蟠（pán）于泥”以下五句：当龙盘伏在泥塘里的时候，蝾螈就放肆起来了。蝾螈呀，蝾螈呀！你哪里懂得龙的志向呀？龙，古代传说中一种能变化升天、兴云作雨的神兽，此处用来比喻圣人。蟠，盘伏。蚖（yuán），同“螈”，即蝾螈，属有尾目的一种两栖动物。肆，放肆。恶（wū），表示疑问，怎么，哪里。睹，了解，知道。 [2]“或曰”以下八句：有人问：龙一定要飞上天吗？回答说：时机适合高飞的时候就高飞，时机适合潜伏的时候就潜伏。不管高飞还是潜伏，它都不随便取食，所以它的形体也就不会被人控制了吧？时，时机，这里指合适的时机。既，连词，与“且”搭配使用，表示兼有两种情况。妄，胡乱，随便。得，能够。制，控制。 [3]“曰”以下六句：问：圣人不受人控制，那么周文王怎么被商纣王拘囚在羑里？回答说：龙由于其形体不受控制，所以才是龙。圣人由于能随机应变能屈能伸，所以才是圣人。为，被。羑（yǒu）里，古地名，或作“牖里”，故址在今河南汤阴县。西伯姬昌（周武王灭商后追谥其为“周文王”）曾被商纣王囚于此地。不手，不手指一端，即不固执一端。或说“手”为“守”之误。

[点评]

俗话说，“龙游浅水遭虾戏，虎落平阳被犬欺。”当好人、伟人不得志的时候，被坏人、小人欺辱，确实是常见的现象。这种情况下，一方面需要领导者和周围的人们擦亮眼睛、分清是非，支持好人、伟人，就如鲁迅先生曾说的，“伟大也要有人懂”。另一方面好人、伟人要讲斗争策略，不可不顾一切，激烈对抗。

5.6 或曰：“经可损益与[1]？”

曰：“《易》始八卦[2]，而文王六十四，其益可知也。《诗》《书》《礼》《春秋》[3]，或因或作，而成于仲尼，其益可知也。故夫道非天然[4]，应时而造者，损益可知也。”

《论语·为政篇》：“子张问：十世可知也？子曰：殷因于夏礼，所损益可知也；周因于殷礼，所损益可知也。其或继周者，虽百世亦可知。”

[注释]

[1] 经可损益与：经典可以删减或增加吗？经，指儒家的经典，即下文所说的《易》《诗》《书》《礼》《春秋》。传说这是孔子根据古代文献整理改编的教学生用的课本。 [2]“《易》始八卦”以下三句：《易经》开始只有八卦，周文王创制成六十四卦，可见它是增加了。现在所传《周易》，包括两个部分：一为《易经》，一为《易传》。《易经》本是古代占卜用的书，用阴（- -）、阳（—）两个符号，以不同的重叠方式组成六十四卦。每卦有六个符号，即六爻。六十四卦共三百八十四爻。卦有卦辞，爻有爻辞，对每卦每爻的吉凶给以说明。传说最初只有八卦，每卦三爻。后人使八卦以不同的方式两两相重，增益为六十四卦、三百八十四爻。后来又有人陆续为《易经》做出一些解释性的文字，流传下来的有《彖辞》《象辞》《系辞》《文言》《说卦》《序卦》《杂卦》，总称《易传》。本章说“《易》始八卦，而文王六十四”只涉及《易经》，未涉及《易传》，《汉书·艺文志》说：“《易》曰：‘宓戏氏仰观象于天，俯观法于地，观鸟兽之文，与

地之宜，近取诸身，远取诸物，于是始作八卦，以通神明之德，以类万物之情。’至于殷、周之际，纣在上位，逆天暴物，文王以诸侯顺命而行道，天人之占可得而效，于是重《易》六爻，作上下篇。孔氏为之《彖》《象》《系辞》《文言》《序卦》之属十篇。故曰《易》道深矣，人更三圣，世历三古。”但在历史上，对于谁作八卦，谁作卦辞、爻辞，谁作《易传》有许多不同说法，迄今并无定论。关于各经源流的不同说法，可参看皮锡瑞《经学历史》第一部分《经学开辟时代》和周予同的注释。 [3]“《诗》《书》《礼》《春秋》”以下四句：《诗经》《尚书》《礼经》《春秋》有的是抄录旧文，有的是新的造作，但都成于孔子。可见它们也是有所增删的。或因或作，古人认为《诗经》《尚书》《礼经》是孔子就旧文删定，《春秋》则为孔子所作，所以说“或因或作”。因，因袭。作，创作。其益可知，意谓其损益可知。因为前文已有“损”和“益”，所以这里省略“损”而只说“益”，但实际上也包括“损”，这是一种“以偏概全”的修辞法。 [4]“故夫道非天然”以下三句：圣人的学说并不是天生就是那样，而是适应时代的需要制作出来的，可见它们是有所删减或增加的。道，这里指圣人的学说。应，适应，响应。时，时代，时机。造，制作。

[点评]

本章所说“道非天然，应时而造”的道理，是很深刻的见解。从古至今，万事万物的发展都说明了这个道理。社会是发展的，思想理论自然也是发展的。以儒学为例，自孔子创立儒学，到孟子、荀子已有很大发展。此后，经过汉代以董仲舒为代表的新儒学，到以“濂、洛、关、闽”为代表的宋代理学，再到以“陆王心学”为代表的宋明理学，其间变化之大，可谓尽人皆知。这还只是就儒学产生的本国而言，至于在域外的传播与变化，就更不用说了。

5.7 或曰[1]：“《易》损其一也，虽蠢，知阙焉。至《书》之不备过半矣，而习者不知，惜乎《书序》之不如《易》也。”

曰[2]：“彼数也，可数焉故也。如《书序》，虽孔子末如之何矣。”

［注释］

[1]“或曰”以下七句：有人说：《易经》如果损失其中一卦，即使是愚笨的人，根据《序卦》也知道少了哪一卦。至于《尚书》已经失传了一多半，可是学习的人却不能根据《尚书序》知道缺了哪些，可惜《尚书序》不如《易经》的《序卦》。阙（quē），缺失。《书》之不备过半，指汉代流行的《尚书》同传说中的孔子所定的百篇相比缺失了一多半。《书序》，总括《尚书》全书的大序。《尚书》到底有没有大序，迄今无定论。但从此文可知，《法言》已主张《尚书》有大序了。不如《易》，《易经》有《序卦》一篇，对各卦的排列次序作了说明，所以说《尚书序》“不如《易》”。 [2]“曰”以下五句：回答说：这是因为《易经》是卜筮吉凶的书，是可以一卦一卦地数。像《尚书序》那样不可数，即使孔子也没有办法。彼数（shù）也，彼，那个，指《易经》。数，数字，《周易》六十四卦是按数字一卦一卦排列的，因按顺序排列，

失去某一卦，就可按其排列顺序知道缺失的是第几卦。可数(shǔ)焉故也，可以一卦一卦数的缘故。末如之何，无奈其何，无法对它怎么样，即对此没有办法。末，表示否定，相当于“无”“没有”。《论语·子罕篇》：“虽欲从之，末由也矣。”邢昺疏：“末，无也。”如，奈。之，代指《尚书序》。

[点评]

秦始皇焚书坑儒，禁止民间私藏儒家经典，直至西汉惠帝时废除“挟书令”，儒家经典才又慢慢在社会上出现，但有的残缺不全。汉文帝命晁错从济南伏胜受《尚书》，仅得二十九篇，用当时流行的隶书写成，是为《今文尚书》。汉景帝时，鲁恭王(刘余)为扩建自己的宫殿，毁孔子故宅从墙壁中发现用秦代篆书写的《尚书》，比伏胜多十六篇，是为真《古文尚书》，永嘉之乱亡佚。晋元帝时，梅赜献孔安国传《尚书》，比今文多二十五篇，即现存《十三经注疏》中的《尚书》，但经阎若璩等人考证，尤其清华简《尚书》类文献的发现，已证明其为伪作。至于传说孔子所立之百篇，也只是一个传说，并未得到证实。

《论语·卫灵公篇》：“子曰：吾犹及史之阙文也。”

5.8 昔之说《书》者序以百[1]，而《酒诰》之篇俄空焉[2]，今亡夫[3]！

[注释]

[1] 昔之说《书》者序以百：从前传授《尚书》的人都是按百

篇来编次。说，传述，讲解。序，名词，次第；动词，排列次序。百，百篇，传说中孔子所删定的《尚书》有百篇。 [2] 而《酒诰》之篇俄空焉：但是《酒诰》这篇暂时是空缺的。《酒诰》，《尚书·周书》篇名。俄，短时，暂时。空，空缺。 [3] 今亡夫：如今不存在这种情况了，指曾经空缺的《酒诰》被补上了。

[点评]

古人在史有阙文之处留空白向后人示意，指出这里有阙文，但后人在抄书或刻印书籍的过程中，却往往把下文直接接上去，将阙文之处淹没。但上下文之间的不连贯使人不可理解，于是种种出于主观想象的解释纷纷出现，以至于意思越来越混乱，越发难以理解。

5.9 虞、夏之书浑浑尔[1]，《商书》灏灏尔，《周书》噩噩尔。下周者[2]，其书谯乎！

[注释]

[1]“虞、夏之书浑浑尔”以下三句：《尚书》中的《虞书》《夏书》，气魄浑厚，《商书》气魄浩荡，《周书》气魄严肃。浑浑，形容《尚书》的气魄浑厚。浑，本义为水流奔涌。尔，古文中常作形容词或副词的词尾，表示如此，这样。灏灏，形容《尚书》的气魄浩荡。灏，同“浩”，本义为水势浩大。噩噩，形容《尚书》的气魄严肃。噩，严肃。 [2]“下周者”二句：周以下的朝代，书的气魄衰杀。《太平御览》卷六百八“叙经典”条引此句作“下周者其书憔悴乎”。下周者，周以下的朝代，指秦。谯（qiáo），衰杀，衰落。

［点评］

《尚书》是我国古代政治文献汇编，其中很少涉及当时的法律制度。称赞其书气魄浑厚、浩荡、严肃，不过是溢美之词。秦朝建立后，为巩固统一的国家，确实制定了比较严苛的法律，并为人所知，所以就有了“下周者，其书谯乎”的印象。但实际上，汉及汉之后各朝代，均对秦法有所承继和发展。而这里专门指责秦国，不过是当时流行的一种思潮，汉代人指斥当时社会的弊病时，往往把它们归之于秦。

5.10　或问[1]：“圣人之经不可使易知与？”曰[2]：“不可。天俄而可度，则其覆物也浅矣；地俄而可测，则其载物也薄矣；大哉！天地之为万物郭，五经之为众说郛。”

［注释］

[1]“或问”二句：有人问：圣人的经典不能让人容易理解些吗？圣人之经，儒家的经典，即五经。易知，容易理解。自汉武帝“罢黜百家，独尊儒术”以后，儒学取得垄断地位，对儒家经典的解释越来越烦琐，致使人有皓首不能穷经之叹。这句话就反映了读书人对这种现象的不满。　[2]“曰”以下九句：回答说：不可以。如果一下子就可以度量出天的高低，那么天覆盖万物的高度就太低了；如果一下子就可以测量出地的厚薄，那么地承载万物的厚度就太薄了。伟大呀！天地是容纳万物的城池，五经是包含各种学问的郛郭。俄而，不久，一会儿。引申为容易的意思。

度，测量。测，度量。郭，与下文“郛”均指外城，形容包含丰富、众多。

［点评］

不管什么理论，都要使人容易理解，才能为广大民众所了解、所掌握，如此也才能对社会产生作用。所以，本章所论述的观点是不合理的。事实也是这样，经学在汉末成为少数学人猎取功名利禄的工具，失去了对社会民众的作用。而今、古文经学之争，进一步加重了这一趋势，最终汉代经学被魏晋玄学取而代之。

5.11　或问[1]：“圣人之作事，不能昭若日月乎？何后世之訚訚也？”

曰[2]：“瞽旷能默，瞽旷不能齐不齐之耳；狄牙能喊[3]，狄牙不能齐不齐之口。”

［注释］

[1]“或问”以下四句：有人问：圣人的言行，难道不能像日月一样明白吗？为什么后代人对圣人的言行争论起来没个完呢？訚（yín）訚，争论不休的样子。 [2]“曰”以下三句：回答说：瞽旷虽然精通音乐，但瞽旷不能使不同人的耳朵都喜欢一种音乐。瞽（gǔ）旷，师旷，春秋时期晋平公的乐师，我国古代著名的音乐家。当时乐工皆为盲人，故称之为“瞽旷”。瞽，目盲。能默，瞽旷能通声音之妙。默，默识，即口不言而心识。不能齐不齐之耳，前一个“齐”作动词，是使之整齐划

一的意思；后一个“齐”是形容词，“不齐之耳”是说各人喜欢听的音乐是不一样的。 [3]“狄牙能喊”二句：狄牙虽然精通调味，但狄牙不能使不同人的嘴巴都喜欢一种味道。狄牙，即易牙，又名“雍巫”，春秋时期齐桓公的幸臣，善调味。喊，通“諴”，调和，此处指调味。《说文解字》：“諴，和也。”《广雅》：“諴，调也。”

[点评]

《法言》中所说“圣人”多指孔子。此内容是说，即便如孔子也不能每一件事情都能让后世之人满意，因此，应该从不同角度看待孔子学说；也不应该因为别人对儒家的非议，就放弃学习儒家学说。对当今而言，对于前人或者他人，都应该用辩证的眼光看待，增强对人、事物不同角度的了解。

5.12　君子之言[1]，幽必有验乎明，远必有验乎近，大必有验乎小，微必有验乎著。无验而言之谓妄[2]。君子妄乎？不妄。

[注释]

[1]“君子之言”以下五句：君子发表言论，对于幽暗的事物的判断，必须能在明白的事物上得到验证；对于遥远的事物的判断，必须能在切近的事物上得到验证；对于宏伟的事物的判断，必须能在微细的事物上得到验证；对于隐蔽的事物的判断，必须能在显著的事物上得到验证。 [2]“无验而言之谓妄”以下三句：

没有验证而做出判断就是没有根据的乱说。君子乱说吗？不乱说。妄，没有根据地乱说。

［点评］

作为君子，需要具备的特点之一就是言必有“验”，也就是所说的话都要有根据，有所依据。这与当时社会上流行的谶纬迷信正好相反。

5.13　言不能达其心[1]，书不能达其言，难矣哉！惟圣人得言之解[2]，得书之体。白日以照之[3]，江河以涤之，灏灏乎其莫之御也。面相之[4]，辞相适，捈中心之所欲，通诸人之嚍嚍者，莫如言。弥纶天下之事[5]，记久明远，著古昔之㫚㫚，传千里之忞忞者，莫如书。故言[6]，心声也；书，心画也。声画形[7]，君子小人见矣。声画者，君子小人之所以动情乎！

［注释］

[1]“言不能达其心”以下三句：一般人语言不能完全表达他的思想，文字不能完全表达他的语言，真是难呀！达，表达，反映。　[2]“惟圣人得言之解”二句：只有圣人能够完全掌握语言的意义，能够完全掌握文字的体裁。体，体裁。　[3]“白日以照之”以下三句：圣人的语言和文字，像太阳照耀万物，像江河涤荡

大地，浩浩荡荡没有什么东西可以阻挡。按：本句语本《孟子·滕文公上》："江汉以濯之，秋阳以暴之，皓皓乎不可尚已。"白日，明亮的太阳。涤，洗。灏灏，同"浩浩"，盛大的样子。五臣注本作"浩浩"。 [4]"面相之"以下五句：表情相互交流，言词相互问答，能够抒发个人心中的打算，打破众人之间的隔阂，没有什么东西能比得上语言。之，与下文"适"都为"往"的意思。捈（shū），抒发。通诸人之嚍（jìn）嚍，打破人们之间的隔阂。嚍嚍，界限，引申为阻隔。 [5]"弥纶天下之事"以下五句：遍知世界上的事情，记载久远的过去，说明遥远的事物，使古代昏暗的事实明白起来，把远方渺茫的情况传达过来，没有什么东西能比得上文字。弥纶，总括，包含。昏（wěn）昏，阴暗不明的样子，或作"昏昏"。忞（wěn）忞，茫昧不清的样子。 [6]"故言"以下四句：因此，语言是思想的声音，文字是思想的图画。心声，发自内心的声音。心画，筹划于内心的图画。 [7]"声画形"以下四句：思想一旦用语言和文字表现出来，是君子还是小人就显露出来了。语言和文字，就是君子和小人感情激动的原因吧！见（xiàn），同"现"，显露。

［点评］

扬雄在此强调语言、文字的作用。首先，语言可以表达内心的情感，文字记录过去与现在，两者是表达思想的重要方式。其次，圣人与常人的不同之处就在于圣人的语言、文字可以与他的思想相匹配，并且经过时间不断推移之后，其语言、文字仍然能够存在。《周易·系辞上》有"子曰：'书不尽言，言不尽意'"的类似语言。而君子与小人之区别也在语言、文字上可以表现出来。这段话启发我们应当注意自己的语言、文字，这些内容可以反映出个人思想。

5.14 圣人之辞[1]，浑浑若川。顺则便、逆则否者[2]，其惟川乎！

［注释］

[1]“圣人之辞”二句：圣人的言论，就像滚滚奔腾的河流。浑浑：同“混混”，滚滚，水盛大奔流的样子。《说文解字》：“混，丰流也。”如《孟子·离娄下》：“原泉混混，不舍昼夜。” [2]“顺则便、逆则否（pǐ）者”二句：（圣人的言论，就像滚滚奔腾的河流）顺着它就会安适，逆着它就会破败，大概只有河流吧！便，方便，顺利，安宜。否，凶咎，破败。其，恐怕，大概。

［点评］

用江河中水流的汹涌来比喻圣人之言的强大力量。言外之意是说，按照圣人教诲行动就成功，违背就失败。

5.15 或曰[1]：“仲尼圣者与？何不能居世也？曾范、蔡之不若！”

曰[2]：“圣人者，范、蔡乎？若范、蔡，其如圣何？”

［注释］

[1]“或曰”以下四句：有人问：孔子是圣人吗？为什么不能

处世呢？竟然连范雎、蔡泽都不如！曾，竟。范、蔡，范为范雎，蔡为蔡泽，都是战国末年的政治家，在秦昭王时曾先后为秦相。事迹见《史记·范雎蔡泽列传》。若，如。 [2]“曰”以下五句：回答说：圣人难道是范雎、蔡泽吗？如果像范雎、蔡泽，又怎么能成为圣人呀？

[点评]

孔子周游列国，却没有机会参与各诸侯国的政治，范雎、蔡泽为秦相施展了个人的政治抱负，从此角度来看，孔子不如范雎与蔡泽。但是扬雄认为圣人绝不是范雎、蔡泽这样的，如果是的话，圣人的数量也就太多了。本意是强调孔子与范雎、蔡泽的政治理念不同，孔子追求“仁”“礼乐”，范雎、蔡泽只想成就霸业。

5.16 或曰[1]：“淮南、太史公者，其多知与？曷其杂也！”

曰[2]：“杂乎杂！人病以多知为杂，惟圣人为不杂。”

[注释]

[1]“或曰”以下四句：有人问：淮南王刘安、太史公司马迁，大概有很多知识吧？他们写的书内容多么庞杂呀！淮南，指汉淮南王刘安（前179—前122），沛郡丰（今江苏徐州丰县）人。史书上说他“招致宾客方术之士数千人，作为《内书》二十一篇，《外书》甚众，又有《中篇》八卷，言神仙黄白之术，亦二十余

万言”。今只有《内书》尚存，名《淮南子》，又叫《淮南鸿烈》，是西汉时期重要的哲学著作之一。其事迹见《史记·淮南衡山列传》《汉书·淮南衡山济北王传》。太史公，指司马迁（前145—前87），字子长，夏阳人，西汉著名的历史学家、文学家和思想家。因为他在汉武帝时做过太史令，故称为“太史公”。他著有《史记》一百三十篇，记载了自传说中的黄帝至汉武帝共约三千年的历史，是我国第一部纪传体的通史。其事迹见《史记·太史公自序》《汉书·司马迁传》。曷其，何其，多么。 [2]“曰”以下四句：回答说：庞杂呀庞杂！一般人的缺点就是知识多了就庞杂，只有圣人知识再多也不庞杂。病，缺点。

［点评］

“杂”指刘安和司马迁的书里包括并调和了各派的学说。《汉书·艺文志》收杂家二十家、四百零三篇，评论说：“杂家者流，盖出于议官。兼儒墨，合名法，知国体之有此，见王治之无不贯，此其所长也。及荡者为之，则漫羡而无所归心。”其实，所谓杂家也并不是纯客观地把各家的理论杂拌在一起，还是有所取舍，以为己用，虽然不一定都形成了自己完整一贯的体系，但他们都不以儒家为正统，所以遭到扬雄的怀疑和反对。

5.17　书不经[1]，非书也；言不经，非言也。言、书不经[2]，多多赘矣。

［注释］

[1]“书不经”以下四句：书籍不符合儒家经典的规范，就不是合格的书籍；言论不规范，就不是合格的言论。经，这里用作动词，指符合儒家经典的规范。　[2]“言、书不经”二句：言论和书籍不规范，就是多余的赘疣呀！赘，赘疣，瘤子，指多余的东西。

［点评］

文章、言论必须符合儒家经学，如若不然，只会成为人的负担，反而有害。与上文相似，同样反映当时的思想特点，是“罢黜百家，独尊儒术”在思想上的反映。

5.18　或曰[1]：“述而不作，《玄》何以作？”曰[2]：“其事则述，其书则作。”

［注释］

[1]“或曰”以下三句：有人问：圣人说只传述而不创作，你为什么创作《太玄》呢？述，传述，解释。作，创作。《玄》，《太玄》。　[2]“曰”以下三句：回答说：《太玄》的内容都是传述圣人的教导，只不过《太玄》的文辞是我写的。事，内容。书，文辞。

［点评］

“述而不作”见《论语·述而篇》：“子曰：‘述而不作，信而好古，窃比于我老彭。’”是孔子对自己著述、治学的自谦之词，表达继承前人思想时有足够的尊重。扬雄继承孔子思想，认为《太玄》的写作也是如此的过程。

5.19 育而不苗者[1]，吾家之童乌乎！九龄而与我《玄》文[2]。

［注释］

[1]“育而不苗者”二句：用心培养却没有长大成才的，是我的小孩子扬乌呀！育而不苗，指扬雄的儿子扬乌夭折早死。苗，没有抽穗开花的农作物，抽穗开花叫“秀”，成籽结果叫“实”。古人常用庄稼生长的这几个阶段来比喻人的寿夭。童，小孩子。乌，扬乌，扬雄幼子。 [2] 九龄而与（yù）我《玄》文：九岁就参与了我《太玄》的写作。与，参与。刘师培训“与”为“举”，指背诵。

［点评］

《太平御览》卷三百八十五“幼智”条引刘向《别传》说：“杨信，字子乌，雄第二子，幼而明慧。雄笔《玄经》不会，子乌令作九数而得之。雄又疑《易》羝羊触藩，弥日不就，子乌曰：‘大人何不云荷戟入榛。’”这些说法有夸大其词的嫌疑，但足以表达出扬雄对于幼子的喜爱以及对幼子早夭的悲伤之情。

5.20 或曰[1]：“《玄》何为？”
曰[2]：“为仁义。”
曰[3]：“孰不为仁？孰不为义？”

《孟子·离娄上》：孔子曰：“道二：仁与不仁而已矣。”

曰[4]："勿杂也而已矣。"

[注释]

[1]"或曰"二句：有人问：《太玄》是为什么而写？　[2]"曰"二句：回答说：为了宣扬仁义。　[3]"曰"以下三句：又问：不做什么就是仁？不做什么就是义？　[4]"曰"二句：回答说：不要掺杂不符合仁义的内容就是了。

[点评]

《太玄》的写作是为了宣扬儒家"仁义"思想，如果想要做到纯粹的"仁义"，就需要摒弃其他学派的东西，强调《太玄》与儒家思想的对应。

5.21　或问[1]经之艰易。

曰："存、亡。"

或人不谕[2]。

曰："其人存则易[3]，亡则艰。延陵季子之于乐也[4]，其庶矣乎！如乐弛，虽札末如之何矣。如周之礼乐、庶事之备也[5]，每可以为不难矣；如秦之礼乐、庶事之不备也，每可以为难矣。"

[注释]

[1]"或问"以下三句：有人问学习儒家经典是困难还是容

易。回答说：看存在还是不存在。 [2] 或人不谕：有人没有明白。谕，明白，理解。 [3]“其人存则易”二句：经文存在就容易，不存在就困难。人，当作“文”。 [4]“延陵季子之于乐也”以下四句：如延陵季子对音乐的造诣，应该说是很高了吧！但如果音乐已经废弃不传，即使是季札也没有办法。季子，名季札，是春秋时吴王寿梦的少子，因其封邑在延陵，故称“延陵季子”，精于音乐。其事迹见《左传·襄公二十九年》《史记·吴太伯世家》。弛，解除，废弃。末如之何，无可奈何。 [5]“如周之礼乐、庶事之备也”以下四句：如果像周朝那样各种礼乐制度都很完备，做什么事情都不会困难；如果像秦朝那样各种礼乐制度都很缺乏，做什么事情都会很困难。庶事，众事，指各种制度。

［点评］

相传周朝初年周公姬旦制礼作乐，使各种制度臻于完备。历来儒家把周制看成是理想完善的典型。而秦处在社会大变革之后，尊崇法家思想，在许多方面废弃了周制，故被儒家认为是礼乐制度“不备”的典型。扬雄在此，将礼制备与不备的原因归结于“存亡”，也就是强调不同时期的礼乐制度应该被保存下来，否则后世即便想要参考学习也是不行的。如今，信息保存方式多样，如“礼乐”等重要内容的保存也更加容易。

5.22 衣而不裳[1]，未知其可也；裳而不衣，未知其可也。衣、裳[2]，其顺矣乎！

[注释]

[1]“衣而不裳”以下四句：只上身穿衣服而下身不穿裙子，没有人认为那是可以的；只下身穿裙子而上身不穿衣服，没有人认为那是可以的。衣，古代把上衣叫“衣”。裳，古代把下衣叫“裳”。 [2]“衣、裳”二句：上身穿好衣服，下身穿好裙子，这样才合乎道理呀！

[点评]

有人把衣裳比附于阶级社会的贵贱尊卑和等级制度，并以此来论证这些制度的必然性。如《周易·系辞下》：“黄帝尧舜垂衣裳而天下治，盖取诸乾坤。”虞翻说：“乾为治，在上为衣，坤下为裳。乾坤万物之缊，故以象衣裳。乾为明君，坤为顺臣，百官以治，万民以察，故天下治，盖取诸此也。”王弼说：“垂衣裳以辨贵贱，乾尊坤卑之义也。”扬雄即是想以此来论证封建的尊卑等级制度的合理性和必然性。

5.23 或问文[1]。

曰：“训。”

问武。

曰：“克。”

未达[2]。

曰：“事得其序之谓训，胜己之私之谓克。”

［注释］

[1]“或问文”以下六句：有人问怎样才符合文的要求。回答说：要能训。又问怎样才符合武的要求。回答说：要能克。训，顺应。克，克制。 [2]“未达”以下四句：问的人没有理解。就又说：办事能符合它们应有的次序就叫训，能战胜自己的私心就叫克。达，理解。

［点评］

此内容与社会治理有关，“文”“武”代表建设国家的两个方向，其一，井然有序的秩序建设；其二，以君主为代表的统治者应摒弃私欲，以天下为公。

5.24 为之而行、动之而光者[1]，其德乎！

或曰[2]：“知德者鲜，何其光？”

曰[3]：“我知为之，不我知亦为之，厥光大矣。必我知而为之，光亦小矣。”

［注释］

[1]“为之而行、动之而光者”二句：实行起来很顺畅、行动起来就光荣的，大概是道德吧！为，作为。行，本义为道路，引申为流通、通顺。动，行动。光，光荣。 [2]“或曰”以下三句：有人问：懂得道德的人很少，哪里有什么光荣？鲜（xiǎn），少。何其，什么，哪里。 [3]“曰”以下六句：回答说：别人了解我要践行道德，别人不了解我也要践行道德，那光荣就大了。一定要别人了解我才践行道德，光荣就小了。厥，其。

［点评］

"知德者鲜，何其光？"此句语本《论语·卫灵公篇》："由，知德者鲜矣。"懂得"德"的人在社会上是少数，如果是为了让别人知道自己才去做，那么德行其实就掺杂了私心，这显然不符合儒家推崇的思想。

《论语·卫灵公篇》："君子疾没世而名不称焉。"

5.25 或曰[1]："君子病没世而无名，盍势诸名？卿可几也。"

曰[2]："君子德名为几。梁、齐、赵、楚之君[3]，非不富且贵也，恶乎成名？谷口郑子真，不屈其志而耕乎岩石之下，名振于京师。岂其卿，岂其卿！"

［注释］

[1]"或曰"以下四句：有人问：君子忧虑死后没有名声，为什么不利用权势获得名声呢？卿之类的高官还是可以企望的。病，忧虑，痛恨。没世，没于世，即死。盍，何不。势，权势，此处指以势获得。卿，古代高级官职和爵位的名称，这里泛指高官显职。几，读为"冀"，希望，祈求。 [2]"曰"二句：回答说：君子希求的是道德的名声。 [3]"梁、齐、赵、楚之君"以下八句：梁、齐、赵、楚等诸侯国的国君，不是没有财富和权势，哪里得到名声了呢？谷口的郑子真，不放弃他高尚的志节，虽然耕种在山下的田野里，名声却震动了国都长安，哪里是由于做了大官呢！哪里是由于做了大官呢！梁、齐、赵、楚之君，汉代的诸侯

王。恶，何处，哪里。谷口，古地名，在今陕西礼泉县东北。西汉时曾置县。郑子真，名朴，谷口人，与扬雄同时。京师，国都，即长安。岂，何尝，难道。其，句中助词，表示感叹，没有实义。

［**点评**］

扬雄认为“德”的发扬才是获取名声的最好方式，富贵、权势可能带来一时的显耀，如汉代梁、齐、赵、楚之君，但是他们最终都被消灭，因此，只有“德”带来的影响才是长久的。

5·26　或问人[1]。

曰：“艰知也。”

曰[2]：“焉难？”

曰[3]：“太山之与蚁垤，江河之与行潦，非难也；大圣之与大佞[4]，难也。乌呼[5]！能别似者为无难。”

［**注释**］

[1]“或问人”以下三句：有人问怎样了解人。回答说：很难了解呀。艰，五臣注本作“难”。　[2]“曰”二句：问：难在什么地方？　[3]“曰”以下四句：回答说：要分辨泰山与蚂蚁堆成的小土堆、长江黄河与小水沟，是不难。太山，泰山。蚁垤（dié）：蚂蚁筑巢时衔泥土出来堆成的小土堆。垤，小土堆。江，长江。河，黄河。行潦，或释为道路之水，或释为溪流之水。行，

或释为道路，或释为流动。潦（lǎo），雨水，由此又有水深之意。 [4]“大圣之与大佞”二句：要分辨大智大善的人和大奸大恶的人，就难了。大佞，善于伪装的大奸大恶之人。佞，以花言巧语谄媚取悦于人叫“佞”。 [5]“乌呼”二句：唉！能把实际上根本不同但表面上很相似的事物区别开来的人，区别这些就不难了。

[点评]

文中以“蚁垤”与“太山”相比，“行潦”与“江河”相比。蚁垤与太山大小相异而形相似，行潦与江河亦应大小相异而形相似。此句关于太山、蚁垤、江河、行潦的譬喻，取自《孟子·公孙丑上》。扬雄认为对于人是“大圣”“大佞”的认识是很难的。

5.27 或问[1]：“邹、庄有取乎？”

曰：“德则取，愆则否。”

“何谓德、愆[2]？”

曰：“言天地人：经，德也；否，愆也。愆语，君子不出诸口。”

[注释]

[1]“或问”以下五句：有人问：邹衍、庄周的学说有可以赞成的地方吗？回答说：符合道德的就赞成，错误的就不赞成。邹，邹衍（约前 305—前 240），或作“驺衍”“鄒衍”，战国时期齐

国人，阴阳五行家的代表人物，著作已佚。其事迹见《史记·孟子荀卿列传》。愆，错误。否，不取。　[2]“何谓德、愆”以下九句：问：什么样的是符合道德的？什么样的是错误的？回答说：他们关于天地和人事的言论，如果合乎经学规范，就是符合道德的；如果不合乎经学规范，就是错误的。错误的言论，君子是不说的。

［点评］

扬雄认为邹衍、庄周关于“天地人”的言论如果符合儒家学说的内容，是能够被吸收的，但是不符合的就需要舍弃。说明在他看来，邹衍、庄周的学说是以“天地人”为主的。这又与上文强调德与经的内容有相似之处了。

问明卷第六

【题解】

本卷以较多的文字讲了君子如何根据时势是否适宜来决定自己的升潜进退，以趋吉避凶、保全自己。孔子说："危邦不入，乱邦不居；天下有道则见，无道则隐。"（《论语·泰伯篇》）"邦有道，危言危行；邦无道，危行言孙。"（《论语·宪问篇》）甚至因为自己的学生南宫适"邦有道，不废；邦无道，免于刑戮"（《论语·公冶长篇》）而把自己的侄女嫁给了他。

扬雄就是继承了孔子的这种思想，所以当有人问他君子在天下太平和天下大乱的不同情况下如何做时，他以凤鸟为喻，说要"治则见，乱则隐"。又以亨龙为喻，说时机不合适就潜伏，时机合适就飞升，潜伏或飞升都由自己按照时机来决定。当有人问怎样保全性命时，他更是直接回答"明哲"。当然，他也不是一味地躲避退让。他感叹时间来得慢去得快，所以认为君子要和时间竞争，抓住时机。

扬雄对“韩非作《说难》之书，而卒死乎说难”的分析，也值得注意。韩非认为游说君主之难，既不在于所说有没有道理，也不在于能不能把道理说清楚，而在于能不能摸透君主的心思加以迎合。这种揣摩君主心思、迎合以求赏识和任用的做法，可以说是法家人物的共同特点。比如商鞅，就先以帝道说秦孝公，未得赏识；又以王道说秦孝公，仍未得赏识和任用。扬雄对这种投机做法不以为然，他认为向君主进言应根据儒家的礼义，君主接受就出仕，不接受就归隐，而不管是否符合君主的要求。如果抛弃礼义，曲意逢迎，那就没有什么事是干不出来的，这反映了儒家和法家所主张的两种不同的处世原则。

6.1 或问明[1]。

曰：“微。”

或曰[2]：“微，何如其明也？”

曰：“微而见之，明其悖乎？”

[注释]

[1]“或问明”以下三句：有人问什么是明察。回答说：幽微。明，明察。微，幽暗，迷茫。 [2]“或曰”以下六句：有人问：幽微，怎么会是明察呢？回答说：幽微都能看见，说是明察难道不对吗？其，岂。悖，乖逆，违背。

［点评］

如果能够认识到微小的事物，自然说明对事物的认识已经达到了“明”的地步。扬雄的这一认识是辩证看待事物的。

6.2 聪明[1]，其至矣乎！不聪，实无耳也；不明，实无目也。

“敢问大聪明[2]？”

曰[3]：“眩眩乎，惟天为聪，惟天为明。夫能高其目而下其耳者，匪天也夫！”

［注释］

[1]“聪明”以下六句：聪明，大概是一种极高的品质吧！不聪，就等于没有耳朵；不明，就等于没有眼睛。聪明，天资高，有才华，见事明敏。其，庶几，大概。至，极，高。实，与“是”通。 [2] 敢问大聪明：请问什么人最聪明？ [3]“曰”以下六句：回答说：灿烂辉煌，只有天最聪，只有天最明。能够把眼睛抬高看见普天下，把耳朵贴近听清每件事的，不就是天嘛！眩，与“炫”通，光明照耀之意。高其目，形容看得广。下其耳，形容听得清。匪，同“非”。

［点评］

“聪明”就是有耳、有目，从而能够理解事物最本质的特点。而能够掌握“大聪明”的只有“天”，天俯瞰、倾听万事万物。如果将天与人间结合起来，那么人间帝王就应该效法天，做到像天一样的“聪明”。

6.3 或问[1]：“小每知之，可谓师乎？”曰[2]：“是何师与？是何师与？天下小事为不少矣。每知之，是谓师乎？师之贵也[3]，知大知也。小知之师，亦贱矣。”

［注释］

[1]“或问”以下三句：有人问：对于小事一件一件都知道，可以说是老师吗？每，形容词，表逐一、每人、每事、每物等。 [2]“曰”以下六句：回答说：这是什么老师呀？这是什么老师呀？天下的小事是很多的。一件一件小事都知道，就能称为老师吗？ [3]“师之贵也”以下四句：老师的高明之处，在于懂得大道理。只懂得小事的老师，也太卑贱了。知大知也，前一个“知”作动词，当知道、懂得讲；后一个“知”是名词，当道理、学问讲。

［点评］

在知晓小事与掌握大事两者的选择中，扬雄认为只有了解大事的才是好的老师。这与中国古代传统认识有关，思想家所追求的往往是对宏大事物的认识，对于小事的关注也往往在于希望以小见大，获得对事物的本质认识。

《孟子·尽心下》："孔子曰：'过我门而不入我室，我不憾焉者，其惟乡原乎！乡原，德之贼也。'"是扬雄将孟子所引"孔子曰"当作孟子的话了。

6.4 孟子疾过我门而不入我室[1]。或曰[2]："亦有疾乎？"

曰："摭我华而不食我实。"

［注释］

[1] 孟子疾过我门而不入我室：孟子憎恶那些只知其学术皮毛却不能深入理解其精华的人。疾，憎恨，厌恶。室，古代常用入门、升堂、入室等来比喻学习的程度和造诣的深浅。如《论语·子张篇》："夫子之墙数仞，不得其门而入，不见宗庙之美，百官之富。得其门者或寡矣。"又《论语·先进篇》："子曰：'由也升堂矣，未入于室也。'" [2]"或曰"以下四句：有人问：你也有憎恶的人吗？回答说：我憎恶那些赞赏我的文采却不接受我的思想的人。摭（zhí），摘取，喻赞赏、模仿。华，同"花"，指文辞、形式。食，吃，喻吸收、接受。实，果实，指思想、内容。李轨注："华者美丽之赋，实者《法言》《太玄》。"

［点评］

"疾过我门而不入我室"，言外之意是说孟子憎恶那些和儒家有所接触却不赞成儒家学说的人。与之相似，扬雄同样反对明明同意其思想但是却不愿意接受、不愿意学习的人。

6.5 或谓[1]："仲尼事弥其年，盖天劳诸，病矣夫？"

曰[2]："天非独劳仲尼，亦自劳也。天病乎哉？天乐天，圣乐圣。"

[注释]

[1]"或谓"以下四句：有人问：孔子一生事情排得满满的，大概是天故意劳累他，太疲倦了吧？弥，满。年，天年，指终身。 [2]"曰"以下六句：回答说：天不只是劳累孔子，也劳累自己。难道天会疲倦吗？天喜欢做天应该做的事，圣人喜欢做圣人应该做的事。病，疲困。

[点评]

孔子一生劳累，是为了宣扬自己的思想，实现自己的抱负，他虽然劳累，但是是承担了自己的责任。同样，天也是如此，掌握世间万物也是在承担自身的责任。因此，将自己的时间付出在喜欢的事物上，即便在外人看来劳累辛苦，但实际上本人却乐在其中。

6.6 或问[1]："鸟有凤，兽有麟，鸟兽皆可凤、麟乎？"

曰[2]："群鸟之于凤也，群兽之于麟也，形、性。岂群人之于圣乎？"

[注释]

[1]"或问"以下四句：有人问：鸟中有凤凰，兽中有麒麟，

鸟和兽都可以成为凤凰或麒麟吗？凤，凤凰，我国古代传说中的一种神鸟，相传凤为雄，凰为雌。据说它只在圣人在位的治世才降临，乱世则隐而不出。麟，麒麟，古代传说中的神兽，相传麒为雄，麟为雌。据说只在圣人在位的治世才降临，乱世则隐而不出。古代常用凤凰和麒麟来比喻杰出的人物。　[2]“曰”以下五句：回答说：各种鸟与凤凰比较，各种兽与麒麟比较，是形体和性质上不同，（所以一般的鸟和兽成不了凤凰或麒麟）这怎么能和众人与圣人的关系等同呀？形，形体。性，性质。

对于首句“去诸”是要去掉什么，有几种不同的解释。旧注认为是去掉俗儒。陶鸿庆认为不是去掉俗儒，而是去掉圣道。（见《读诸子札记》十四）汪荣宝则认为“‘去’谓‘去读’，……此愤时嫉俗之意。谓口诵圣人之言而身为鄙夫之事，虚费日力，了无所补，则不如废读之为愈也。”（《法言义疏》卷九）和后文“投诸火”等联系起来看，汪说是。

［点评］

有人认为：一般的鸟成不了凤凰，一般的兽成不了麒麟，因此众人也成不了圣人。但是在扬雄看来，众人和圣人身体的构造和性质是相同的，并没有群鸟与凤凰、群兽与麒麟那种形体与性质的差别，众人是可以成为圣人的。扬雄认为，人只要通过后天学习，是可以成为圣人的。这启示我们，人不应该妄自菲薄，面对先天存在的人与人之间的区别，不应将其看作决定人生的因素，而是要重视后天的学习，寻找机会改变命运。

6.7　或曰[1]：“甚矣，圣道无益于庸也。圣读而庸行，盍去诸？”

曰[2]：“甚矣，子之不达也。圣读而庸行[3]，犹有闻焉。去之[4]，抏也。抏秦者[5]，非斯乎！投诸火。”

［注释］

[1]“或曰”以下五句：有人说：圣人的学说对于庸人真是没有用的。读圣人的书却行庸人的事，何不干脆不去读圣人的书呢？圣道，圣人之道。庸，平凡，愚昧。这里意谓庸人，指当时的儒生。圣读，读圣人之书。庸行，行庸人之事。盍，何不。 [2]“曰”以下三句：回答说：你真是糊涂不明事理！不达，不通达，糊涂。 [3]“圣读而庸行”二句：读圣人的书却行庸人的事，总还是听到了圣人讲的道理。 [4]“去之”二句：丢掉圣人的书，就会使人愚钝。抏（wán），借为“顽”，愚钝，愚弄。 [5]“抏秦者”以下三句：使秦朝愚钝的，不是李斯嘛！他把圣人的书都丢进火里烧了。斯，李斯（约前284—前208），战国末年楚国上蔡人，著名的政治家。他以客卿身份得到秦始皇的赏识，成为秦始皇统一天下的得力助手。秦朝建立，任丞相。他协助秦始皇统一全国后，又建议秦始皇烧诗书，禁私学。其事迹见《史记·秦始皇本纪》和《史记·李斯列传》。

［点评］

圣人的道理虽然不是所有的人都可以理解，但对常人总是有启迪的作用。如果因噎废食，不去读圣人之书，甚至焚毁诗书，只能是将民众拉向愚昧的地步。

6.8　或问[1]：“人何尚？”

曰：“尚智。”

曰[2]：“多以智杀身者，何其尚？”

曰[3]：“昔乎皋陶以其智为帝谟，杀身者远矣；箕子以其智为武王陈《洪范》，杀身者远矣。”

［注释］

[1]“或问”以下四句：有人问：人们尊崇什么？回答说：尊崇智谋。尚，尊崇。　[2]“曰”以下三句：又问：许多人因为智谋而丧了性命，智谋有什么可尊崇的呢？以，因。　[3]“曰”以下五句：回答说：从前皋陶用他的智谋为帝舜进行策划，不但没有丧命反而得到重用；箕子用他的智谋为周武王陈说治国纲领《洪范》，不但没有丧命而且受到器重。皋陶（gāo yáo）以其智为帝谟，传说皋陶曾和禹一起在舜前献谋，陈述治理天下的方法，即《尚书·皋陶谟》篇。他是我国古史传说中舜、禹时代的贤臣，曾为大理官，执掌刑法。其事迹可参看《史记·夏本纪》和《尚书·皋陶谟》。谟，谋划。帝，舜。箕子，名胥余，商代宗室，因封邑在箕，封爵为子，故称“箕子”。其事迹可参看《史记·宋微子世家》。箕子曾为殷纣王所囚禁。周武王灭商后释放了箕子，向他询问统治天下的方法，他的答话就是《尚书·洪范》。

［点评］

智慧是人们所追求的，但是智慧之间也是有区别的，有些人因为智慧失去生命，有些人因为智慧获得权势、地位、财富等。扬雄所举皋陶、箕子都是因为智慧获得巨大成功的人，并且能够保全自己的生命。因此，扬雄所说的智慧首先要求就是保全生命，其次是实现自己要追求的目标。

6.9　仲尼[1]，圣人也，或者劣诸子贡。子贡辞而精之[2]，然后廓如也。於戏[3]！观书者违子贡，虽多，亦何以为？

［注释］

[1]“仲尼”以下三句：有人认为孔子虽然是圣人，但也许比不上子贡。劣，低劣。子贡，孔子的学生，姓端木，名赐，字子贡，以能言善辩著称。其事迹见《史记·仲尼弟子列传》和《论语》。　[2]“子贡辞而精之”二句：子贡发表谈话作了精辟的解释，然后这种不正确的看法就消失了。辞，言辞，引申为解释或说明的意思。精，精辟。廓如，空旷的样子。关于孔子“劣诸子贡”的说法，《论语》有多处记载，详见旁批。　[3]“於戏”以下四句：唉！读书人如果违背了子贡对孔子的评价，即使书读得很多，又有什么用呢？观书者，读书的人。违子贡，违背子贡对孔子的评价。

［点评］

据《史记·仲尼弟子列传》记载：“子贡好废举，与时转货赀……家累千金。”“废举”指囤积货物，贱买贵卖。子贡很有商业头脑，根据市场行情的变化做买卖，大获成功，成为巨富。故在当时一些人看来，子贡的成就已经超过了孔子。但子贡则认为，评价一个人的标准不能只看现实的功业、成就，更重要的是一个人的德行、人格、思想，在这方面，自己的老师是无人能及的。扬雄赞同子贡的看法，强调读书就要有子贡的见识，否则

《论语·子张篇》：“叔孙武叔语大夫于朝曰：‘子贡贤于仲尼。’子服景伯以告子贡。子贡曰：‘譬之宫墙，赐之墙也及肩，窥见室家之好。夫子之墙数仞，不得其门而入，不见宗庙之美，百官之富。得其门者或寡矣。夫子之云，不亦宜乎！’”“陈子禽谓子贡曰：‘子为恭也，仲尼岂贤于子乎？’子贡曰：‘君子一言以为知，一言以为不知，言不可不慎也。夫子之不可及也，犹天之不可阶而升也。夫子之得邦家者，所谓立之斯立，道之斯行，绥之斯来，动之斯和。其生也荣，其死也哀，如之何其可及也？’”

读书再多也无益。

6.10 盛哉[1]！成汤丕承也，文王渊懿也。

或问[2]："丕承？"

曰："由小致大，不亦丕乎？革夏以天，不亦承乎？"

"渊懿[3]？"

曰："重《易》六爻，不亦渊乎？浸以光大，不亦懿乎？"

［注释］

[1]"盛哉"以下三句：辉煌壮丽呀！成汤的伟大、承继，周文王的深厚、善美。盛哉，辉煌壮丽呀！成汤，姓子，名履，又称"天乙"，或作"大乙"，死后被谥为成汤。他是夏朝末年诸侯国商的首领，后灭夏而建立了商王朝。丕承，盛大承继。丕，伟大，盛大。承，承继，继续。文王，周文王姬昌，是商朝末年诸侯国周的首领，他奠定了灭商的基础，死后被谥为文王。渊，深厚，指才能。懿，美好，指德行。 [2]"或问"以下七句：有人问：盛大、承受指什么？回答说：成汤使商由弱小变为强大，不就是宏大吗？遵照天命推翻夏朝建立商朝，不就是承受吗？由小致大，由小至大。商本是夏朝属下的一个小诸侯国，汤使其强大起来。革，变革，革命。天，天命。 [3]"渊懿"以下六句：深厚、善美指什么？回答说：周文王把《易经》八卦每卦三爻重叠为每卦六爻，得出六十四卦、三百八十四爻，

不就是深厚吗？使周逐渐繁荣强大，不就是善美吗？重，重叠。《易》，《易经》。爻，组成易卦的符号，分阴爻和阳爻两种。浸，逐渐。光大，光辉盛大。

［点评］

解释“成汤丕承，文王渊懿”的内容，应是承接上文，具体地说明什么是大聪明、智慧。

6.11　或问命[1]。

曰：“命者，天之命也，非人为也。人为不为命。”

“请问人为[2]？”

曰：“可以存亡，可以死生，非命也。命不可避也。”

或曰[3]：“颜氏之子？冉氏之孙？”

曰[4]：“以其无避也。若立岩墙之下，动而征病，行而招死，命乎？命乎？”

《孟子·尽心上》：“莫非命也，顺受其正；是故知命者不立乎岩墙之下。”

［注释］

[1]“或问命”以下六句：有人问什么是命。回答说：命指上天决定的命运，不是人为造成的结果。人为造成的结果不是命。命，命运，指关于生死寿夭、吉凶祸福、贫富贵贱等个人所不能掌握的一些必然结果。　[2]“请问人为”以下六句：请问什

么是人为造成的结果？回答说：如果人要生存就可以生存，要死亡就可以死亡，这就是人为造成的结果，不是命。命是不可避免的。 [3]“或曰”以下三句：有人问：那么颜回、冉耕的早死是不是命呢？据说颜、冉二人的德行很好，但都早死。如《论语·先进篇》说：“德行：颜渊，闵子骞，冉伯牛，仲弓。”《论语·雍也篇》说：“哀公问：‘弟子孰为好学？’孔子对曰：‘有颜回者好学，不迁怒，不贰过，不幸短命死矣。今也则亡，未闻好学者也。’”又说：“伯牛有疾。子问之，自牖执其手，曰：‘亡之，命矣夫！斯人也而有斯疾也！斯人也而有斯疾也！’”所以这里问他们的早死是不是命运所致。冉氏之孙，冉耕，字伯牛，孔子弟子。事迹见《论语》和《史记·仲尼弟子列传》。 [4]“曰”以下七句：回答说：正因为他们的早死是不可避免的，所以是命。如果站在倾危欲倒的墙下面，一动就导致灾祸，一行就招来死亡，那能叫命吗？那能叫命吗？其，指示代词，指颜回和冉耕的早死。无避，无法避免。岩墙，危倾欲倒的墙。岩，险峻，危险。征，召，求。

[点评]

关于人的“命”的讨论，扬雄开始时的两次回答，指明命是由天所决定的。如颜回、冉耕德行很好却早卒，这不是人力所能改变的。但是，与他们不同的是，有一些人会主动将自己放在“危墙之下”，那么因此而失去生命的行为就不一定是天所决定的，人也在其中发挥作用了。总体而言，扬雄希望人可以发挥自己的主观能动性，不主动立身于危墙之下。

6.12 吉人凶其吉[1]，凶人吉其凶[2]。

[注释]

[1] 吉人凶其吉：吉祥的人像对待凶险的事那样谨慎地对待吉祥的事。吉人，遇事总是顺利而无凶险的人。 [2] 凶人吉其凶：凶险的人像对待吉祥的事那样轻率地对待凶险的事。凶人，遇事总是凶险而不顺利的人。

[点评]

“吉人”面对“吉事”也保持谨慎的态度，“凶人”即便面对“凶事”也不以为意，自然“吉人”趋向于“吉”，而“凶人”则逐渐走向灭亡，与上文承接，说明吉、凶与个人自身的行为息息相关。

6.13 辰乎辰[1]！曷来之迟，去之速也！君子竞诸[2]。

[注释]

[1]“辰乎辰”以下三句：时间呀时间！怎么来得这样慢，去得这样快呀！辰，时间。 [2] 君子竞诸：所以君子要与时间竞争。竞诸，与时间竞争，就是及时努力的意思。诸，之，指时间。

[点评]

本章强调时间的重要性。“来之迟，去之速”形容时间的短暂，因此应当及时抓住时机去达成自己的目标。

6.14 謣言败俗[1]，謣好败则，姑息败德。君子谨于言[2]，慎于好，亟于时。

[注释]

[1]“謣（yú）言败俗”以下三句：荒诞的言论败坏风俗，荒诞的嗜好败坏法度，苟且放任败坏道德。謣，妄。败，败坏。俗，社会风气。好，嗜好。则，法度。姑息，对坏人坏事的放任。与下文“亟于时”联系起来看，此处应指对个人的放任，即苟且偷安、不抓紧个人的道德修养的意思。 [2]“君子谨于言”三句：所以君子严谨地对待言谈，慎重地对待嗜好，抓紧时间修养道德。亟，急切。

[点评]

对君子提出的要求集中在三个方面：言、好、德。这些在传统儒家思想中都是备受重视的内容，如《论语·里仁篇》：“君子欲讷于言而敏于行。”《论语·公冶长篇》：“巧言、令色、足恭，左丘明耻之，丘亦耻之。”

子曰：“唯上智与下愚不移。”（《论语·阳货篇》）

6.15 吾不见震风之能动聋聩也[1]。

[注释]

[1] 吾不见震风之能动聋聩（kuì）也：我没有见过大风能让聋人听见声音的。震风，疾风，大风。动，使之听见。聩，生而聋曰聩。

［点评］

如果一个人主观上不具备条件或者不肯接受教育，那么不管别人怎样努力帮助，也是没有用的。

6.16　或问[1]：“君子在治？”

曰：“若凤。”

“在乱[2]？”

曰：“若凤。”

或人不谕。曰：“未之思矣。”

曰：“治则见[3]，乱则隐。鸿飞冥冥[4]，弋人何慕焉？鷦明遴集[5]，食其洁者矣。凤鸟跄跄[6]，匪尧之庭。”

用凤凰的治则现、乱则隐来比喻君子在治世时就应出仕、在乱世时就应隐居。以下数句则是具体说明君子在治世和乱世都像凤凰一样的道理。

［注释］

[1]“或问”以下四句：有人问：君子在政治清明的时代怎么办？回答说：像凤凰一样。治，治世，即政治清明的时代。 [2]“在乱”以下六句：在政治混乱的时代怎么办？回答说：像凤凰一样。有人不理解。说：还是没有想明白。谕，明白，理解。 [3]“治则见”二句：凤凰在政治清明的时代就出现，在政治混乱的时代就隐没。见，同“现”，显现。隐，隐没。 [4]“鸿飞冥冥”二句：鸿雁飞得高高的都要看不见了，猎鸟的人还能贪图什么呀？鸿，俗名大雁，属游禽目鸭科。冥冥，幽暗玄远的样子。这里形容大雁飞得极高，都要看不见了。弋（yì）人，猎鸟的人。慕，或作“篡”，贪羡，希图。 [5]“鷦明遴集”二句：鷦明选择栖集的地方，

吃那洁净的东西。鷫明，或作“鷫”“焦明”，神鸟，与凤凰相似。《说文解字》：“五方神鸟也：东方发明，南方焦明，西方鹔鷞，北方幽昌，中央凤皇。”遴集，选择栖止之处。遴，选择。集，鸟栖树上，独鸟曰止，群鸟曰集。 [6]“凤鸟跄（qiàng）跄”二句：凤凰腾跃，飞舞在唐尧的庭前。跄跄，或作“鸧鸧”，鸟兽飞翔趋动之貌。匪，读为“飞”。

［点评］

身处乱世，就要以保存自身为目的，不出仕，如果身处治世，也要视情况而定，做出不同的选择。首先，要选择好的栖息之所，也就是选择好跟随的君主；其次，要饮食洁净的水和食物，即洁身自好；最后，则要保持自身的威仪姿态，不能轻易转变自己的思想。扬雄以凤凰为例，形象地说明在保全自身情况下，如何实现政治抱负。

6.17 亨龙潜、升[1]，其贞、利乎！

或曰[2]：“龙何如可以贞、利而亨？”

曰[3]：“时未可而潜，不亦贞乎？时可而升，不亦利乎？潜、升在己，用之以时，不亦亨乎？”

［注释］

[1]“亨龙潜、升”二句：通达的龙或者潜伏，或者飞升，大概很有操守，很有益处吧！亨，通达。其，庶几，大概。贞，正定，即不为外物所诱的意思。利，宜利，即合时则得益的

意思。[2]“或曰”二句：有人问：龙怎么样可以做到有操守、有益处而通达呢？何如，如何，怎么样。五臣注本无“如”字。[3]“曰”以下八句：回答说：时机不合适就潜伏，不就是有操守吗？时机合适就飞升，不就是有益处吗？潜伏或飞升都由自己掌握，按照时机来决定，不就是通达吗？时可而升，五臣注本作“可而升”，无“时”字。

［点评］

这句话是扬雄利用《周易·乾》借题发挥，以龙的潜、升比喻人应抱有的处世态度。意思是说，识时务的圣人审时然后动，或出或处，总可以趋吉避凶。《周易·乾·卦辞》说：“元亨利贞。”其《爻辞》则以“潜龙勿用”“见龙在田”“或跃在渊”“飞龙在天”等描绘了龙从潜伏而逐步飞升的过程。

6.18　或问活身[1]。

曰：“明哲。”

或曰[2]：“童蒙则活，何乃明哲乎？”

曰[3]：“君子所贵，亦越用明，保慎其身也。如庸行翳路[4]，冲冲而活，君子不贵也。”

［注释］

[1]“或问活身”以下三句：有人问怎样保全自己的生命。回答说：明白事理。活身，保全自己的生命。明哲，明白事理，

通识时务。语本《诗经·大雅·烝民》:“既明且哲，以保其身。”哲，智慧。 [2]“或曰”以下三句:有人问:幼稚蒙昧就能保全自己的生命，为什么还要明白事理呢?童蒙，蒙昧无知的样子。“童”为人之幼，“蒙”为物之稚，故“童蒙”以象无知。 [3]“曰”以下四句:回答说:君子所宝贵的，就在于凭借明白事理，保全自己的生命。越，犹“于”，在于。用，以，凭。明，明哲。慎，珍重。其，代词，指君子。 [4]“如庸行翳(yì)路”以下三句:如果糊里糊涂地行走在黑暗的道路上，乱碰乱撞地活着，君子是不赞成的。庸，愚昧。翳，遮挡，屏蔽，引申为幽暗不明。冲冲，通“憧憧”，形容行动杂乱无章、没有定向的样子。

[点评]

一个人无论是像孩童一般懵懵懂懂，还是努力学习、充满智慧，都能正常生存下去。但是扬雄认为君子追求的正是对世界有所认识的“明”，而不是糊里糊涂地过完一生。这表明扬雄认为人人都应有所追求，浑浑噩噩并不可取。

6.19 楚两龚之洁[1]，其清矣乎!蜀庄沉冥[2]。蜀庄之才之珍也[3]，不作苟见，不治苟得，久幽而不改其操，虽隋、和，何以加诸?举兹以旃[4]，不亦珍乎?吾珍庄也，居难为也。不慕由即夷矣[5]，何毚欲之有?

［注释］

[1]“楚两龚之洁”二句：楚人龚胜和龚舍洁身自好，大概算清高了吧！楚两龚，西汉末年的龚胜和龚舍，其事迹见《汉书·王贡两龚鲍传》。李轨注说：“楚人龚君宾、龚长倩也（据《汉书》本传，胜字君宾，舍字君倩，当从之）。当成、哀之世，并为谏大夫，俱著令闻，号曰‘两龚’。王莽篡位之后，崇显名贤，复欲用之，称疾，遂终身不仕，洁清其志者也。”洁，高尚。其，恐怕，大概。 [2]蜀庄沉冥：蜀人庄遵隐居不仕，甘于寂静。蜀庄，指西汉末年蜀人庄遵（或作“庄尊”），字君平，成都人。他隐居不仕，以卖卜为生，精于《周易》、老庄之学。著有《老子指归》。但诸书皆作“严君平”，称字无名。盖班固为避东汉明帝刘庄讳而改，后人从之。其事迹见《汉书·王贡两龚鲍传》《华阳国志·蜀郡士女赞》《高士传》。沉冥，隐居不仕。 [3]“蜀庄之才之珍也”以下六句：蜀人庄遵的品质是多么高尚呀！不作苟且的行为以显身扬名，不干苟且的事情以求得富贵，终身隐居不仕而不改变他的志操，即使像隋侯珠、和氏璧那样稀世的珍宝，又怎么比得过他那高贵的品质呢？见（xiàn），同“现”，显身扬名。幽，幽隐，与“沉冥”同义。操，节操，品格。隋，或作“随”，指隋侯之珠。和，指卞和之璧，又叫“和氏璧”。 [4]“举兹以旃（zhān）”以下四句：举出这些品质高尚的人作为表率，不是非常珍贵吗？我非常看重庄遵，因为他达到了很难达到的境地。旃，标志，表率。这里用作动词。珍，原作“宝”，珍视，看重。居难为，处于难为之境。 [5]“不慕由即夷矣”二句：不是爱慕许由，就是爱慕伯夷，哪里还会有贪婪的欲望呢？慕，羡慕，引申为学习的意思。由，指许由，我国古代传说中的隐士。据说尧曾想把帝位让给他，他不受而逃。其事迹可参看皇甫谧《高士传》和《庄子·逍遥游》。夷，伯夷，

商朝末年诸侯国孤竹君的长子。他不肯为国君逃至周，后又阻止周武王伐商。商亡，饿死在首阳山。其事迹见《史记·伯夷列传》。毚（chán），贪婪。

［点评］

扬雄在此处列举了龚胜和龚舍、庄遵、许由、伯夷的事例，都是在称赞他们能够保持自身品质的高洁，拒绝高官厚禄。由此，可知扬雄认为不为地位、富贵改变自身的思想是很难做到的。

6.20 或问[1]："尧将让天下于许由，由耻，有诸？"

曰[2]："好大者为之也。顾由无求于世而已矣。允喆尧儃舜之重，则不轻于由矣。好大累克[3]，巢父洗耳，不亦宜乎？灵场之威[4]，宜夜矣乎！"

［注释］

[1]"或问"以下四句：有人问：据说从前唐尧打算把帝位让给许由，许由认为这是耻辱。有这个事吗？诸，之乎。 [2]"曰"以下五句：回答说：那是好夸大其词的人编造出来的。实际上不过是许由对社会上的富贵权势没有什么追求罢了。如果真正了解唐尧对于把帝位传给虞舜是多么慎重，就知道他不会那么轻率地把帝位让给许由了。好大者，好夸大的人。为，造，作。顾，不

过。允，真正，确实。喆，同“哲”，明白、了解。亶（shàn），与“禅”通，传位、让位。重，慎重。 [3]“好大累克”以下三句：好夸大其词的人一再添枝加叶，越传越厉害。于是更出现了巢父听了唐尧打算把帝位让给许由的传言，认为这话玷污了自己的耳朵，赶紧到河边用水清洗耳朵的传说，这不也很自然吗？累，积累，增添。克，成，胜。巢父洗耳，传说许由曾把尧打算让天下给他的事告诉巢父，巢父认为这话玷污了他的耳朵，乃临池洗耳。 [4]“灵场之威”二句：祭祀鬼神的灵场那种威严的气氛，就只适合在夜里呀！意为禅让与祭祀一样，都是严肃、庄重的活动，不会随意为之，由此推论许由、巢父之事不可信。灵场，祭祀鬼神的地方。灵，通鬼神之巫叫“灵”，鬼神亦叫灵，如神灵、灵魂等。

[点评]

据史书记载，在四岳推荐舜可继帝位后，尧对舜进行了长时期、多方面的考察和试用，直到事实证明舜“足授天下”后，才“命舜摄行天子之政”，而且直到尧死后，舜才得“践天子位”，所以扬雄说尧禅位给舜是很慎重的。据此，扬雄认为唐尧打算把帝位让给许由的传言是不足信的。

6.21 朱鸟翾翾[1]，归其肆矣。

或曰[2]：“奚取于朱鸟哉？”

曰[3]：“时来则来，时往则往。能来能往者，朱鸟之谓与！”

［注释］

[1]“朱鸟翾（xuān）翾”二句：燕子轻盈地飞了回来，多么悠然自得呀！朱鸟，即燕子。《广雅·释鸟》：“玄鸟、朱鸟，燕也。”翾翾，轻轻地飞。肆，放纵不受拘束。　[2]“或曰”二句：有人问：燕子有什么可值得赞赏的呢？取，赞取。　[3]“曰”以下五句：回答说：时令来了就来，时令过去了就走。能按时来按时走的，就是燕子吧！

［点评］

燕子为候鸟，随季节变化南北迁徙，所以扬雄用来比喻君子应相机进退出处。

6.22　或问[1]：“韩非作《说难》之书，而卒死乎说难，敢问何反也？”

曰：“说难，盖其所以死乎！”

曰[2]：“何也？”

曰：“君子以礼动，以义止，合则进，否则退，确乎不忧其不合也。夫说人而忧其不合，则亦无所不至矣。”

或曰[3]：“说之不合，非忧邪？”

曰：“说不由道，忧也；由道而不合，非忧也。”

[**注释**]

[1] “或问”以下七句：有人问：韩非写了《说难》的著作，但终于死于游说之难，请问他失败的原因是什么？回答说：游说之难，大概就是他死的原因吧！《说难》，韩非著作的篇名，阐述了向君主游说的困难和危险。后人编入《韩非子》一书。卒，终于。　[2] “曰”以下十句：又问：为什么呢？回答说：君子根据礼义来决定做什么和不做什么。主张与君主相合就出仕，主张与君主不相合就归隐，坚守原则而不怕与君主不相合。如果游说别人而又忧虑主张不相合，那就会抛弃礼义而曲意逢迎，没有什么事是干不出来的了。　[3] “或曰”以下八句：继续问：游说却与君主的想法不相合，不应该忧虑吗？回答说：游说而不遵循正确的原则，是应该忧虑的；遵循正确的原则而与君主不相合，是不应该忧虑的。由，遵从，循顺。

[**点评**]

在扬雄看来，韩非死亡的原因也正是其获得权势的原因，即只是一味迎合、满足人君的需要。这与扬雄的处世原则正好相反，扬雄主张辅佐君主应当掌握进退之道，劝诫君主的话仍然要以符合圣道为标准，如果都以君主喜欢的言论作为劝诫内容，猜测君主的思想，总会出现问题。

6.23　或问哲[1]。

曰：“旁明厥思。”

问行[2]。

曰："旁通厥德。"

[注释]

[1]"或问哲"以下三句：有人问怎样是有智慧。回答说：能全面地明确自己的思想。旁，普，广。明，明确，即分清思想上的是非。厥，其。 [2]"问行"以下三句：问怎样是有德行。回答说：能全面地实践自己的道德。行，德行。通，达，贯。

[点评]

明确自己的思想，在行事上以自己的思想为导向。人应当思与行并重，这样才能获得美好的生活。

寡见卷第七

【题解】

本卷的主要内容是提倡根据儒家的五经，以圣人之道为标准，来修养自己和治理国家。

大家知道，孔子在我国历史上第一次对传世的古典文献进行了整理，并用以教授学生，其成果就是六经，即《周易》《诗经》《尚书》《礼经》《乐经》《春秋》，但《乐经》未能流传下来。其余五者流传下来，成为儒家的经典，故称之为“五经”。儒家本是先秦诸子百家中的一家，但自汉武帝接受董仲舒的建议，“罢黜百家，独尊儒术”并立五经博士以后，儒家思想遂超越其他诸家而成为国家的主流意识形态，于是儒家的五经也成为整个国家的文化经典。

对于五经，扬雄在《法言》中曾多次分别提到，但只有在本卷中，才对五经中各经的性质谈了自己全面的看法。

他认为,《周易》是讲说天道的,《尚书》是讲说政事的,《礼经》是讲说体制的,《诗经》是讲说志向的,《春秋》是讲说义理的，而且这些讲说都是最好的、不能超越的。扬雄对五经性质的这些说法，与《庄子・天下》《史记・太史公自序》《史记・滑稽列传》《汉书・艺文志》的说法有同有异，可以参看。扬雄还对司马迁认为五经不如《老子》的简要说法作了反驳，并指出这种认识是由于当时儒生对五经及其记传的解说过于浮华烦琐所引起的。

关于如何以圣人之道为标准来修养自己和治理国家，扬雄也作了多方面的论述。如对于“不得已”才学习“先王之道”的批评，认为只有全心全意致力于“圣人之道”才能够成为君子。认为见闻广博而又懂得正道，才是至善至美的见识；如果见闻广博却贪婪邪道，那就是昏惑害人的迷识。认为贤人谋划事情谋划得好，是因为委曲人而遵循正道；小人谋划事情谋划得不好，是因为歪曲正道以迁就人；等等。

7.1　吾寡见人之好假者也[1]。迩文之视[2]，迩言之听，假则偭焉。

或曰[3]：“曷若兹之甚也！先王之道满门。”

曰[4]：“不得已也，得已则已矣。得已而不已者，寡哉！”

［注释］

[1] 吾寡见人之好假（hào xiá）者也：我很少看见有人喜欢意

义深远的文章和言论。假，“遐”的古字，久远。这里是指具有远见卓识的文章和言论。 [2]“迩文之视”以下三句：人们总是喜欢看浅近的文章，听浅近的言论，碰到意义深远的文章和言论就转过身去，不想看也不想听。迩，近。偭（miǎn），背向、背对。 [3]“或曰”以下三句：有人说：哪有这样严重呀！学习古代圣王的学说的人充满了师门。甚，严重。先王，指儒家心目中的所谓古代圣王。满门，充满师门。 [4]“曰”以下五句：回答说：那是因为不能不学习。如果允许不学习自然就不会学习了。能不学习却不停止学习的人，太少了。不得已，无可奈何，不能不如此。

［点评］

扬雄认为很多人的读书是具有功利主义倾向的，因此，即便“先王之道满门”，但是这些人中很大一部分都是被迫读书罢了。就如当前的一些学生，学习是为了获得更好的就业机会，并非喜欢读书。现在看来，这两者并无高低之分，只是对于读书的认识不同。但是在扬雄看来，读书应当是为了“道”。

7.2 好尽其心于圣人之道者[1]，君子也。人亦有好尽其心矣，未必圣人之道也。

［注释］

[1]“好尽其心于圣人之道者”以下四句：喜欢全心全意致力于圣人学说的人，就是君子。人人都有喜欢竭力去做的事，但不一定是圣人的学说。

［点评］

每个人都有尽心的事情，但只有尽心于圣人之道，才能成为君子。

7.3 多闻见而识乎正道者[1]，至识也；多闻见而识乎邪道者[2]，迷识也。

［注释］

[1]“多闻见而识乎正道者”二句：如果见闻广博又懂得正确的道理，这是至善至美的见识。第一个“识”作动词，知道、懂得；第二个“识”是名词，见识、知识。至，极，最。这里是至善至美的意思。 [2]“多闻见而识乎邪道者”二句：如果见闻广博却迷恋邪恶的道理，这是昏惑迷人的见识。迷，昏乱，迷惑。

［点评］

如上文所言，扬雄强调，只有圣人之道才会使人成为君子，如果选择了异端邪说，越尽心尽力地学习，最终越会走向邪路。

7.4 如贤人谋之美也[1]，诎人而从道；如小人谋之不美也[2]，诎道而从人。

［注释］

[1]“如贤人谋之美也”二句：像贤人谋划事情谋划得那样好，是由于屈服人以遵循原则。诎，屈服。从，循，顺。 [2]“如小

人谋之不美也”二句：像小人谋划事情谋划得那样不好，是因为歪曲原则来顺从人。

［点评］

贤人、小人对其他人的影响是不同的，贤人使人行圣人之道，小人只会使人走向歧途。

7.5　或问[1]：“五经有辩乎？”

曰：“惟五经为辩[2]。说天者莫辩乎《易》[3]，说事者莫辩乎《书》，说体者莫辩乎《礼》，说志者莫辩乎《诗》，说理者莫辩乎《春秋》。舍斯[4]，辩亦小矣。”

郭店竹简《语丛一》：“《易》，所以会天道人道也。《诗》，所以会古今之志也者。《春秋》，所以会古今之事也。《礼》，交之行述也。”

［注释］

[1]“或问”二句：有人问：五经中有辩解、说明吗？　[2] 惟五经为辩：只有五经才称得上是“辩”。　[3]“说天者莫辩乎《易》”以下五句：讲说天道的书没有比《易经》辩解得更好的，讲说政事的书没有比《书经》辩解得更好的，讲说礼制的书没有比《礼经》辩解得更好的，讲说志向的书没有比《诗经》辩解得更好的，讲说义理的书没有比《春秋》辩解得更好的。事，事业，这里指古代的政事。体，体制，即我国古代以礼来总括国家的各种制度和规则。志，志向，意志。理，义理，道理，指行为所要遵循的道理和标准。据说孔子曾经修改《春秋》，用了许多特别的字眼，以表示他对各种人物和事件的褒贬，这里就是指微言大义。　[4]“舍斯”二句：除了五经，其他的辩解、说明都是微不

足道的。斯，此，指五经。

[点评]

儒家五经学说的内容涵盖了“天、事、体、志、理”的不同内容，总括世间万物，因此，儒家五经是必须学习的内容。

7.6 春木之芚兮[1]，援我手之鹑兮，去之五百岁，其人若存兮！

或曰[2]：“譊譊者，天下皆说也，奚其存？”

曰[3]：“曼是为也。天下之亡圣也久矣。呱呱之子，各识其亲；譊譊之学，各习其师。精而精之，是在其中矣。”

[注释]

[1]“春木之芚（tún）兮”以下四句：春天的草木多么蓬勃茂盛，圣人引导我多么伟大纯美，虽然已经死了五百年，圣人还像活在世上呀！芚，草木初生的样子，古作“屯”。援我手，指引我、帮助我。鹑，借为“纯”，伟大、精美的意思。去，距离。之，代词，指下面的“其人”。其人，指孔子。 [2]“或曰”以下四句：有人问：争辩不休，是天下人都喜欢的，圣人的道理在哪里呢？譊（náo）譊，争辩貌。说（yuè），即“悦”。奚其，哪里。 [3]“曰”以下九句：回答说：不要这样认为。天下没有圣人已经很久了。呱呱啼哭的小孩，各自认识他们的父母；争辩不

休的学者，各自学习他们的老师。只要不断努力、精益求精，圣人的道理就在里边了。曼是为，不要这样做，不要这样说。曼，无，莫。为，作，行。指上句或人所说的话。呱（gū）呱之子，呱呱哭的不懂事的小孩子。呱呱，婴儿哭声。精而精之，精通而又精通。精，精通。是在其中，圣人之道就在里边了。是，正确的道理，指圣人之道。

［点评］

崇圣是汉代儒学的主张，但对何为圣人之道，人们却存在不同的认识。扬雄主张要听从自己老师的教导，对所学的内容不断深化，这样就接近圣人之道了。

7.7 或曰[1]："良玉不雕，美言不文，何谓也？"

曰[2]："玉不雕，玙璠不作器；言不文，典谟不作经。"

《礼记·学记》："玉不琢，不成器；人不学，不知道。是故古之王者建国君民，教学为先。"

［注释］

[1]"或曰"以下四句：有人问：人们说美好的玉石不用雕琢，善良的语言不需文采。为什么这样说呀？美言，善言。文，文饰，文采。 [2]"曰"以下五句：回答说：玉石如果不加雕琢，就不会有玙璠这样精美的器皿；语言如果没有文采，就不会有《尧典》《皋陶谟》这样珍贵的经典。玙璠（yú fán）：或作"璠玙"，古代贵族佩戴的一种美玉。作，为，成。器，器具。经：经典。

［点评］

“良玉不雕”“美言不文”可能是道家一派的言论，扬雄从儒家的立场出发，主张美玉仍需要雕琢，文字需要修饰。

7.8 或问[1]：“司马子长有言曰：五经不如《老子》之约也，当年不能极其变，终身不能究其业。”

曰：“若是[2]，则周公惑，孔子贼。古者之学耕且养[3]，三年通一。今之学也，非独为之华藻也，又从而绣其鞶帨。恶在老不老也？”

或曰：“学者之说可约邪[4]？”

曰：“可约解科[5]。”

［注释］

[1]“或问”以下五句：有人问：司马迁曾经说过：儒家的五经不如《老子》简要。一生都不能熟悉它们的各种变异，终身也不能掌握它们的全部内容。司马子长，司马迁。约，简要。当年，终生。极，穷尽。变，物极谓之变。究，穷尽。业，指学业，即学习的内容。 [2]“若是”以下三句：如果真是这样，那么周公、孔子都成了迷惑者、残害者。惑，迷惑。 [3]“古者之学耕且养”以下六句：古人一边学习，一边耕田养家，三年就能通晓一部经典。现代人学习起来，不但对五经进行繁复的讲说，还对讲说五经的书传进行烦琐的解释。哪里是由于五经不像《老子》

那样简要呢？这是用比喻来说明当时的儒生怎样把儒家经传的解释搞得十分烦琐，其详情可参看班固《汉书·艺文志》。贼，残害。之，其，指五经。华藻，文采修饰。鞶帨（pán shuì），在这里都是用以喻身外之物，并非确指某件东西。帨，古人用的佩巾。鞶帨连用，鞶当指盛帨巾的小囊。恶（wū），何，岂。在，于，由。老不老，当作“不老”，前一个“老”字为衍文。老，指《老子》。 [4] 学者之说可约邪：现在的学者对经传的解说可以省简吗？约，省简。 [5] 可约解科：可以省简，并且分清条理，就便于学习了。解，判别，划分。科，条理，品类。

［点评］

此内容主要记述了扬雄对于选官策问考试内容的分析。儒家学说相比较其他学说，内容更加丰富、驳杂，这就导致很多人终其一生也未必能够“读完”，后人对其继续注解，更是增加学习难度，司马迁父子据此对经学内容产生不满。比如司马迁在《史记·太史公自序》里曾引用其父司马谈“论六家之要指”的话，说道家“指约而易操，事少而功多”，并批评儒家说：“儒者以六艺为法。六艺经传以千万数，累世不能通其学，当年不能究其礼，故曰博而寡要，劳而少功。”扬雄同样看到这一点，而他将五经繁杂的原因归结于当时的策试制度，认为是考试内容导致五经的繁杂化，同时还提出了改革方式，那就是增加儒家学说的条理性，提高儒家学说的可学性。

7.9　或曰[1]：“君子听声乎？”

曰："君子惟正之听[2]。荒乎淫[3]，拂乎正，沉而乐者，君子不听也。"

[注释]

[1]"或曰"二句：有人问：君子听音乐吗？声，音乐。 [2]君子惟正之听：回答说：君子只听庄重的雅乐。正，正声，即所谓雅乐。这里是指符合儒家标准的音乐。 [3]"荒乎淫"以下四句：对那些放纵淫乱、违背庄重高雅，使人沉溺其中而自以为快乐的音乐，君子是不听的。荒，迷乱，放纵。淫，淫声，指不符合儒家正统的音乐。拂，违逆，违背。世德堂本作"佛"。沉，沉溺。乐（lè），快乐。

[点评]

在儒家学说中，"乐"与"礼"是紧密相关的，乐也具有教化作用。扬雄在此处强调君子听雅乐，而非放纵淫乱、违背庄重高雅，使人沉溺其中而自以为快乐的音乐。

《论语·阳货篇》："子曰：饱食终日，无所用心，难矣哉！不有博弈者乎？为之犹贤乎已！"

7.10 或问："侍君子以博乎[1]？"

曰："侍坐则听言[2]，有酒则观礼，焉事博乎？"

或曰："不有博弈者乎[3]？"

曰："为之犹贤于已耳[4]。侍君子者贤于已乎[5]？君子不可得而侍也。侍君子[6]，晦斯光，窒斯通，亡斯有，辱斯荣，败斯成。如之何贤于已也？”

［注释］

[1] 侍君子以博乎：可以用博弈来陪侍君子吗？侍，陪伴。博，古代的一种棋戏。两人对局，掷骰子胜的行棋。 [2]“侍坐则听言”以下三句：陪侍君子坐着就听君子讲话，参加宴会就看君子行礼，为什么要进行博弈呢？事，进行，从事。 [3] 不有博弈（yì）者乎：古代不是有博弈的人吗？弈，下围棋。 [4] 为之犹贤于已耳：那是因为博弈总比饱食终日而无所用心稍好一些。为，从事。之，代词，指博弈。贤，胜过。已，止，指闲着没事干。或说应释为“此”，指饱食终日，无所用心。 [5]“侍君子者贤于已乎”二句：难道陪侍君子也是只比饱食终日而无所用心稍好一些吗？这样想的人就不配陪侍君子。 [6]“侍君子”以下七句：陪侍君子，可以使昏暗变为光明，阻塞变为通畅，空虚变为充实，耻辱变为光荣，失败变为成功。哪里是只比饱食终日而无所用心稍好一些呢？晦，昏暗。斯，则，乃。窒，阻塞。亡，无，没有。

［点评］

此内容强调君子对身边人有很强的影响作用，近似“近朱者赤，近墨者黑”之义。与君子的相处绝不是“饱食终日，无所用心”，而是应该学习他的讲话、他的行为，在他的影响下，重新学习如何待人接物，如何处理事务。

7.11 鷦明冲天[1]，不在六翮乎！拔而傅尸鸠[2]，其累矣夫！

［注释］

[1]“鷦（jiāo）明冲天”二句：鷦明一飞就能直上青天，不是由于它有六根粗壮的羽茎！鷦明，或作“焦明”，传说中的五方神鸟之一。冲天，直至天，形容飞得很高。翮（hé），鸟翎的主茎。 [2]“拔而傅尸鸠”二句：如果将它拔下来附加在尸鸠的身上，恐怕就是累赘了！傅，附着，附加。尸鸠，或作“鸤鸠”，俗名“布谷鸟”。其，恐怕，大概。累，牵累，累赘。

［点评］

扬雄将鷦明、尸鸠两者进行对比，认为飞得很高并不是在于翅膀的力量，因为即便是尸鸠拥有了鷦明的翅膀，不仅不能助其飞高，恐怕还会成为累赘。扬雄借此说明，自身实力（内心修养）如果水平有限的话，即便拥有了外界的助力恐怕也很难获得好的结果。

7.12 雷震乎天[1]，风薄乎山，云徂乎方，雨流乎渊，其事矣乎！

［注释］

[1]“雷震乎天”以下五句：雷在天空震响，风从山上刮过，云飞向八方，雨流入深渊，天是多么勤劳呀！薄，迫，有逼近、压制等义。云徂（cú）乎方，云飞向四面八方。徂，往，逝。方，

方位，方向，引申为四面八方。事，勤劳。

［点评］

天都这样勤劳，人该怎么样呢？李轨注此句说："言此皆天之事矣，人不得无事也。天事雷风云雨，人事诗书礼乐也。"因此，扬雄强调人应该向天学习，天有职责，人也有自身的责任。

7.13 魏武侯与吴起浮于西河[1]，宝河山之固。

起曰[2]："在德不在固。"

曰："美哉言乎[3]！使起之固兵每如斯[4]，则太公何以加诸！"

［注释］

[1]"魏武侯与吴起浮于西河"二句：魏武侯和吴起泛舟在西河之上，赞美魏国河山的险固。魏武侯，姓魏名击，战国初年魏国的君主，前 387 至前 371 年在位。吴起（约前 440—前 381）：卫国左氏人，战国初年著名的军事家和政治家。曾任魏国的西河守，后奔楚辅佐楚悼王变法。楚悼王死后，为楚贵族杀害。《汉书・艺文志》有《吴起》四十八篇，已佚。今本《吴子》乃后人伪托。其事迹见《史记・孙子吴起列传》。浮，泛舟。西河，龙门以下为今陕西与山西二省分界的一段黄河，因当时在魏国西部，故称"西河"。 [2]"起曰"二句：吴起说：国家的安全在于君主的德政而不在于河山的险固。 [3] 美哉言乎：这话说得好

呀！　[4]“使起之固兵每如斯”二句：如果吴起总是按照这个道理去巩固国家的军事力量，就是姜太公又有什么可以胜过他呢！太公，姓姜，名尚，字子牙。因封地在吕，所以又叫吕尚。辅佐周武王灭纣，因功被封在齐，成为齐国的始祖。其事迹见《史记·齐太公世家》。加，凌驾，胜过。

［点评］

《史记·孙子吴起列传》中记载了魏武侯和吴起的对话：“武侯浮西河而下，中流，顾而谓吴起曰：‘美哉乎山河之固，此魏国之宝也！’起对曰：‘在德不在险……若君不修德，舟中之人尽为敌国也。’武侯曰：‘善。’”扬雄借此说明国家的长治久安不能依靠山河险峻，而需要君主自身的德行。这也是儒家普遍的战争观念，认为解决战争的根本在于“以德治民”，如孔子所说：“远人不服，则修文德以来之。”

7.14　或问[1]：“周宝九鼎，宝乎？”曰：“器宝也[2]。器宝待人而后宝。”

［注释］

[1]“或问”以下三句：有人问：周朝王室把象征国家权力的九鼎当作宝物，九鼎是宝物吗？宝，前一个“宝”作动词，珍贵、珍重。后一个“宝”是名词，宝物。九鼎，鼎是古代用来盛放、烹饪大件食品的一种金属容器，多为圆形，三足两耳，象征天下的权力。　[2]“器宝也”二句：回答说：九鼎不过是一种珍贵的

器皿。珍贵的器皿需要依靠有德的人才能成为宝物。器宝，器具之宝，即宝贵的器具。

［点评］

九鼎本身的价值是有限的，但是赋予其政治意义之后就具有了很高的价值。同时，只有有德义之人，或者说只有被整个国家承认的人拥有的九鼎才会具有很强的政治意义。假如统治者德行有失，不被民众所承认，那么即便其拥有九鼎，也很难真正成为一国之君。

7.15　齐桓、晋文以下[1]，至于秦兼，其无观已。

或曰[2]："秦无观，奚其兼？"

曰[3]："所谓观，观德也；如观兵，开辟以来，未有秦也。"

［注释］

[1]"齐桓、晋文以下"以下三句：从齐桓公、晋文公以下，一直到秦国兼并天下，几乎没有什么可以令人赞赏的。齐桓，齐桓公，姓姜，名小白，春秋时期诸侯国齐国的国君，前 685 至前 643 年在位。他任用管仲，进行改革，使齐国强盛起来。又以"尊王攘夷"为号召，卫护周王室的共主地位，帮助中原一些国家打退外族的侵犯，多次和诸侯会盟，成为春秋时期的第一个霸主。其事迹见《史记·齐太公世家》。晋文，晋文公，姓姬，名重耳，

春秋时期诸侯国晋国的国君，前636至前628年在位。他因弟兄争位，在外流落十九年，六十二岁才成为国君。但即位后能团结人，使晋国很快强盛起来，成为中原各诸侯国的霸主。其事迹见《史记·晋世家》。其，恐怕，大概。观，瞻望，有赞美、仰慕的意思。已，同“矣”。 [2]“或曰”以下三句：有人问：秦国没有什么可以令人赞赏的，为什么能兼并天下呢？ [3]“曰”以下六句：回答说：我所说的令人赞赏，是令人赞赏道德；如果说令人赞赏兵力，从开天辟地以来，没有能比得上秦国的。开辟以来，开天辟地以来，自从有人类以来。

[点评]

在齐桓公、晋文公、秦国统治时，国力虽然强盛，但是是以武力统治换取的。这与儒家学说一向以德行为治国之本的观点相左。本内容仍然在强调君主治理国家不能只单纯依靠武力，还需要德行。

7.16 或问[1]：“鲁用儒而削，何也？”

曰[2]：“鲁不用儒也。昔在姬公[3]，用于周，而四海皇皇，奠枕于京。孔子用于鲁，齐人章章，归其侵疆。鲁不用真儒故也[4]。如用真儒，无敌于天下，安得削？”

[注释]

[1]“或问”以下三句：有人问：鲁国任用儒士，却使国势削弱，这是为什么呢？鲁，周代诸侯国之一。周武王灭商，封周公

姬旦于鲁。由于姬旦留在中央辅佐周王，令其子伯禽就国，是为鲁之始祖。至前256年，为楚所灭。削，削弱，这里指国土被侵夺。［2］“曰”二句：回答说：鲁国是不任用儒士的。［3］“昔在姬公”以下七句：从前周公姬旦被周朝任用，使天下诸侯都急忙前来朝贡，车子停于镐京。孔子被鲁国任用，齐国人心神不安，赶快归还先前侵夺的鲁国土地。姬公，即周公姬旦，因其采邑在周（今陕西宝鸡岐山县北），故又称“周公”。他是周朝初年著名的政治家，儒家心目中的圣人。皇皇，同“遑遑”或“惶惶”，匆忙不安的样子。奠，停放。枕，通“轸”，车后横木，故常用以喻车。京，京师，指西周的都城镐京。齐，周代诸侯国之一。章章，彷徨不定、心神不安的样子。归其侵疆，指齐国把以前侵夺的郓、龟阴之田还给鲁国之事，见《春秋·定公十年》。［4］“鲁不用真儒故也”以下四句：鲁国国势削弱，是因为没有任用真正的儒士。如果任用真正的儒士，就会强大得无敌于天下，怎么会削弱呢？安，怎么，哪里。

［点评］

扬雄提出“真儒”，意在表明学习儒家学说的并不是都可以被称为“真儒”，只有孔子、周公这样的才是“真儒”。如果国家不能任用真正学会了儒家学说的臣子，自然就很难长久下去。扬雄依然在强调，国家的发展必须以儒家学说为准则。

7.17　灏灏之海[1]，济，楼航之力也。航人无楫[2]，如航何？

[注释]

[1]“灏灏之海”以下三句：面对浩瀚的海洋，要渡过去，依靠的是大船。灏灏，同“浩浩”，广大的样子。五臣注本作“浩浩”。济，渡。楼航，有楼的大船。力，力量，效能。 [2]“航人无楫”二句：可是如果驾船的人没有划船的桨，又怎么驾船呢？航人，驾驶船只的人。楫，划船的桨。如航何，奈船何，怎么驾驶船呢？

[点评]

治国犹如驾船，需要相适应的工具，才能行驶得动船只，治理好国家。

7.18 或曰[1]：“奔垒之车，沉流之航，可乎？”

曰[2]：“否。”

或曰：“焉用智？”

曰[3]：“用智于未奔沉。大寒而后索衣裘，不亦晚乎？”

[注释]

[1]“或曰”以下四句：有人问：倾覆在敌人营垒前的战车，沉没在江河中的航船，还可以挽救吗？奔（fèn），通“偾”，覆败。垒，壁垒，古时军营的围墙。 [2]“曰”以下四句：回答说：不可以。有人问：那么智谋还有什么用呢？ [3]“曰”以下四句：

回答说：智谋要用在战车还没有倾覆、航船还没有沉没的时候，等到战车已经倾覆、航船已经沉没的时候才来想办法，就好像天气已经非常寒冷了才去寻求皮袄，不是太晚了吗？索，求，寻。裘，皮袄。

［点评］

此内容与“防患于未然”相似，扬雄强调智谋的重要性，并且认识到必须抓住时机运用计谋。

7.19　乘国者[1]，其如乘航乎？航安，则人斯安矣。

［注释］

[1]“乘国者”以下四句：治理国家，大概就像驾驶航船吧！航船平安无事，那么驾驶航船的人也就平安无事了！乘，治理。其，或者，大概。航，船。

［点评］

如上文所言，治国如乘船，而只有国家安定，百姓生活才能安定。

7.20　惠以厚下[1]，民忘其死；忠以卫上，君念其赏。自后者[2]，人先之；自下者，人高之。诚哉[3]！是言也。

［注释］

[1]“惠以厚下”以下四句：君上仁爱而宽厚地对待属下，民众就会不惜生命地效忠君上；属下忠诚地保卫君上，君上就会想着赏赐属下。惠，仁爱。厚，宽厚。下，下级，下属，指“民”。卫，保卫。上，上级，上层统治者，指“君”。 [2]“自后者”以下四句：自己谦让退居后边的人，别人就会推崇他到前边去；自己谦让退居下面的人，别人就会抬举他到上面去。四句话里的“后”“先”“下”“高”四个字都作动词，两个“之”字是代词，指前面的“者”。 [3]“诚哉”二句：这话说得真对呀！诚，真实。

［点评］

此章内容与孔子“君使臣以礼，臣事君以忠”（《论语·八佾篇》）的主张相似，确立君主与臣子两者相互的关系。君主厚待臣子，臣子才会对君主忠心，与之相反亦然。这就与逐渐形成的臣子对君主绝对的忠有了区别。

《礼记·大学》：“孟献子曰：‘畜马乘不察于鸡豚，伐冰之家不畜牛羊，百乘之家不畜聚敛之臣，与其有聚敛之臣，宁有盗臣。’此谓国不以利为利，以义为利也。”

7.21 或曰[1]：“弘羊榷利而国用足，盍榷诸？”

曰[2]：“譬诸父子。为其父而榷其子，纵利，如子何？卜式之云[3]，不亦匡乎！”

［注释］

[1]“或曰”以下三句：有人问：桑弘羊对盐铁实行朝廷专利，

朝廷的费用就充足了，现在为什么不实行朝廷专利呢？弘羊，即桑弘羊（约前 155—前 80），西汉著名的财政家。其事迹和思想可参看《史记·平准书》《汉书·食货志》《汉书·公孙刘车王杨蔡陈郑传》《盐铁论》。榷（què），国家对商品实行专卖专利叫“榷”。盍，何不。诸，之乎。 [2]“曰”以下五句：回答说：朝廷和百姓就好像父亲和儿子。为了父亲而向儿子实行专利，即使父亲能得到利益，儿子又怎么样呢？诸，之于。纵，即使。 [3]“卜式之云”二句：卜式说应该杀死桑弘羊、废除朝廷专利，不是很对吗？卜式之云，卜式的话。据《史记·平准书》记载，元封元年（前 110）天旱，武帝令百官求雨，卜式说：“县官当食租衣税而已，今弘羊令吏坐市列肆，贩物求利。亨弘羊，天乃雨。”《汉书·食货志》也有记载，意思相同，文字小异。卜式，西汉武帝时河南人，以牧羊致富。由于数次捐献家财帮助汉廷征伐匈奴而得官，最高时曾任御史大夫。后来由于反对盐铁官营和“不习文章”而被贬。其事迹见《汉书·公孙弘卜式兒宽传》。匡，正。

［点评］

桑弘羊在汉武帝时期所实行的商业政策（盐铁官营、酒类专卖、禁止私人铸钱等政策，并设均输、平准等官，买贱卖贵等），虽然使国家增加了收入，但是最终苦了老百姓。扬雄认为富国之术在于“不与民争利”，这显然与桑弘羊的政策不同，这也符合儒家一直以来坚持的“藏富于民”的理念。同时，扬雄所举例的“父子”关系，也体现出其关于国家（君主）、民众关系的认识，即君主应“爱民如子”。

7.22　或曰[1]："因秦之法，清而行之，亦可以致平乎？"

曰[2]："譬诸琴瑟。郑、卫调，俾夔因之，亦不可以致《箫韶》矣。"

[注释]

[1]"或曰"以下四句：有人问：承袭秦朝的法度，清明地加以实行，也可以达到天下太平吗？因，承袭。法，制度。清，清明，清平。致，达到。平，太平。　[2]"曰"以下五句：回答说：譬如演奏音乐。如果是郑、卫音乐的曲调，就是让帝舜时著名的乐官夔来演奏，也不可能奏出像帝舜时的《箫韶》那样的雅乐来。郑、卫调，郑、卫音乐的调子。儒家认为古代郑、卫二地的音乐是淫声，不符合官方正统的所谓雅乐。俾，使。夔（kuí），古史传说中的著名音乐家，舜时的乐官。《箫韶》，或作"《箾韶》"，传说中舜时的音乐名，儒家心目中的音乐典范。

[点评]

扬雄认为，"因秦之法，清而行之"，也是不能达到太平之治的。秦朝执行的是法家的政策，儒家认为秦政是昏乱黑暗政治的典型，是根本要不得的。因此，扬雄对于秦朝的认识与汉代主流思想一致，认为秦朝以法家思想为治理根基；通过音乐演奏的例子，说明治理国家如果是以法家为本的话，根基就是错误的，那么国家只会越发展越走向歧路。

7.23 或问[1]："处秦之世，抱周之书，益乎？"

曰[2]："举世寒，貂狐不亦燠乎？"

或曰[3]："炎之以火，沃之以汤，燠亦燠矣。"

曰[4]："燠哉，燠哉！时亦有寒者矣。"

［注释］

[1]"或问"以下四句：有人问：生活在秦朝的社会里，抱着周朝传下来的经书读，有益处吗？周之书，指儒家传习的古代文献，如五经等。益乎，有好处吗？ [2]"曰"以下三句：回答说：普天下都寒冷，你穿上皮袄不就暖和了吗？举，皆，全。世，世界。寒，冷，喻个人或国家的不治。貂（diāo）狐，这里是指用貂皮或狐皮做的衣服。燠（yù），温暖，喻个人或国家的得治。 [3]"或曰"以下四句：有人问：要暖和，用火取暖，用热水洗澡，也一样暖和呀。炎，焚烧。沃，浇灌。汤，热水。 [4]"曰"以下四句：回答说：暖和呀！暖和呀！但世上还是有寒冷的人呀。意谓秦法并不能使天下普遍长久得到治平。

［点评］

儒家以周政为完美政治的典型，而以秦政为反面典型，故有人问，处秦之世，周代的政治理想还有用处吗？扬雄认为是有用处的，这就好比寒冷之时，穿上皮袄当然有用处。虽然生火取暖、热水洗澡，也可以保持温暖，但这只有少数人可以做到，多数人依然饥寒交迫。而只有行周政，才能给天下所有人送来御寒的皮袄。

7.24 非其时而望之[1]，非其道而行之，亦不可以至矣。

[**注释**]

[1]“非其时而望之”以下三句：不是那样的时机，却抱着那样的奢望；不是通往目标的道路，却要顺着它走下去，这是不可能达到目的的。时，时机。望，希望。道，道路，引申为理论、方针。至，到，达。

[**点评**]

本身选择的道路就是错误的，即便走得再远也不会达到期待中的目标。扬雄仍然是在强调，治理国家应该选择儒家学说。

7.25 秦之有司负秦之法度[1]，秦之法度负圣人之法度。秦弘违天地之道[2]，而天地违秦亦弘矣。

[**注释**]

[1]“秦之有司负秦之法度”二句：秦朝的官吏，败坏了秦朝的法令制度；秦朝的法令制度，违背了圣人的法令制度。有司，

各部门的官吏。负，违背，败坏。法度，法令制度。 [2]“秦弘违天地之道”二句：秦朝这样严重地违反天地的规律，所以天地也大大地违背秦朝的愿望，（使它很快就灭亡了）。弘，大。天地之道，天地所规定的圣人之道，治理国家的方针原则等。

［点评］

以秦朝作为例子，再次说明秦朝以法家学说作为治国的基本思想违背了“天地之道”，与之相对的，扬雄认为儒家学说是需要坚持的治国之道。

五百卷第八

【题解】

在本卷中，扬雄除继续论说他对儒家“圣人”和“圣人之道”的看法外，值得注意的是他以儒家的“圣人之道”为标准，比较全面地对其他各家的学说进行了评判。

关于先秦以至汉代诸子百家学派的划分，历史上有各种不同的归纳和概括。如《庄子·天下》《尸子·广泽》《荀子·非十二子》《荀子·解蔽》《韩非子·显学》《吕氏春秋·不二》《淮南子·要略》《史记·太史公自序》《汉书·艺文志》等，都对历史上的学术流变、学术派别、各派的学术观点有所论列。虽然各自的立场、论述的详略有所不同，对研究先秦以至汉代的思想史，都有其参考价值。

但到了扬雄的时候，有相对丰富的思想理论，能自成一家之言，有所流传因而在社会上有较大影响的，基本上不过儒、道、名、法、墨、阴阳数家。对儒家以外的各家，扬雄在《法言》中都有所涉及。但只有在本卷中，扬雄才从儒家的立场出发，对除名家以外的各派全面地作了评判（对名家公孙龙的评判见《吾子》2.8），他说："庄、杨荡而不法，墨、晏俭而废礼，申、韩险而无化，邹衍迂而不信。"（《五百》8.28）应当说，扬雄虽然是站在儒家的立场上对各家进行评判，但他对各家缺点的批评，还是有一定道理的。

此外，扬雄还在本卷一开始就反驳了"五百岁而圣人出"神秘的宿命论观点。这本来是孟子的观点。《孟子·公孙丑下》："五百年必有王者兴。"《孟子·尽心下》："由尧、舜至于汤，五百有余岁，……由汤至于文王，五百有余岁，……由文王至于孔子，五百有余岁，……"扬雄却说："尧、舜、禹，君臣也，而并；文、武、周公，父子也，而处；汤、孔子，数百岁而生。因往以推来，虽千一不可知也。"认为从已有的事实可以看出，一千年里能否出现一个圣人，都是可能的，不可能预先知道。因此，"五百岁而圣人出"的论断是站不住脚的。可见扬雄虽然推崇孟子，但并不迷信孟子。

扬雄在本卷中还讲到古代的占星学和一些天文知识，也不乏有一定参考价值的思想。如认为人事的吉凶决定于道德，而不是决定于星象，月亮的盈缺是由于月亮迎着太阳反射阳光的缘故等。

《孟子·公孙丑下》："五百年必有王者兴，其间必有名世者。"《孟子·尽心下》："由尧、舜至于汤，五百有余岁，……由汤至于文王，五百有余岁，……由文王至于孔子，五百有余岁，……由孔子而来至于今，百有余岁，去圣人之世若此其未远也，近圣人之居若此其甚也，然而无有乎尔，则亦无有乎尔。"

8.1　或问[1]："五百岁而圣人出，有诸？"

曰[2]："尧、舜、禹，君臣也，而并；文、武、周公[3]，父子也，而处；汤、孔子[4]，数百岁而生。因往以推来[5]，虽千一不可知也。"

[注释]

[1]"或问"以下三句：有人问：有人说每过五百年就有圣人出现，有这种事吗？ [2]"曰"以下四句：回答说：唐尧、虞舜、夏禹是君臣，同时生活在世上。 [3]"文、武、周公"以下三句：周文王、周武王、周公姬旦是父子，共同生活在一起。处，并处，即生活在同时。 [4]"汤、孔子"二句：从商汤到孔子，好几百年才出一个圣人。 [5]"因往以推来"二句：由过去推测未来，一千年里能否出现一个圣人，都是无法确定的。

[点评]

孟子曾提出"五百年必有王者兴"，本章对此质疑。在圣人的问题上，扬雄主张"人人都可为圣人"。

8.2 圣人有以拟天地而参诸身乎[1]！

[注释]

[1] 圣人有以拟天地而参诸身乎：圣人是可以做到效法天地，与天地并列为三的。以，缘由，缘故。拟，模拟，效法。参诸身，参之于身，使身与天地相配而为三。

［点评］

圣人的地位如同天地，扬雄将儒家圣人的地位看得极高。

8.3 或问[1]："圣人有诎乎？"

曰："有。"

曰[2]："焉诎乎？"

曰："仲尼于南子，所不欲见也；阳虎，所不欲敬也。见所不见，敬所不敬，不诎如何？"

曰[3]："卫灵公问陈，则何以不诎？"

曰[4]："诎身将以信道也。如诎道而信身，虽天下，不为也。"

《史记·孔子世家》："灵公夫人有南子者，使人谓孔子曰：'四方之君子不辱欲与寡君为兄弟者，必见寡小君。寡小君愿见。'孔子辞谢，不得已而见之。夫人在絺帷中。孔子入门，北面稽首。夫人自帷中再拜，环佩玉声璆然。孔子曰：'吾乡为弗见，见之礼答焉。'子路不说。孔子矢之曰：'予所不者，天厌之！天厌之！'"

［注释］

[1]"或问"以下四句：有人问：圣人有委曲求全的时候吗？回答说：有。诎（qū），屈服，妥协。 [2]"曰"以下十句：问：怎么委曲求全的呀？回答说：孔子对于南子，是不愿意和她见面的，但还是见面了；对于阳虎，是不愿意和他来往的，但还是来往了。和不愿见面的人见面，和不愿来往的人来往，不是委曲求全是什么呢？南子，春秋末年卫灵公夫人，当时把持着卫国国政，且行为不端，名声不好。所不欲见，不希望见她。孔子见南子的事详见《史记·孔子世家》，又见《论语·雍也篇》。阳虎，或作"阳货"，春秋末年鲁国大夫季氏的家臣。当时奴隶制度日趋没落，权力下移。季氏已经几代把持鲁国政权，这时阳虎又把持了季氏

的权柄，出现了孔子所谓“陪臣执国命”（《论语·季氏篇》）的情况。 [3]“曰”以下三句：问：卫灵公询问军事，为什么不是委曲求全呢？卫灵公，春秋末年诸侯国卫国的国君，前534至前493年在位。陈（zhèn），即“阵”，这里指战争、军队等。 [4]“曰”以下五句：回答说：委屈自己是为了伸张道义。如果要委曲道义来伸张自己，即使能得到整个天下，圣人也是不干的。将，乃。信，与“伸”通。虽天下，即使可以得天下。

［点评］

在一般的事情上，即使圣人孔子也会委曲求全，灵活应变；但在重大事情上，圣人则绝不会放弃自己的原则。所以我们要将灵活性与原则性相结合，经权并用。

8.4 圣人重其道而轻其禄[1]，众人重其禄而轻其道。圣人曰[2]：“于道行与？”众人曰：“于禄殖与？”

［注释］

[1]“圣人重其道而轻其禄”二句：圣人重视他信奉的道而轻视他的俸禄，一般人重视他的俸禄而轻视他信奉的道。重，重视。轻，轻视。禄，俸禄，指职位及报酬。 [2]“圣人曰”以下四句：圣人问：道实行了吗？一般人问：俸禄增加了吗？于，句首助词，没有实义。殖，增殖。

[点评]

儒家重视义利之辨，本章论道与禄，即属于这方面的内容。

8.5 昔者齐、鲁有大臣[1]，史失其名。

曰："何如其大也[2]？"

曰[3]："叔孙通欲制君臣之仪，征先生于齐、鲁，所不能致者二人。"

曰[4]："若是，则仲尼之开迹诸侯也，非邪？"

曰[5]："仲尼开迹，将以自用也。如委己而从人，虽有规矩准绳，焉得而用之？"

[注释]

[1] "昔者齐、鲁有大臣"二句：从前齐、鲁曾出现过伟大的人物，但史书上漏记了他们的名字。昔者，古时候。齐、鲁，今山东一带，古时为齐国和鲁国之地，故称之为齐、鲁。大臣，这里指有德行的人物。 [2] 何如其大也：为什么说伟大呢？ [3] "曰"以下四句：回答说：叔孙通打算替皇帝制定君臣之间的礼仪，向齐、鲁征召儒士，未能招来的有两个人（我说的就是他们）。叔孙通，姓叔孙，名何，秦汉之际薛县人。曾任秦博士，后归汉。其事迹见《史记·刘敬叔孙通列传》和《汉书·郦陆朱刘叔孙传》。先生，古代对有学问有道德的人的尊称，这里指儒生。 [4] "曰"以下四句：有人问：如果这样，那么孔子周游列国企求任用，错了吗？开，展布。迹，足迹。 [5] "曰"以下六句：回答说：孔子周游

列国企求任用，是为了使自己的主张得到施行。如果放弃自己的主张而按照别人的意见行事，即使有正确的方针、原则，又怎能使它们得到施行呢？委，屈，弃。从，循，顺。规矩准绳，喻规则制度。规，圆规。矩，方尺。准，水平仪。绳，划直线的墨绳。

［**点评**］

本章将孔子与叔孙通进行比较，认为叔孙通是可以为了私利而改变内心信仰的人，孔子虽然也热心出仕，但是能坚守内心的信仰。扬雄主张士人不应被个人私欲影响，而应坚持内心的公义。

8.6 或问[1]：“孔子之时，诸侯有知其圣者与？”

曰：“知之。”

“知之则曷为不用[2]？”

曰：“不能。”

曰[3]：“知圣而不能用也，可得闻乎？”

曰[4]：“用之则宜从之，从之则弃其所习，逆其所顺，强其所劣，捐其所能。冲冲如也。非天下之至[5]，孰能用之？”

［**注释**］

[1]“或问”以下五句：有人问：孔子在世的时候，各国国君

有知道他是圣人吗？回答说：知道。 [2]“知之则曷为不用”以下三句：既然知道，那么为什么不任用呢？回答说：不能用。曷为，何为，为什么。 [3]“曰”以下三句：又问：知道他是圣人却不能任用他，其中的原因可以说出来听听吗？ [4]“曰”以下七句：回答说：任用圣人就要听从圣人；听从圣人，就要丢掉自己原来所熟悉的，违反自己原来所习惯的，增加自己原来所缺乏的，抛弃自己原来所擅长的。结果就会使自己心神恍惚、坐立不安。之，代词，指孔子。其，代词，指任用孔子的国君。习，熟悉。逆，违背。顺，习惯。强，改善。捐，舍弃。能，擅长。冲冲如也，形容因为违反原来的习惯，搞得心神恍惚、不知如何是好的样子。 [5]“非天下之至”二句：如果不是天下最有道德的人，谁能任用圣人呢？

［点评］

孔子的“圣人”之名在诸侯之间已经被人认识到，但是周游列国却无人任用，原因就在于孔子的学说不适用于“礼崩乐坏”的年代，非诸侯不用，实际是不能用。

8.7 或问[1]：“孔子知其道之不用也，则载而恶乎之？”

曰[2]：“之后世君子。”

曰[3]：“贾如是，不亦钝乎？”

曰[4]：“众人愈利而后钝，圣人愈钝而后利。关百圣而不惭[5]，蔽天地而不耻，能言之类，莫能加也。贵无敌[6]，富无伦，利孰大焉？”

[**注释**]

[1]“或问”以下三句：有人问：孔子知道他的主张得不到实行，要带着他的主张往哪里去呀？载，载道，带着他的主张。之，往。 [2]“曰”二句：回答说：把道传给后代的君子。指传说中孔子以著述显示自己主张的做法。 [3]“曰”以下三句：问：做生意如果这样，不是太吃亏了吗？贾（gǔ），商人，做买卖。钝，迟，慢。 [4]“曰”以下三句：回答说：一般人喜欢眼前获利但最后要吃亏，圣人喜欢眼前吃亏而最后获利。愈，通“愉”，悦也。 [5]“关百圣而不惭”以下四句：孔子的主张可以贯穿百代而没有什么缺陷，充塞天地而没有什么不够，在人类中没有能超过它的。关，读为“贯”，贯穿的意思。百圣，百代圣王。蔽，遮蔽，充塞。上文“关”是从时间上说，“蔽”是从空间上说。能言之类，指人类。 [6]“贵无敌”以下三句：圣人的主张高贵得没有匹敌，富裕得无可比拟，你说到底谁的利大呀？敌，匹敌。伦，类。

[**点评**]

孔子虽然没有直接实现自己的政治理想，但是将思想遗留下来，成为儒家学派形成与发展的根本，深刻地影响了后世。因此，孔子的政治理念从长远来看已经得到了实现，并且比短期政治抱负的实现更为彻底。扬雄此言是对当时不良社会风气的反对，劝诫儒学学者不应只看眼前利益，而应像孔子一样，泽被后人。

8.8 或曰[1]："孔子之道，不可小与？"

曰[2]："小则败圣，如何？"

曰[3]："若是，则何为去乎？"

曰："爱日。"

曰："爱日而去，何也？"

曰："由群婢之故也[4]。不听正[5]，谏而不用。噫者，吾于观庸邪！无为饱食安坐而厌观也。由此观之，夫子之日亦爱矣。"

或曰："君子爱日乎[6]？"

曰："君子仕则欲行其义[7]，居则欲彰其道。事不厌[8]，教不倦，焉得日？"

《史记·孔子世家》："子贡曰：'夫子之道至大也，故天下莫能容夫子。夫子盖少贬焉。'"

［注释］

[1]"或曰"以下三句：有人问：孔子的主张，不能降低要求吗？小，降低要求。 [2]"曰"以下三句：回答说：降低要求就会败坏圣人的原则，怎么行呢？败圣，败坏圣人之道。如何，奈何。 [3]"曰"以下五句：又问：既然这样，那他为什么还要离开鲁国，周游列国企求任用呢？回答说：为了珍惜时间。去，离开，这里指孔子离开鲁国。爱日，珍惜时日。 [4]由群婢之故也：是因为那群女乐的缘故。《史记·孔子世家》记载孔子从鲁国出走后，季桓子曾说："夫子罪我以群婢故也夫。"这是指孔子因为鲁定公接受齐景公送的女乐不理国政而去鲁的事。见《论语·微子篇》《史记·孔子世家》。婢，原作"谋"，五臣

注本作“婢”。　[5]“不听正”以下七句：鲁定公和季桓子贪图观看齐景公送的女乐，不处理国家大事，孔子进谏也不听。孔子想，唉！我对于观看女乐已经倦怠了！不要整天吃得饱饱的，舒舒服服地坐着，满足于观看女乐了吧。由此看来，孔子对他的时间是很珍惜的。不听正，即不理政事。正，与“政”通。噫，感叹声。观，指观女乐。据《史记·孔子世家》记载，齐国送来女乐后，季桓子“往观再三”，鲁定公“往观终日”。庸，与“慵”通，懈怠、懒倦的意思。孔子说我对于观乐已经倦怠，是委婉指责鲁君、季桓子观乐不倦。这是扬雄假设的孔子之辞。无为，不要干。厌，世德堂本作“猒”，二字通，安于、满足的意思。　[6]君子爱日乎：君子珍惜时间吗？　[7]“君子仕则欲行其义”二句：君子在外做官就想实行他的主张，隐居在家就想阐明他的理论。仕，外出做官。义，指主张。居，在家隐居。彰，显著，这里是宣传而使人明了的意思。道，指学说、理论等。　[8]“事不厌”以下三句：做事没有厌烦，教人不会疲倦，哪里还有空闲时间呀？事不厌，做事不知厌烦。厌，世德堂本作“猒”。

[点评]

孔子坚持内心的“道”，不能为他人或事物做出改变，也不愿降低标准“逢迎”统治者。因此他重视时间，周游列国、著书立说，时刻都在为自己的政治理念而努力。启发我们应该坚持内心，因势利导，抓住时机，方有可能实现自己内心的理想。

《论语·为政篇》：“子张问：‘十世可知也？’子曰：‘殷因于夏礼，所损益可知也；周因于殷礼，所损益可知也。其或继周者，虽百世，可知也。’”

8.9　或问：“其有继周者[1]，虽百世，可知也。秦已继周矣[2]，不待夏礼而治者，其不验乎？”

曰：“圣人之言[3]，天也。天妄乎？继周者未欲太平也[4]。如欲太平也，舍之而用他道，亦无由至矣。”

[注释]

[1]“其有继周者”以下三句：孔子说过，如果有继承周朝的朝代，即使是一百代以后的，也可以预先知道它的制度。其，时间副词，表示将来。虽百世，可知也，这是引孔子的话，见《论语·为政篇》。世，代。 [2]“秦已继周矣”以下三句：秦朝已经继承周朝了，却没有采取夏朝的制度来治理国家，大概是孔子的话没有根据吧？根据当时流行的以董仲舒为代表的“三统”“三正”的历史循环论，历史是按三个阶段循环发展的。比如夏朝是黑统，以寅月为正月；商朝是白统，以丑月为正月；周朝是赤统，以子月为正月，各有一套制度。周朝以后，又该实行夏朝的一套。如《白虎通·三教》说：“王者设三教者何？承衰救弊，欲民反正道也。三王之有失，故立三教以相指受。夏人之王教以忠，其失野，救野之失莫如敬。殷人之王教以敬，其失鬼；救鬼之失莫如文。周人之王教以文，其失薄；救薄之失莫如忠。继周尚黑，制与夏同。三者如顺连环，周而复始，穷则反本。”但秦朝并没有实行夏朝的一套，所以说它是“不待夏礼而治者”。不待，不等待，不用。者，代词，指“不待夏礼而治”的主体。验，效验。 [3]“圣人之言”以下三句：圣人的话，就是天要说的话。天会无根据地乱说吗？妄，无验而

言。 [4]“继周者未欲太平也”以下四句：这是因为继承周朝的秦朝没有打算使天下太平。如果打算使天下太平，却不用圣人制定的制度而用其他的制度，那是没有办法达到的。太平，五臣注本皆作“泰平”。舍，抛弃。之，代词，指夏礼。他道，其他的理论、制度。五臣注本作“佗道”。

[点评]

扬雄坚信礼乐制度才是实现国家长治久安的根本依托，以夏礼为代表。他举出秦朝作为反例，不能实行礼乐制度自然就会走向灭亡。“圣人之言，天也”，显示出他对儒家政治理念的信仰。当前来看，礼乐制度确实成为中国古代王朝建设与发展不可缺少的政治内容，但如果以夏礼作为后世使用的范本，而不加以创新与改善的话，也不能使得国家长久下去。礼乐制度也应因时而变。

8.10 赫赫乎日之光[1]，群目之用也；浑浑乎圣人之道[2]，群心之用也。

[注释]

[1]“赫赫乎日之光”二句：鲜明显赫呀，太阳的光芒，这是人们的眼睛离不开的依靠。赫赫，形容太阳光芒强烈盛大的样子。群目之用，即群目之所需要和依靠。 [2]“浑浑乎圣人之道”二句：浑厚博大呀，圣人的学说，这是人们的思想离不开的依靠。浑浑，形容圣人之道浑厚博大的样子。圣人之道，圣人的学说、理论。

群心之用，群心之所需要和依靠。

［点评］

扬雄认为孔子学说就如太阳光芒一般，是所有人都必须依靠的学说，强调儒家学说的重要性。

8.11 或问[1]："天地简易而圣人法之，何五经之支离？"

曰[2]："支离，盖其所以为简易也。已简已易，焉支焉离？"

［注释］

[1]"或问"以下三句：有人问：天地是简明易于了解的，圣人是效法天地的，为什么圣人作的五经那么枝蔓繁多呢？天地简易，天地简明而易知。法，效法。支离，分散破碎，指当时儒家经传的解说繁杂而又零碎。 [2]"曰"以下五句：回答说：枝蔓繁多，大概就是五经能够达到简明易于了解的原因吧。既然已经达到简明易于了解，怎么会枝蔓繁多呢？盖，大概，或许，表示有肯定倾向的疑问词。其，代词，指五经。

［点评］

儒家学说是对天地道理的讲述，其内容分散开来才能更好地使常人理解，而将以五经为代表的儒家学说学习之后，对天地之道自然就清晰明了了。

8.12 或曰[1]："圣人无益于庸也。"

曰："世人之益者[2]，仓廪也，取之如单。仲尼[3]，神明也，小以成小，大以成大。虽山川、丘陵、草木、鸟兽[4]，裕如也。如不用也[5]，神明亦末如之何矣。"

[注释]

[1]"或曰"二句：有人说：圣人对一般人没有什么益处。庸，平凡，一般人。 [2]"世人之益者"以下三句：一般人认为的益处，好像粮仓，里面的粮食一下子就取完了。仓廪，粮仓。如，而。单，通"殚"，竭，尽。 [3]"仲尼"以下四句：孔子好像神明，渺小的事物凭借他得以渺小，伟大的事物凭借他得以伟大。 [4]"虽山川、丘陵、草木、鸟兽"二句：即使山川、丘陵、草木、鸟兽，都可以从他那里充分受益。裕如，富饶、宽绰的样子。如，在古文中用作形容词或副词词尾时，与"然"同，意为"……的样子"。 [5]"如不用也"二句：但如果你不按照圣人的道理去做，那么神明也没有办法，不能有益于你了。末，无。如之何，奈其何。

[点评]

此章强调圣人对万事万物影响的普遍性，将孔子称为"神明"，山川、丘陵、草木、鸟兽，只要存在的事物就会受到孔子的影响。

8.13 或问[1]："圣人占天乎？"

曰："占天地。"

"若此[2]，则史也何异？"

曰："史以天占人，圣人以人占天。"

［注释］

[1]"或问"以下四句：有人问：圣人占卜天象吗？回答说：占卜天象。占天，占卜天象。占，占卜，古代把看龟兆以预测人事吉凶叫"占"，后来引申为卜筮预测的通称。 [2]"若此"以下五句：如果这样，那么太史的工作与圣人有什么不同呢？回答说：太史是通过占视天象来预测人事的吉凶，圣人是通过占视人事的盛衰来测知天意。史，指太史，古代官名，负责起草文书、记载史实、观测天象、推算历法等。

［点评］

圣人观测天象与史官观测有不同之处，圣人基于"人事"而感悟天道，史官则是观察天象以指导"人事"，即"史以天占人，圣人以人占天"。扬雄以此批判汉代的天人感应、谶纬迷信思想。

8.14 或问[1]："星有甘、石，何如？"

曰[2]："在德不在星。德隆则晷星，星隆则晷德也。"

［注释］

[1]“或问”以下三句：有人问：关于星象有甘德和石申的著作，怎么样呢？甘，甘德，战国时期齐国人（一说楚国人或鲁国人），我国古代著名的天文学家、占星家，著有《天文星占》八卷。石，石申（或作“石申夫”），战国时期魏国人，我国古代著名的天文学家、占星家，著有《天文》八卷。　[2]“曰”以下四句：回答说：人事的吉凶决定于道德而不决定于星象。（甘德、石申却认为）道德隆盛就影响星象吉祥，星象吉祥就反映道德隆盛。隆，盛大。晷（guǐ），测量时间的仪器（圭表）在太阳下的影子。因为影随形生，所以可引申为影响、反映等义。

［点评］

汉代流行的占星术认为，人事可以影响星象，星象也可以影响人事。扬雄则认为，影响人事的是道德，而与星象无关。

8.15　或问大人[1]。

曰：“无事于小为大人。”

“请问小[2]？”

曰：“事非礼义为小。”

［注释］

[1]“或问大人”以下三句：有人问什么样的人算是大人。回答说：不干小事的人就是大人。大人，有道德的人。　[2]“请问小”

以下三句：请问什么是小事？回答说：无关于礼义的事就是小事。小，小事。

［点评］

《论语·子路篇》曾记载孔子弟子樊迟请学稼、学圃。樊迟出，孔子说："小人哉，樊须也！上好礼，则民莫敢不敬；上好义，则民莫敢不服；上好信，则民莫敢不用情。夫如是，则四方之民襁负其子而至矣。焉用稼。"扬雄这段话可以说就是孔子这段话的注解，意在强调礼义的重要性。

8.16 圣人之言远如天[1]，贤人之言近如地。

［注释］

[1]"圣人之言远如天"二句：圣人的言论博大深远好比天，贤人的言论明白切近好比地。

［点评］

这里把圣人之言与贤人之言对比来说，但都是褒义，并无贬义。所谓"远如天"，喻其博大精深。所谓"近如地"，喻其明白切实。《太平御览》卷四百零一"叙圣"条引此段"贤人"作"贤者"。

8.17 珑玽其声者[1]，其质玉乎！

[注释]

[1]“珑（lóng）玲其声者”二句：发出玲珑声音的东西，其质地就是玉了吧！珑玲，玉声。质，本质，质地。

[点评]

这句话是谈文与质的关系，也就是说，有其文必有其质。

8.18 圣人矢口而成言[1]，肆笔而成书。言可闻而不可殚[2]，书可观而不可尽。

[注释]

[1]“圣人矢口而成言”二句：圣人一张口说的就成格言，一下笔写的就成经书。矢口，张口。矢，弛，松开。 [2]“言可闻而不可殚”二句：圣人的言语可以聆听，但不可能完全领会它的意义；圣人的书可以阅读，但不可能完全掌握它的内涵。殚，与下文“尽”都是穷尽的意思。

[点评]

圣人之言、圣人之书代表儒家言论、儒家经典，这些内容都是需要学习者花费时间努力探讨的，非一朝一夕之力。而能说出这些言论、写出这样著作的，只能是圣人。

8.19 周之人多行[1]，秦之人多病。行[2]，有之也；病，曼之也。周之士也贵[3]，秦之士也贱。周之士也肆[4]，秦之士也拘。

［注释］

[1]“周之人多行”二句：周朝的人德行高，秦朝的人忧患多。行，德行。病，忧患，困辱。从下文说的“贱”和“拘”来看，这个“病”应是指秦人的外部条件，而不是其主观行为。 [2]“行”以下四句：德行高，所以有所适从，随遇皆安；忧患多，所以无所适从，动辄得咎。有之，有所往。之，往。曼之，无所往。曼，无。 [3]“周之士也贵”二句：周朝的儒士尊贵，秦朝的儒士卑贱。 [4]“周之士也肆”二句：周朝的儒士随心所欲，但却不违礼义；秦朝的儒士畏惧刑法，因而谨慎小心。肆，随意。拘，拘束。

［点评］

秦朝代表法家学说，周朝代表儒家学说，通过对比，强调只有儒家学说才能使得社会长治久安，人民安居乐业。

8.20 月未望则载魄于西[1]，既望则终魄于东[2]，其溯于日乎[3]！

［注释］

[1]月未望则载魄于西：月亮在满月前初生时，是从月亮的西侧开始产生光亮。望，满月。载，与“哉”通，才，始。魄，借

为“霸”，未满的月光。 [2] 既望则终魄于东：在达到满月以后，是在月亮的东侧最后消失光亮。据王国维研究，我国古代周代的历法把一个朔望月分为四段，自初一至初七、八谓之初吉，初八、九至十四、五日谓之既生霸，十五、六日至二十二、三日谓之既望，二十三日以后至月底谓之既死霸。这四段时间的第一天也可专名为初吉、既生霸、既望、既死霸。这里用了既望的名称，但从全文看，实际是指整个下半月。既望，已望之后。终，结束，消失。 [3] 其溯（sù）于日乎：大概这是由于月亮迎着太阳反射阳光的缘故吧！溯，迎、向。

［点评］

扬雄认为月亮的盈亏变化是由于太阳的影响，说明他对天文学知识有一定的了解，这也是他批判、否定谶纬迷信的原因所在。

8.21　彤弓卢矢[1]，不为有矣！

［注释］

[1]“彤（tóng）弓卢矢”二句：（对于特别有功的大臣）赐给古代能够代表天子进行征伐标志的赤色和黑色的弓箭，并不算过分呀！彤弓卢矢，实际上指“彤弓彤矢卢弓卢矢”，这是为了文字简洁，把“彤矢卢弓”省略了。有，丰，多。

［点评］

传说古代天子对有大功的诸侯，赐以彤弓彤矢和卢弓卢矢，使其专征伐。因此后世觊觎帝位的人，常模仿这些故事。这是句赞美王莽的话，意思是说王莽的功劳非常大，赐给九锡也不算多。旧注为了使扬雄免受附莽之讥，把这句话说成是讽刺王莽的，这就和扬雄拥护王莽的基本思想倾向发生了矛盾，所以是不对的。

8.22 聆听前世[1]，清视在下，鉴莫近于斯矣。

［注释］

[1]“聆听前世”以下三句：仔细听取前代的经验教训，明白了解下面的情况、要求，再也没有比这更方便切近的借鉴了。清，明。在下，下面的人。鉴，镜子。镜子可以照人，明面目衣冠之失，故“鉴”引申有“借鉴”“鉴戒”等义。

［点评］

“以史为鉴，可以知兴替”，扬雄认为朝代更替后，需要注重汲取前朝的经验，同时关注民间的疾苦。

8.23 或问[1]：“何如动而见畏？”

曰：“畏人。”

“何如动而见侮[2]？”

曰[3]：“侮人。夫见畏与见侮，无不由己。”

《孟子·离娄下》：“爱人者，人恒爱之；敬人者，人恒敬之。”

[注释]

[1]“或问”以下四句：有人问：怎么能一行动就让别人敬畏？回答说：敬畏别人。畏，敬服。 [2]何如动而见侮：怎么一行动就被别人侮辱？ [3]“曰”以下四句：回答说：侮辱别人。不管是让别人敬畏还是被别人侮辱，没有不取决于自己的。

[点评]

与孔子言“己所不欲，勿施于人”相似，想要得到他人的敬服与尊重，自然首先需要要求自己对他人有充分的敬服与尊重。

8.24 或问[1]：“礼难以强世。”

曰：“难[2]，故强世。如夷俟倨肆[3]，羁角之哺果而啖之，奚其强？或性或强，及其名一也。”

[注释]

[1]“或问”二句：有人说：礼仪难以强迫世人遵守。强，勉强，强迫。 [2]“难”二句：正因为难，所以要强迫世人遵守。 [3]“如夷俟倨肆”以下五句：如果是随意坐着，小孩子吃果子，哪里还用得着勉强呢？但不管是出于先天的本性，还是出于后天的勉强，等到完全习惯了礼仪以后，是一样的。夷俟，即箕踞。一说为两腿张开坐在地上，一说为两腿盘曲坐在地上，都取其像簸箕之形，故称之为“箕踞”。箕踞被认为是不

礼貌的行为。倨肆，倨傲而放肆。羁角，指小孩子。《礼记·内则》："三月之末，择日剪发为鬌，男角女羁，否则男左女右。"古代小孩生下来后第一次理发，男孩子留下脑门囟两旁的头发，叫"角"；女孩子在头顶上留下一纵一横的头发，叫"羁"。之，前一个"之"作助词，用于主谓结构之间，取消句子独立性；后一个"之"是代词，指"果"。哺果，吃水果。啖（dàn），吃。名，成。

［点评］

扬雄认为礼的推行需要有一个强制学习的过程，当学习进入一定程度、认识到礼的益处之后，人自然就开始主动地学习礼了。

8.25 见弓之张兮[1]，弛而不失其良兮！或曰："何谓也[2]？"曰："檠之而已矣[3]。"

［注释］

[1]"见弓之张兮"二句：看到拉紧弓弦的弓（是良弓），就知道放松了弓弦还是良弓呀！张，拉紧弓弦。弛，放松弓弦。 [2]何谓也：说的是什么意思。 [3]檠（qíng）之而已矣：不过是因为放松弓弦时把防止弓变形的工具檠绑在弓里面罢了。檠，一种防止弓变形的工具，用竹或木制成，放松弓弦时把它绑在里边，世德堂本作"檄"。

[点评]

这句话的言外之意是说，人必须平时有所修养，关键时刻才能有所作为。宋咸说："言弓之一弛一张而不失其良者，以有檠正之也。人之一动一静而不失其善者，以有礼制之也。"可参考。

8.26 川有防[1]，器有范[2]，见礼教之至也[3]。

[注释]

[1] 川有防：河流要有堤防。川，河流。防，堤防。 [2] 器有范：器具要有模型。范，通"笵"，模型。 [3] 至：达，当，意谓伟大、正确。

[点评]

河流有堤防，器具有模型，人自然也应有规范，这就是礼。

8.27 经营[1]，然后知干桢之克立也。

[注释]

[1] "经营"二句：用心测量后，才能确定可以竖立夹板和柱子进行建筑。经营，测量。纵长为经，故测量长度也叫"经"；围绕为营，故测量周长也叫"营"。干桢，古代用土筑墙，立于两边约束夹板的长木叫"干"，立于两头的长木叫"桢"。这里表示

建筑。克，能。

［点评］

必须有礼教作为标准，然后才能治理好国家。旧注释“经营”为建筑，又颠倒了“经营”与“干桢”的因果关系，把这句话变成了“经营……然后知干桢之能有所立”，就不符合原意了。

8.28 庄、杨荡而不法[1]，墨、晏俭而废礼[2]，申、韩险而无化[3]，邹衍迂而不信[4]。

［注释］

[1] 庄、杨荡而不法：庄周、杨朱的学说放荡而不遵守法度。庄，庄周。杨，指杨朱。荡，放荡。法，法度。 [2] 墨、晏俭而废礼：墨翟、晏婴的学说节俭而不讲究礼仪。晏，字仲，谥平，史称晏平仲。夷维人，春秋末期齐国的大夫。今传《晏子春秋》一书，乃后人搜集有关他的记载和传说，加以润色编排而成。其事迹可看《史记·管晏列传》。 [3] 申、韩险而无化：申不害、韩非的学说苛刻而否定教化。申，申不害。韩，韩非。险而无化，险恶苛刻而缺乏教化。 [4] 邹衍迂而不信：邹衍的学说怪诞而没有根据。迂而不信，诡怪夸诞而不实在。迂，夸诞不正。信，诚实不欺。

［点评］

本章对庄、杨、墨、晏、申、韩、邹做出评价，认为他们不遵守法度、废弃礼仪、否定教化、怪诞而没有根据。扬雄评价的标准，当然还是儒家思想。

8.29 圣人之材[1]，天地也；次，山陵川泉也；次，鸟兽草木也。

［注释］

[1]“圣人之材”以下六句：圣人的才能，像天地一样；次一等的人，像山陵河流一样；再次一等的人，就像鸟兽草木一样。材，资质，才干。

［点评］

旧注认为本章是说明三种不同人的才干，也有学者认为是说世界上没有什么东西不受圣人的润泽，和8.12章“小以成小，大以成大。虽山川、丘陵、草木、鸟兽，裕如也”意思相同，也通。

先知卷第九

【题解】

本卷主要讲儒家治理国家的原则和方法，值得注意的有强调中和、仁义教化与纲纪法令并重、圣人之法并不是僵化不变的等思想。

“中”字在商周古文献中已常见。孔子在《论语》中则明确地赋予“中”以政治和伦理意义。如在《论语·尧曰篇》中借尧之口命舜治理天下要“允执其中”。在《论语·子路篇》中则说：“不得中行而与之，必也狂狷乎。”把“中”看作治理国家和个人修养的最高准则，但对“中”的内涵却未作过明确的解说。只在子贡问“师与商也孰贤”时，批评“师也过，商也不及”，然后说：“过犹不及。”（《论语·先进篇》）因此引起后人的很多解释。

扬雄在本卷中赋予“中”的内涵即是“过犹不及”。所以一则说“龙之潜亢，不获其中矣。是以过中则惕，不及中则跃。其近于中乎”。二则说“圣人之道，譬犹日之中矣。

不及则未，过则昃”，并且把“中”与“正”相等同：“什一，天下之正也。多则桀，寡则貉。”

“和”，古文作“咊”，意为声音相应，附和。在这个意义上，“和”读去声 hè。我们现在说的“和诗”，仍然保留了这个意义和读音。但古籍多借“和”为“龢”，意为协调、和谐，因此又意味着刚柔适中、恰到好处。这个意义后来成了“和”字最常用的意义。如《论语·学而篇》：“有子曰：礼之用，和为贵。”杨树达疏证：“和今言适合，言恰当，言恰到好处。”

扬雄就是在这个意义上使用“和”的，所以说：“甄陶天下者，其在和乎！刚则甈，柔则坏。”即治理国家要宽严适当，不能太严厉，也不能太软弱，太严厉了或太软弱了都治理不好国家。

扬雄还认为圣人之法并非不管国家的盛衰而僵化不变的。如果僵化地以古圣人之法治理后世，就像“胶柱而调瑟”，是治理不好的。他用尧舜禹是禅让天下，夏商周则把天下传给儿子；尧舜时只用象征性的刑罚，夏禹时用的肉刑就有三千种；唐尧同各族相亲相爱、和平相处，汤武则用武力征服四方等事例，来说明圣人治理天下从来都不是墨守旧法，而是随世道的变化而有所变化。

9.1 先知其几于神乎[1]！

“敢问先知？”

曰[2]：“不知。知其道者其如视，忽、眇、绵，作眪。”

［注释］

[1]“先知其几（jī）于神乎”二句：能够预知未来大概就近乎神了！请问怎样可以预知未来？先知，预先知道，即预知未来。其，恐怕，大概。几，差不多，接近。　[2]“曰”以下五句：回答说：不知道。懂得预知未来方法的人就像看东西一样，对于非常细微幽暗的东西，都会看得很清楚。其，第一个“其”是代词，指“先知”；第二个“其”是副词，庶几、大概。忽、眇（miǎo）、绵，分而析之，“忽”为恍惚，“眇”为渺小，“绵”为绵薄；总而言之，则皆细小、微弱、若有若无之意。作，则。眪，通“炳”，光明，显著。

［点评］

扬雄认为“预测未来”就是要求人能够看到细微之处，发现事物的细节，或说没有人能够预测未来，只不过可以通过微小的细节推断即将发生的事情。

9.2　先甲一日易[1]，后甲一日难。

［注释］

[1]“先甲一日易”二句：国家的政令，若在需要之前发布，就容易实行；若在需要之后发布，就难以实行。甲，指发布政令之日。古代以干支记日，甲为十天干的第一，每一旬的首日必是甲日。《周易·蛊卦》孔颖达疏引郑玄注：“甲者，造作新令之日。”

[点评]

本章学者有不同的理解，汪荣宝说："政令当慎思于未发之前，不得辄改于已发之后。"（《法言义疏》卷十二）颁布政令前，细加筹划，易于成功；已经颁布后再去补救，则非常之难。吴祕则说，"今夫先见者，察民未犯之前，先一日申其令，则其为治易也；如当已犯之后，后一日申其令，则其为治难也"，认为统治者如果能够认识到自己发布政令后可能出现的问题，并做出相应调整，那就是做到"预测未来"了。

《礼记·大学》："自天子以至于庶人，壹是皆以修身为本。其本乱而末治者否矣，其所厚者薄，而其所薄者厚，未之有也！"

9.3 或问[1]："何以治国？"

曰："立政。"

曰[2]："何以立政？"

曰[3]："政之本，身也。身立则政立矣。"

[注释]

[1]"或问"以下四句：有人问：怎样治理国家？回答说：建设好的政治制度。立政，建设好的政治制度。 [2]"曰"二句：问：怎样建设好的政治制度？ [3]"曰"以下四句：回答说：政治的根本在于自身。如果自己能修养好，好的政治制度就会建设起来。身，自己，针对君主而言。

[点评]

扬雄认为国家治理的好坏，在于政治制度的建设，而政治制度的设立取决于君主本身，因此他说"身立则政立”。这就将国家发展的决定性因素归结于君主一人。

9.4 或问[1]:“为政有几?”

曰[2]:“思、斁。”

或问思、斁[3]。

曰:“昔在周公[4],征于东方,四国是王;召伯述职,蔽芾甘棠。其思矣夫!齐桓欲径陈[5],陈不果内,执辕涛涂。其斁矣夫!於戏[6]!从政者审其思、斁而已矣!”

或问[7]:“何思?何斁?”

曰:“老人老[8],孤人孤,病者养,死者葬,男子亩,妇人桑,之谓思。若污人老[9],屈人孤,病者独,死者逋,田亩荒,杼轴空,之谓斁。”

[注释]

[1]“或问”二句:有人问:治理国家有没有要抓住的关键?为,从事。几,通“机”,机要,枢纽。 [2]“曰”二句:回答说:治理国家要抓住的关键是或被百姓怀念,或被百姓厌恶。思,怀念。斁(yì),厌恶。 [3]或问思、斁:有人问或被百姓怀念,或被百姓厌恶是怎么回事? [4]“昔在周公”以下六句:从前,周公率兵征伐东方,平息了管、蔡、商、奄四国的叛乱;召伯外出视察,为了不打扰老百姓而在矮小的甘棠树下处理政事。这就使百姓怀念呀!周武王灭商后,封纣的儿子武

庚为诸侯，仍留商都。又把商地分为三部分，封其弟管叔、蔡叔、霍叔各据一部，监视武庚。武王死后，成王年幼，由周公摄政。周王室内部发生矛盾，武庚乘机串通三叔，联合奄等附近一些小诸侯国，起兵反周。周公率兵东征，用了三年时间，才将这次叛乱平息，巩固了周王朝的统治。据说周成王时，召公与周公分陕而治，召公巡行西方，不入民邑，在甘棠树下处理政事，甚得百姓拥护。召公死后，百姓不忍伐其树，而且作诗怀念他。四国，指周朝初年起来反抗中央政权的管、蔡、商、奄四国，用以代表当时的全部反周势力。王，匡正，《诗经·豳风·破斧》作“皇”。召伯，姓姬，名奭，周之同姓贵族。因食邑在召，故称“召公”。周武王灭商，封召公于北燕，为周代诸侯国燕国的始祖。成王时为三公，与周公以陕为界，分而治之，为二伯，故又称“召伯”。述职，履行其职务，这里指外出巡行视察。述，遵循。蔽芾（fèi）甘棠，《诗经·召南·甘棠》中的句子。蔽芾，形容树干树叶微小，引申为荫庇。甘棠，又叫“棠梨”“杜梨”“白棠”等，蔷薇科落叶乔木。其，恐怕，大概。 [5]“齐桓欲径陈”以下四句：齐桓公攻打楚国，回兵时向陈国借道，由于大夫辕涛涂的反对，陈国没有同意，齐桓公就把辕涛涂抓了起来。这就使百姓厌恶呀！径，小路，引申为行走、经过。陈，周代诸侯国之一。开国君主胡公，名满，姓妫氏，传说是帝舜的后代。周武王灭商后封妫满于陈，其地在今河南东部与安徽交界处，后为楚所灭。果，能。内（nà），同“纳”，接受。执，逮捕。辕涛涂，陈国大夫。五臣注本作“袁涛涂”。 [6]“於戏”二句：唉！掌权者关键是要考究明白什么事使百姓怀念、什么事使百姓厌恶罢了！於戏，呜呼。五臣注本作“呜呼”。 [7]“或问”以下三句：有人问：怎样做会使百姓怀念？怎样做会使百姓厌恶？ [8]“老人老”以下七句：

使所有的老人都得到赡养，使所有的孤儿都得到抚育，使病人能得到疗养，使死者能得到安葬，使男子有田地从事耕作，使妇女能够栽桑养蚕，这样就会使百姓怀念。老人老，以老人应得的待遇对待一切老人。第一个“老”作动词，第二个“老”是名词。孤人孤，以孤儿应得的待遇对待一切孤儿。句法同上。孤，幼而无父曰孤。 [9]“若污人老”以下七句：若使老人得不到赡养，使孤儿得不到抚育，使病人没有人照顾，使死者暴尸于田野，劳役繁重使田园一片荒芜，赋敛过度使百姓一无所有，这样就会使百姓厌恶。污，怠慢，或说烦劳。屈，委屈。遒，借为“膞”，暴露。杼轴，二者都是织布机上的部件。杼即梭子，轴即筘，为控制放线的部件。

［点评］

本章论政治的关键是“以民为本”。扬雄认为君主统治的好坏在于对待民众的态度，“老人老，孤人孤，病者养，死者葬，男子亩，妇人桑”，生老病死，与民众生活息息相关的生存问题是统治者所最需要重视的。

9.5 为政日新[1]。

或人：“敢问日新[2]？”

曰：“使之利其仁[3]，乐其义，厉之以名[4]，引之以美[5]，使之陶陶然[6]，之谓日新[7]。”

《周易·大畜·彖辞》：“大畜，刚健笃实辉光，日新其德。”又《礼记·大学》：“汤之盘铭曰：‘苟日新，日日新，又日新。’”

［注释］

[1] 为政日新：治理国家要天天有新气象。为政，从政，治理

国家。日新，永不懈怠、日有所进的意思。 [2] 敢问日新：请问什么是“日新”？ [3]“使之利其仁”二句：使其以仁为利，使其以义为乐。 [4] 厉之以名：用名誉加以勉励。厉，勉励。名，称誉。 [5] 引之以美：用赞扬进行引导。引，引导。美，赞扬。 [6] 陶陶然：快乐的样子。 [7] 之谓日新：这样就是做到了“日新”。

［点评］

上章谈到执政者应当将民众的生存问题放在首位，本章则提出教化问题——“日新”，与孔子主张“富之”“教之”，思想是一致的。

9.6 或问民所勤[1]。

曰：“民有三勤。”

曰：“何哉[2]，所谓三勤？”

曰：“政善而吏恶[3]，一勤也；吏善而政恶，二勤也；政吏骈恶，三勤也。禽兽食人之食[4]，土木衣人之帛，谷人不足于昼，丝人不足于夜，之谓恶政。”

［注释］

[1]“或问民所勤”以下三句：有人问百姓所忧虑的是什么。回答说：百姓有三种忧虑。勤，劳苦，忧愁。 [2]“何哉”二句：你所说的三种忧虑指什么呀？ [3]“政善而吏恶”以下六句：

法度良好但官吏恶劣，是第一种忧虑；官吏良好但法度恶劣，是第二种忧虑；法度和官吏都恶劣，是第三种忧虑。骈（pián）恶，都坏。骈，并，皆。 [4]“禽兽食人之食”以下五句：禽兽吃人吃的粮食（使百姓穷得没有粮食吃），大肆装修亭台楼阁（使百姓穷得没有衣服穿），种田的人夜以继日地劳动（还满足不了当权者的嗜欲），纺织的人夜以继日地劳动（还满足不了当权者的奢侈），这就叫恶政。食，第一个当吃讲，第二个当食物讲。土木，指各种建筑。衣，当穿讲。谷人，种田的人。丝人，纺织的人。

［点评］

围绕法度与吏治，扬雄列举了三种导致民众生活困苦的原因：法度良好但官吏恶劣、官吏良好但法度恶劣、法度和官吏都恶劣。并将相应环境下百姓生活的情况也进行了介绍，以衣食问题为主。扬雄的目的仍在说明统治者必须将百姓生活放在第一位，其中法度、吏治是政治的核心内容。

9.7 圣人文质者也[1]：车服以彰之[2]，藻色以明之，声音以扬之，诗书以光之。笾豆不陈[3]，玉帛不分，琴瑟不铿，钟鼓不抎，则吾无以见圣人矣。

［注释］

[1] 圣人文质者也：圣人制定各种制度是为了表现各种事物的

本质。这一段是讲圣人所制定的各种礼乐制度的作用和必要性。文质，文饰质地，给质地以文饰。文，文饰。质，质地。 [2]“车服以彰之”以下四句：用不同的车马服装标示人的贵贱，用不同的文采颜色表明人的身份，用不同的音乐给以相应的称扬，用不同的诗文给以合适的赞美。藻色，文采，颜色。声音，音乐。扬，称扬。光，光照。 [3]“笾（biān）豆不陈”以下五句：如果祭祀时不用笾豆陈列祭品，对所用的玉帛不区分等级，也不弹琴瑟，不敲钟鼓来演奏音乐，那么我就没有办法知道圣人的主张是什么样子了。笾、豆，古代祭祀时盛祭品的器皿。竹制的叫“笾”，木制有盖子的叫“豆”。玉帛，古代用作祭品或礼品，对不同的人要用不同成色的玉和帛。铿（kēng），演奏琴瑟。抎（yǔn），发声。以，缘由。

[点评]

本章从文质的角度说明礼仪的重要性，礼有质的一面，也有文的一面。礼之质是等级、名分，礼之文是车马、服饰、音乐。质是内容，文是形式，内容的表达离不开形式。

9.8 或曰[1]：“以往圣人之法治将来，譬犹胶柱而调瑟，有诸？”

曰：“有之。”

曰[2]：“圣君少而庸君多，如独守仲尼之道，是漆也？”

曰："圣人之法[3]，未尝不关盛衰焉。昔者尧有天下[4]，举大纲，命舜、禹；夏、殷、周属其子[5]，不胶者卓矣。唐、虞象刑惟明[6]，夏后肉辟三千，不胶者卓矣。尧亲九族[7]，协和万国；汤、武桓桓，征伐四克。由是言之，不胶者卓矣。礼乐征伐[8]，自天子所出，春秋之时，齐、晋实与，不胶者卓矣。"

［注释］

[1]"或曰"以下六句：有人问：用古代圣人的办法治理后代，就好像用胶把系弦的木柱粘住再来调节琴瑟的音调，是这样吗？回答说：是这样。胶柱而调瑟，把柱粘住再来调节琴瑟的音调，比喻不可能。胶，引申为粘。柱，指琴瑟等弦乐器上用来调弦的短木。 [2]"曰"以下四句：那人说：贤明的君主少而平庸的君主多，如果死抱着孔子的教条不放，就好像在漆黑的夜里盲目摸索，是不可能治理好国家的。漆，漆树的汁液，为各种黏液状涂料的统称。漆液为黑色，所以又意谓黑。也，通"邪"。 [3]"圣人之法"二句：圣人的办法，从来不是不管世道的盛衰而僵化不变的。未尝，从来没有。关，关联，关系。 [4]"昔者尧有天下"以下三句：从前，唐尧为天子，把统治天下的大权传给了虞舜，虞舜又传给了夏禹。大纲，纲是网上的总绳，比喻国家政权。 [5]"夏、殷、周属（zhǔ）其子"二句：夏朝、商朝、周朝则把统治天下的大权传给了他们的儿子，没有固守旧的办法是很清楚的呀！属，交给，给予。不胶，不

粘，即不固守一端。卓，读为“焯”，《说文》：“焯，明也。”即分明、清楚的意思。 [6]“唐、虞象刑惟明”以下三句：唐尧、虞舜时代只用象征性的刑罚来彰明法度，夏禹时代实行的肉刑就有三千种，没有固守旧的办法是很清楚的呀！象刑惟明，用象征性的刑罚来彰明法度。传说古代只用象刑，后代才用肉刑。明，彰明。肉辟（bì），肉刑。三千，形容刑罚之多。 [7]“尧亲九族”以下六句：唐尧同各氏族相亲相爱，同各国和平相处；商汤王、周武王则用强大的武力征服四方。由这些情况可以说明，没有固守旧的办法是很清楚的呀！《尚书·尧典》说尧“克明俊德，以亲九族；九族既睦，平章百姓；百姓昭明，协和万邦”，即此文所本。九族，实际是指同一部落内的各个氏族。九，形容其多。万国，指周围的其他部落联盟。 [8]“礼乐征伐”以下五句：各种礼乐制度和征伐命令，本来由天子来发布和实行，但春秋时期实际上是由齐、晋等诸侯霸主来发布和实行，没有固守旧的办法是很清楚的呀！礼乐征伐，自天子所出，语本《论语·季氏篇》：“孔子曰：‘天下有道，则礼乐征伐自天子出；天下无道，则礼乐征伐自诸侯出。’”

[点评]

扬雄认为圣人之道是随着时代的发展逐渐变化的，并且举出相应事例，如尧舜禹的禅让制度、周朝的世袭制度等。值得注意的是，扬雄称“春秋之时，齐、晋实与”，说明扬雄是认可春秋诸侯代行天子职权的。这可能与他对王莽新朝持赞成态度有关，也反映了他因时而变的理念。

9.9　或曰[1]："人君不可不学律令。"

曰："君子为国[2]：张其纲纪，谨其教化。导之以仁[3]，则下不相贼；莅之以廉[4]，则下不相盗；临之以正[5]，则下不相诈；修之以礼义[6]，则下多德让。此君子所当学也[7]。如有犯法，则司狱在。"

［注释］

[1]"或曰"二句：有人说：君主不可以不学习法律条令。人君，国家的君主。律令，法律，法令。　[2]"君子为国"以下三句：君子治理国家，要树立制度准则，重视教育感化。纲纪，纲是提网的总绳，纪是系丝的细绳，所以纲纪以喻事物的关键和条理。这里指封建的政治制度。谨，慎重。教化，教育感化，这里指封建的意识形态。　[3]"导之以仁"二句：用仁爱来引导百姓，百姓就不会互相残害。导，引导。贼，残害。　[4]"莅之以廉"二句：用廉洁来感召百姓，百姓就不会互相掠夺。莅，临，到，引申为治理，对待。　[5]"临之以正"二句：用正道来治理百姓，百姓就不会互相欺诈。临，面临，指当政。正，正道。　[6]"修之以礼义"二句：用礼义来教化百姓，百姓就会崇尚道德和谦让。修，教导。　[7]"此君子所当学也"以下三句：这些才是君子所应当学习的。如果有人犯法，则有专门行使法律的官吏负责，何必君主亲自过问呢？司狱，主管刑狱之事的官吏。司，管理。狱，指诉讼、审判、监管等关于司法方面的各项事务。

［点评］

国家建设不能缺少"法"，说明扬雄赞成过国家建设法制，同时他将人君与法制结合起来，认为法律是君主建设国家的手段之一。但是，法不应成为维护国家长久的根本手段，其根本在于教化、礼义、德治等。因此，扬雄赞成将儒家学说同法家学说结合起来，两者相辅相成，但是儒家学说是治理国家的根本。

9.10 或苦乱[1]。

曰："纲纪。"

曰[2]："恶在于纲纪？"

曰："大作纲[3]，小作纪。如纲不纲[4]，纪不纪，虽有罗网，恶得一目而正诸？"

［注释］

[1]"或苦乱"以下三句：有人忧虑治理不好国家。回答说：治理国家要抓住纲常原则和法令制度。 [2]"曰"二句：那人问：为什么治理国家要抓住纲常原则和法令制度？ [3]"大作纲"二句：治理国家，大事要根据纲常原则，小事要根据法令制度。 [4]"如纲不纲"以下四句：如果该用纲常原则的时候不用纲常原则，该用法令制度的时候不用法令制度，这就好像捕鱼和打猎，即使有罗网，如果不抓住拉网的大绳和小绳，又怎么能使哪怕一个网眼张开呢？此以纲纪喻封建法制，以罗网喻封建政权机构。纲纪不理则罗网不张，罗网不张则难以为用。罗，捕鸟的网。目，罗网上的眼，这里指张开网眼。正，方。

［点评］

上文有“张其纲纪，谨其教化”之语，本章内容是对这句话的详细说明。“纲纪”分别指纲常原则和法令制度，两者的使用时机非常重要，如果使用得好，社会就会更加和谐。

9.11 或曰[1]：“齐得夷吾而霸，仲尼曰小器。请问大器[2]？”

曰：“大器其犹规矩准绳乎[3]！先自治而后治人[4]，之谓大器。”

《论语·八佾篇》：“子曰：管仲之器小哉。或曰：管仲俭乎？曰：管氏有三归，官事不摄，焉得俭？然则管仲知礼乎？……管氏而知礼，孰不知礼？”

［注释］

[1]“或曰”以下三句：有人说：齐国因为得到管仲而成为诸侯的霸主，孔子却说管仲是小器。夷吾，管仲，名夷吾，春秋时期的政治家，曾任齐桓公相。其事迹见《史记·管晏列传》。器，器皿，用来比喻才德。 [2]请问大器：请问什么是大器。 [3]大器其犹规矩准绳乎：大器大概就像规矩准绳一样吧！其，恐怕，大概。 [4]“先自治而后治人”二句：先把自己管治好再去管治别人的人，就叫大器。

［点评］

在孔子心中，管仲虽然帮助齐桓公取得霸业，但是却修建豪宅、增设仆人、僭越礼制，这些说明其对自身的规范不足。对自身要求尚且不严格，如何能够要求别人呢？因此称之为“小器”。

《论语·颜渊篇》:“政者,正也,子帅以正,孰敢不正?”

9.12 或曰[1]:“正国何先?”

曰[2]:“躬工人绩。”

[注释]

[1]“或曰”二句:有人问:治理国家什么是首要的?正国,治理好国家。何先,什么是首要的。 [2]“曰”二句:回答说:必须自己做得好,别人才会跟着做。这就是治理国家首要的。躬,身,即自己。这是与“人”,即别人相对而言。工,巧,善。绩,继,续。

[点评]

扬雄强调治理国家需要“榜样”的影响与作用,君主如果想要治理好国家,就必须以身作则。同样地,官吏如果想要管理好地方,也需要以身作则。

9.13 或曰:[1]“为政先杀后教?”

曰:“於乎[2]!天先秋而后春乎[3]?将先春而后秋乎?”

[注释]

[1]“或曰”二句:有人问:治理国家要先用刑罚后用教化吗?为政,执政。杀,刑杀。教,教化。 [2]於乎:呜呼。 [3]“天先秋而后春乎”二句:天是先有秋天后有春天,还是先有春天后有秋天呢?将,抑,或。

［点评］

很多生物在一年四季中有春生夏长秋收冬藏的现象。汉代以董仲舒为代表的神学唯心主义的天人感应论，就把这种现象说成是天的意志的表现。如《春秋繁露·阴阳义》说："天亦有喜怒之气、哀乐之心，与人相副。以类合之，天人一也。春，喜气也，故生；秋，怒气也，故杀；夏，乐气也，故养；冬，哀气也，故藏。四者天人同有之。有其理而一用之，与天同者，大治；与天异者，大乱。"扬雄就是继承这种说法，用来为他重教化的政治主张作论证。

9.14　吾见玄驹之步[1]，雉之晨雊也。化其可以已矣哉[2]！

［注释］

[1]"吾见玄驹之步"二句：我看见蚂蚁出巢活动，雉鸟早晨鸣叫。玄驹，或称"蚍蜉"，俗名蚂蚁。步，行。雉，鸟名，俗称野鸡。雊，雉鸣声。　[2] 化其可以已矣哉：自然界生息变化岂是可以停止的呀！化，指气候之移易运转、万物之生长化育等自然界的变化。其，岂。已，止。

［点评］

古人把冬季过后蚂蚁出巢活动作为自然界季节和气候变化的一种象征，扬雄由此联想到自然界的生生不息。

《大戴礼记·夏小正》："十有二月，……玄驹贲。玄驹也者，蚁也。贲者，何也？走于地中也。"《太平御览》卷九百四十七"蚁"条引郭璞《蚍蜉赋》："感萌阳以潜步，知将雨而封穴。"又引郭璞《蚍蜉赞》："蚍蜉琐劣，虫之不才，感阳而出，应雨讲台。"《文心雕龙·物色》："盖阳气萌而玄驹步，阴律凝而丹鸟羞。微虫犹或入感，四时之动物深矣。"

9.15 民可使觌德[1]，不可使觌刑。觌德则纯[2]，觌刑则乱。

［注释］

[1]“民可使觌（dí）德”二句：老百姓可以让他们看见讲究道德，不可以让他们看见实施刑罚。觌，看见。 [2]“觌德则纯”二句：看见讲究道德就会变得善良，看见实施刑罚就会变得邪恶。纯，同“惇”，敦厚。

［点评］

扬雄在此强调引导与教化的作用。对于民众而言，统治者重视法制，他们就重视遵守法律，统治者重视德治，相应地，他们也会重视个人品德。因此，君主必须制定治理准则。

9.16 象龙之致雨也[1]，难矣哉！曰：“龙乎[2]，龙乎！”

［注释］

[1]“象龙之致雨也”二句：用象形的龙来求雨，真是太难了！象龙，龙的偶像，龙的模型。致，招，求。 [2]“龙乎”二句：这是龙呀，这是龙呀！

［点评］

汉代流行象龙求雨的迷信，如董仲舒《春秋繁露·求雨》就专门讲了求雨的仪式。扬雄在这里借人之口对这种迷信提出了疑问。

9.17　或问政核[1]。

曰："真伪[2]。真伪则政核。如真不真[3]，伪不伪，则政不核。"

［注释］

[1] 或问政核：有人问治理国家的关键。核，中心，核心，引申为重要、关键。　[2]"真伪"二句：辨别真假。辨别真假就是治理国家的关键。　[3]"如真不真"以下三句：如果不把真的当作真的，不把假的当作假的，治理国家就失去了关键。

［点评］

辨别真伪，也就是要实事求是，扬雄认为这是治理国家的关键。

9.18　鼓舞万物者[1]，雷风乎！鼓舞万民者，号令乎！雷不一[2]，风不再。

［注释］

[1]"鼓舞万物者"以下四句：鼓动宇宙间万物的，是雷风吧！

鼓动国家民众的，是号令吧！ [2]“雷不一”二句：雷不是响一声就停止（所以号令要经常宣扬），风不会反复地刮来刮去（所以号令不能轻易变动）。

[点评]

政府政策的推行必然要经过深思熟虑，推行的过程应该是坚定且持久的，不可随意更改。如若不然，政策下发后马上收回或者修改，不仅会扰乱社会秩序，还会影响民众对国家的信任，不利于国家的长治久安。

9.19 圣人乐陶成天下之化[1]，使人有士君子之器者也。故不遁于世[2]，不离于群。遁离者[3]，是圣人乎？

[注释]

[1]“圣人乐陶成天下之化”二句：圣人是喜欢陶冶造就天下的风尚，使人人都有士君子的品质。乐，喜爱，乐于。陶，制作陶器，引申为教育、造就。化，教化，风化。器，才能，素质。 [2]“故不遁于世”二句：所以不逃避社会，不脱离群众。遁，逃避。 [3]“遁离者”二句：逃避社会、脱离群众的人，能是圣人吗？

[点评]

圣人教化民众，改善风尚，自然不能离群遁世，如果脱离了民众，就不是圣人了。

9.20 雌之不才[1]，其卵毈矣；君之不才[2]，其民野矣。

［注释］

[1]“雌之不才”二句：雌鸟如果没有好的体质，它的卵就孵不出小鸟。毈（duàn），原指卵坏散，无法孵出雏鸟，此指卵败坏。 [2]“君之不才”二句：君主如果没有好的品质，他的百姓就会野蛮不懂礼义。野，不知礼义。

［点评］

承接上文，将君主与鸟类做对比，强调君主的表率作用，反映出扬雄“君为父，民为子”的观念。

9.21 或问曰[1]：“载使子草律？”

曰[2]：“吾不如弘恭。”

“草奏[3]？”

曰[4]：“吾不如陈汤。”

曰[5]：“何为？”

曰[6]：“必也律不犯，奏不剡。”

《论语·颜渊篇》：“子曰：听讼，吾犹人也。必也，使无讼乎！”

［注释］

[1]“或问曰”二句：有人问道：假如使先生起草律令，怎么样？载，假设。草，起草。 [2]“曰”二句：回答说：我不

如弘恭。弘恭，西汉后期沛人，宣元时为中书令，史称其“明习法令故事”。其事迹可参看《汉书·佞幸传》和《汉书·萧望之列传》。 [3] 草奏：如果起草奏章呢？奏，进言于上，这里指封建官吏呈给皇帝的文书。 [4]“曰”二句：回答说：我不如陈汤。陈汤，字子公，西汉后期瑕丘人。元帝时任西域副校尉，以征匈奴赐爵关内侯。其事迹见《汉书·傅常郑甘陈段传》。 [5]“曰”二句：那么你能干什么呢？ [6]“曰”以下三句：回答说：一定要做到没有人违犯律令，不用再写尖锐的奏章。剡（yǎn），锐利。

［点评］

可能在起草律令、书写奏书时不如别人，但内心有更为博大的理想，即“律不犯，奏不剡”，以天下为己任。扬雄表明自己内心的政治理想，解决天下之问题，而非处理具体事务。

9.22　甄陶天下者[1]，其在和乎！刚则甈[2]，柔则坏。

［注释］

[1]“甄（zhēn）陶天下者”二句：治理天下的关键，大概就在于宽严适度吧！甄陶，制作陶器，引申为治理、造就等义。和，中和，即刚柔适中、无过无不及。 [2]“刚则甈（qì）”二句：就像用陶泥制作陶器一样，太干硬了就要破裂，太稀软了就不会成形。刚，陶泥太干硬。甈，破裂。

［点评］

这一段话是用制作陶器比喻统治百姓要宽严适中才行，太严酷了会出乱子，太宽柔了又达不到目的。

9.23 龙之潜亢[1]，不获其中矣。是以过中则惕[2]，不及中则跃。其近于中乎！

［注释］

[1]“龙之潜亢”二句：龙在潜伏或飞得极高，都没能做到适中。潜，潜伏，隐藏。亢，高亢，飞高。获，得到。中，适中。 [2]“是以过中则惕”以下三句：因此超过了恰好适宜的地位就要警惕谨慎，没有达到恰好适宜的程度就要努力上进。这大概就接近于适中了吧！惕，惊惧，忧虑。跃，跳跃，前进。

［点评］

《周易·乾·爻辞》用龙的由潜到亢来比喻事物由产生发展到盛极而衰的过程。其文曰：“初九，潜龙勿用。九二，见龙在田，利见大人。九三，君子终日乾乾，夕惕若厉，无咎。九四，或跃在渊，无咎。九五，飞龙在天，利见大人。上九，亢龙有悔。”扬雄借此来表现他的“中和”思想。中，根据传统的说法，《周易》每卦又分为上下两卦，初、二、三爻为下卦，四、五、上爻为上卦。二爻为下卦之中，五爻为上卦之中。三爻为下卦之上，过中。四爻为上卦之下，不及中。三爻、四爻虽然一过一不及，但不像初爻、上爻那样极端，而且既过而惕，不及则跃，还努力趋向中和，所以说“其近于中”。扬雄借此告诉人们，极端是不可能得到中和的；但如有小的偏离，只要自己努力克服，还是可以接近中和的。

9.24 圣人之道[1]，譬犹日之中矣。不及则未[2]，过则昃。

[注释]

[1]“圣人之道”二句：圣人的原则，就好像太阳正在中天。日之中，太阳正在中天，就是正午。 [2]“不及则未”二句：不到中天就不够明亮，过了中天就开始昏昧。未，未及。昃（zè），太阳偏西。

[点评]

圣人之道也就是中道，过与不及都有悖于中道。

《春秋公羊传·宣公十五年》：“多乎什一，大桀小桀；寡乎什一，大貉小貉。”《孟子·告子下》：“欲轻之于尧舜之道者，大貉小貉也；欲重之于尧舜之道者，大桀小桀也。”

9.25 什一[1]，天下之中正也。多则桀[2]，寡则貉。

[注释]

[1]“什一”二句：十分之一的税率，是天下最恰当的税率。什一，十分抽取一分的税率，称什一之税。正，中正。 [2]“多则桀”二句：超过十分之一的税率，就好像聚敛百姓财富的夏桀；低于十分之一的税率，就好像不知礼义文明的野蛮人。多，多于什一。寡，少于什一。

［点评］

农业社会中，税收会极大影响百姓的生活状况。扬雄正是看到当时社会对百姓税收过重的情况，由此提出税收应当保持在一个适度的标准，才能维持国家发展，也能保障百姓生活。

9.26 井田之田[1]，田也。肉刑之刑[2]，刑也。田也者[3]，与众田之。刑也者[4]，与众弃之。

［注释］

[1]“井田之田”二句：井田这样的田制，才是符合规范的田制。 [2]“肉刑之刑”二句：肉刑这样的刑罚，是过于严厉的刑罚。肉刑，伤害犯罪人身体的刑罚。如墨刑（额上刺字）、劓刑（削去鼻子）、刖刑（砍脚）、宫刑（毁坏生殖器）、大辟（砍头）等。 [3]“田也者”二句：符合规范的田制，是与众人一起耕种田地。田，第一个“田”指田制，第二个“田”指耕种。 [4]“刑也者”二句：过于严厉的刑罚，与众人一起抛弃它。弃，唾弃，抛弃。

［点评］

西汉末年，土地兼并成为严重的社会问题。王莽为了笼络人心，标榜复古改制，宣布实行仿效古代井田制而来的王田制。扬雄是赞成人员中的一个。同时，对于肉刑的改革措施也符合扬雄的期望。因此，此内容应当是扬雄支持王莽改制的明证。

9.27　法无限[1]，则庶人田侯田，处侯宅[2]，食侯食，服侯服。人亦多不足矣[3]。

[注释]

[1]“法无限”二句：如果没有制度限制，那么平民也能占有像贵族那样大量的土地。庶人，众人，指没有爵位官职的平民。田，第一个读 diàn，指耕种，第二个指土地。　[2]“处侯宅”以下三句：居住像贵族住的那样华丽的住宅，吃像贵族吃的那样精美的食物，穿像贵族穿的那样贵重的衣服。　[3] 人亦多不足矣：那样大多数人就要穷了。

[点评]

面对土地兼并的现实，扬雄主张对不同阶层的人应该有不同的规定，使其田产、居室、食物、衣服都应该与身份相匹配，这样就可以避免土地的集中了。此处的“法”更接近于儒家所说的“礼”。

9.28　为国不迪其法[1]，而望其效，譬诸筭乎！

[注释]

[1]“为国不迪其法”以下三句：治理国家不遵从法度，却希望得到功效，这就好像做算术不遵守应有的规则，却希望得到正

确的结果一样吧！为国，治理国家。迪，实践，遵循。筭（suàn），古代计算用的竹筹，因此也可以与计算的“算”字通用。

[**点评**]

承接上文，强调重视法的作用，认为如果没有法律，又如何能够治理国家？

重黎卷第十

【题解】

本卷主要是评说历史人物，从传说时代到西汉当时，涉及近百人，内容比较庞杂。我们只能简单介绍理解有关条目需要了解的我国古代宇宙学说和汉代经今古文学问题。

我国古代关于宇宙的学说主要有三家。宣夜说认为，“日月众星自然浮生虚空之中，其行其止，皆须气焉”。这是一个以元气为基础的无限宇宙学说。但它没有提出自己的宇宙结构体系，无法据以测算和预见天象的运动，没有实用价值，终于失传。盖天说认为，“天似盖笠，地法覆槃”，天上地下，平直延伸。因为不符合宇宙构造的实际，所以无法比较准确地测算和预见天体的运行。浑天说认为，“浑天如鸡子，天体圆如弹丸，地如鸡子中黄，孤居于内”。这实际上是一种地心说。但因人类是生活在地球上，人们从事天文观测，必须假设一个以地球为中心的天球，才能用以地球为零点的坐标系来表现天体的方位和视运动。即使是现代天文学也是如此。所以浑天说比盖天说对天象运动的测算和预见更为准确。扬雄起初是相信盖天说的，后来经过与桓谭的讨论，并请教了制作浑天仪的黄门老工，转而相信了浑天说。本卷所言就是扬雄改信浑天说以后的观点。

秦始皇统一中国后，为了统一思想，接受丞相李斯的建议，“非博士官所职，天下敢有藏《诗》、《书》、百家语者，悉诣守、尉杂烧之。有敢偶语《诗》《书》者弃市”（《史记·秦始皇本纪》），儒学受到很大打击。至汉废秦苛法，儒家逐渐复出。但因原流传的儒家经典几乎全部丧失，儒学传授起初只能师徒口耳相传，以后才逐渐用当时通行的文字记录下来，这就是所谓今文经。后来逐渐发现了一些藏于民间未遭焚烧的用以前东方六国文字书写的经典，这就是所谓古文经。今文经和古文经原来只是文字的差别，后来却发展为今文经学和古文经学两个互相排斥的学派。今文经学讲究微言大义，又有严重的迷信思想，到西汉末年与谶纬思想结合，形成了神学经学。古文经学则注重文字训诂，反对谶纬迷信。至东汉末二者逐渐合流。扬雄虽不像当时的儒生那样专习一经，而是“博览无所不见”（《汉书·扬雄传》），但他的思想是倾向于古文经学的。所以在本卷中，他对属于古文经的《周官》和《左传》都给予了肯定。

10.1　或问[1]：“南正重司天，火正黎司地，今何僚也？”

曰[2]：“近羲，近和。”

“孰重[3]？孰黎？”

曰：“羲近重[4]，和近黎。”

［注释］

[1]“或问”以下四句：有人问：古时候南正重主管天文，火正黎主管地理，相当于今天的什么官职呀？重（zhòng），与下文“黎”为我国古代传说中的天文官，分别担任南正与火正。《国语·楚语下》：“颛顼受之，乃命南正重司天以属神，命火正黎司地以属民。使复旧常，无相侵渎，是谓绝地天通。”司，主，管。僚，官职。　[2]“曰”以下三句：回答说：近似于羲，近似于和。羲，与下文“和”，为我国古代传说中重、黎以后的天文官。　[3]“孰重”二句：羲与和哪一个近似于重？哪一个近似于黎？　[4]“羲近重”二句：羲相当于重，和相当于黎。《史记·天官书》：“昔之传天数者，高辛之前重黎，于唐、虞羲和。”

［点评］

王莽于平帝元始元年（1）置羲和官，以刘歆为之，其职责和过去主管天文律历的太史令相近；践位后，始建国元年，又改大司农为羲和。扬雄认为，古代的重与黎就相当于当时的羲与和。王莽模仿《尚书·尧典》的记载，以四辅为四岳，分主四方：太师羲仲为东岳，主东方；太傅羲叔为南岳，主南方；国师和仲为西岳，主西方；国将和叔为北岳，主北方。扬雄把“南正重”“北正黎”解释为主管南方、北方的官名，然后把羲、和同重、黎对比，于是得出了“羲近重，和近黎”的说法。

10.2 或问《黄帝终始》[1]。

曰：“托也[2]。昔者[3]，姒氏治水土而巫步多禹；扁鹊[4]，卢人也，而医多卢。夫欲雠伪者必假真[5]。禹乎[6]，卢乎，《终始》乎！”

［注释］

[1] 或问《黄帝终始》：有人问《黄帝终始》这部书是不是黄帝写的。《黄帝终始》，书名。与纬书相似，是谈论阴阳五行、记载谣言谶语的书。 [2] 托也：这是后代人假托黄帝的名字写的。托，假借。 [3]“昔者”二句：从前，夏禹因治理水土得了偏枯之病，于是很多巫祝就效法禹行走的样子作舞蹈以降神。姒（sì）氏，指夏禹。夏禹姓姒，故称为“姒氏”。巫步多禹，后世巫祝往往效法夏禹的样子作舞蹈以降神。相传夏禹治水，非常艰苦，得偏枯之病，步不相过，人谓之“禹步”。 [4]“扁鹊”以下三句：名医扁鹊是卢地人，于是许多行医的人就说自己是卢地人。卢人，扁鹊本为鄚人，因家于卢，故称为“卢人”。卢，地名，在今山东境内。 [5] 夫欲雠伪者必假真：凡是企图制造假东西必然要冒充真东西。雠，同“售”，贩卖。假，假借。 [6]“禹乎”以下三句：巫祝模仿禹的动作呀，医生自称是卢地人呀，《黄帝终始》假托黄帝的名字呀，都是这种情况！

[点评]

《史记·三代世表》后褚少孙答张夫子问，曾引《黄帝终始传》。索隐曰："盖谓五行谶纬之说，若今之童谣言。"可见《黄帝终始》和纬书相似，是谈论阴阳五行、记载谣言谶语的书。自战国开始，许多阴阳五行家就把历史看成是五行运转、终而复始的循环。西汉时期又有人把这种观点和谶纬相结合，用来说明朝代的更替。显然扬雄认为这种认识是错误的，在他看来托古人之名的内容是牵强附会的，是不合理的。

10.3 或问浑天[1]。

曰[2]："落下闳营之，鲜于妄人度之，耿中丞象之，几乎，几乎！莫之能违也。"

"请问盖天[3]？"

曰[4]："盖哉，盖哉！应难未几也。"

[注释]

[1] 或问浑天：有人问对浑天说的看法。浑天，一种关于宇宙结构的学说。此处应既指学说，也包括仪象。 [2] "曰"以下七句：回答说：按照浑天说的观点编订历法、制作仪象，经过落下闳的经营谋划，鲜于妄人的测量推算，到耿寿昌制出浑象，精微神妙呀！精微神妙呀！谈天的人不能违背它。落下闳，或作"洛下宏"，字长公，巴郡阆中人，西汉时期的天文学家。营，改定，制造。鲜于妄人，复姓鲜于，名妄人，西汉时期的天文学家。度，测量推算。耿中丞，耿寿昌，西汉宣帝时人，精通算术。象，制

造浑象。几，精微神妙。 [3] 请问盖天：请问对盖天说的看法。盖天，早于浑天说的宇宙结构学说。 [4]“曰”以下四句：回答说：盖天说呀！盖天说呀！它回答人们对它提出的疑难，没有达到精微神妙的程度。

［点评］

对浑天说最完备的解释，是东汉张衡的《浑天仪注》，他说：“浑天如鸡子，天体圆如弹丸，地如鸡中黄，孤居于内。天大而地小。天表里有水。天之包地，犹壳之裹黄。天地各乘气而立，载水而浮……天转如车毂之运也，周旋无端，其形浑浑，故曰浑天也。”（《法言义疏》注引）根据浑天说的观点制造的观测天象的仪器叫“浑仪”，表演天象的仪器叫“浑象”。扬雄原来也是相信盖天说的，并曾作盖天图。但是经过桓谭“难之”、扬雄“无以解”的事件之后，扬雄开始相信浑天说。

10.4 或问[1]：“赵世多神，何也？”曰[2]：“神怪茫茫，若存若亡，圣人曼云。”

［注释］

[1]“或问”以下三句：有人问：秦代有很多关于神怪的传说，这是为什么呀？赵：指秦。据《史记·秦本纪》和《史记·赵世家》记载，秦与赵是由共同的祖先繁衍而来，所以后人常以秦称赵，或以赵称秦。 [2]“曰”以下四句：回答说：神怪的事模模糊糊的，好像有又好像没有，圣人是不谈这些事的。茫茫，遥远不明的样

子。存，有。亡，无。曼，不。

[点评]

这句话名为评论秦代，实际上是不满意当时社会上流行的神怪迷信。每当要指责当时的什么现象时，就说秦朝有这些问题，把秦朝批判一通，这在西汉几乎成了通例。王莽在位时搞了不少符命神怪的事，故有学者认为扬雄是在暗中讽刺王莽。扬雄反对谈论鬼神迷信，但政治上并不反对王莽。

10.5 或问[1]："子胥、种、蠡，孰贤？"

曰："胥也[2]，俾吴作乱，破楚、入郢、鞭尸、藉馆，皆不由德；谋越谏齐不式[3]，不能去，卒眼之。种、蠡不强谏而山栖[4]，俾其君诎社稷之灵而童仆，又终弊吴。贤皆不足邵也[5]。至蠡策种而遁，肥矣哉！"

[注释]

[1] "或问" 以下三句：有人问：伍子胥、文种、范蠡，谁是有道德的贤人呀？子胥，姓伍，名员，字子胥，春秋时期楚国人。因其父、兄俱为楚平王所诛，立志复仇，遂奔吴。他帮助阖庐夺得王位，整军经武，国势强盛。西破强楚，北威齐、晋，南服越人。后在吴王夫差时，因谏王拒绝越国求和、停止伐齐，渐被疏远，遂被赐死。其事迹见《史记 · 吴太伯世家》和《史

记·伍子胥列传》。种，姓文，名种，字子禽。蠡，姓范，名蠡，字少伯。文种、范蠡同为春秋时期越国人，俱事越王勾践为大夫，忠心辅佐，发奋图强，前后二十余年，使越国由弱转强。遂灭吴，报会稽之耻。后文种被勾践赐死，范蠡弃官经商，成为巨富，定居陶，称“陶朱公”。他们的事迹见《史记·越王勾践世家》和《史记·货殖列传》。 [2]“胥也”以下四句：伍子胥挑唆阖庐杀死吴王僚，使吴国发生内乱，又打破楚国，攻入郢都，鞭打楚平王的尸体，强占楚国君臣的宫舍和妻妾，都没有遵循道德。俾吴作乱，指伍子胥帮助阖庐杀死吴王僚夺得王位之事。俾，使。郢，当时楚国都城，在今湖北江陵县。鞭尸，据《史记·伍子胥列传》记载，伍子胥率兵攻破楚国后，“求昭王，既不得，乃掘楚平王墓，出其尸，鞭之三百，然后已”。藉馆，指吴国君臣强占楚国君臣的宫舍及其妻妾。藉，践踏，凌辱。馆，客舍。由，遵循。 [3]“谋越谏齐不式”以下三句：他关于灭亡越国的谋略和不能伐齐的进谏没被吴王夫差采用，还不肯离开吴国到别处去，终于被杀害，死前他还要求把眼睛悬在吴国的东门上看着越国灭亡吴国。卒，终于。眼之，据《史记·伍子胥列传》记载，吴王夫差赐伍子胥属镂之剑，令其自杀。死前，伍子胥告其舍人曰：“必树吾墓上以梓，令可以为器；而抉吾眼县吴东门之上，以观越寇之入灭吴也。” [4]“种、蠡不强谏而山栖”以下三句：文种、范蠡明知不能伐吴却不努力进谏，致使越王勾践被吴兵包围在会稽山上，不得不牺牲国家的尊严去做吴王的奴仆，最后又终于灭掉吴国。栖，居。诎，屈。社稷，国家。社，土地神，稷，谷神。弊，同“毙”，灭亡。 [5]“贤皆不足邵也”以下三句：他们的道德都是不值得称道的。至于范蠡在灭吴后劝文种和自己隐退出走，这才是超然离俗的举动呀！邵，当作“卲”。策，书简。遁，隐退。肥，犹言肥遁。语出自《周易·遁》:“上九，肥遁，无不利。”肥遁，指最好的隐遁。

[点评]

扬雄对伍子胥、文种、范蠡三人有不同评价。对伍子胥，他认为其攻打父母之邦、鞭打楚王尸体等行为不符合“义”，最终他也因看不清局势而被赐死。文种被勾践赐死，范蠡则弃官经商，成为巨富。扬雄对范蠡最为认可，其中的重要原因就是范蠡能够看清形势，保全自己的生命。

10.6 或问陈胜、吴广[1]。

曰:“乱。”

曰[2]:“不若是则秦不亡。”

曰[3]:“亡秦乎? 恐秦未亡而先亡矣。”

[注释]

[1]“或问陈胜、吴广”以下三句:有人问对陈胜、吴广的看法。回答说:他们是作乱。陈胜、吴广，秦朝末年农民起义领袖。陈胜，字涉，阳城人，雇农出身。吴广，字叔，阳夏人。秦二世元年(前209)，他们率领戍卒九百人在蕲县大泽乡(今安徽宿州)揭竿而起，反抗秦朝的残暴统治，并一度在陈县(今河南周口淮阳区)建立了张楚政权，陈胜称王。他们的事迹见《史记·陈涉世家》。 [2]“曰”二句:那人说:不这样秦朝就不会灭亡。 [3]“曰”以下三句:回答说:灭亡秦朝吗? 恐怕秦朝还没有灭亡而他们自己倒先灭亡了。

［点评］

陈胜、吴广虽然在起义后不久都被杀死，但由他们发动的农民起义已经成为燎原大火，终于推翻了暴秦。陈胜、吴广的首义之功是不应抹杀的。扬雄面对西汉末年频繁的农民起义，既恐惧、反对又无可奈何，于是就“诅咒”起来。这和专门为陈胜写“世家”的司马迁比起来，是退步多了。

10.7　或问：“六国并[1]，其已久矣。一病一瘳。迄始皇，三载而咸。时激[2]？地保？人事乎？”

曰[3]：“具。”

“请问事[4]？”

曰[5]：“孝公以下，强兵力农以蚕食六国，事也。”

“保[6]？”

曰：“东沟大河[7]，南阻高山，西采雍、梁，北卤泾垠。便则申[8]，否则蟠。保也。”

“激[9]？”

曰[10]：“始皇方斧，将相方刀；六国方木，将相方肉。激也。”

[注释]

[1]“六国并”以下五句：六国与秦并立，时间已经很长了。情况时坏时好。但是到秦始皇的时候，三年时间就把六国都兼并了。并，并立。一，或。瘳（chōu），病愈。讫，至。咸，同，兼。 [2]“时激”以下三句：这是由于时机的侥幸、地势的可靠，还是人事的努力呢？时，时势。激，借为“徼”，侥幸。地，地势。保，险固。 [3]“曰”二句：回答说：全都起了作用。具，通“俱”。 [4]请问事：请问人事的作用表现在什么地方？ [5]“曰”以下四句：回答说：自秦孝公以后，秦国努力加强军事力量，发展农业生产，逐步侵吞六国的土地。这就是人事的努力。 [6]保：地势的险固表现在什么地方呢？ [7]“东沟大河”以下四句：秦国东面有大河为界，南面有高山阻挡，西部有雍水、梁山丰富的物产供给国家，北面一直占领到泾水边。沟，阻隔。大河，黄河。高山，指终南山，即今秦岭。采，食邑，以……为食邑。雍、梁，雍水、梁山所处的地区，即咸阳以西渭河流域的土地肥沃、农产丰富的地区。卤，通“虏”，夺取、占领。泾，泾水。垠，边界，界限。 [8]“便则申”以下三句：有利就往外扩张，不利就盘踞原地。这就是地势的可靠。便，便利。申，同“伸”，向外扩张。否（pǐ），恶，不利。蟠，俯伏屈曲，指退守自保。 [9]激：时势的侥幸表现在什么地方呢？ [10]“曰”以下六句：回答说：秦始皇好像斧头，秦国的将领和官吏好像刀剑，都具有坚强的意志和杰出的能力；六国的君主好像木头，六国的将领和官吏好像鱼肉，都是懦弱无能、甘受宰割的人。这就是时机的侥幸。方，恰巧，正是。

[点评]

扬雄将秦朝统一天下的原因归结为三个。其一为“事”，主要指军事实力的积累，其二是“保”，指秦朝所处地理位置的优势，其三是“激”，抓住了统一天下的机会。

10.8 或问[1]：“秦伯列为侯卫，卒吞天下，而赧曾无以制乎？”

曰：“天子制公、侯、伯、子、男也[2]，庸节。节莫差于僭[3]，僭莫重于祭，祭莫重于地，地莫重于天。则襄、文、宣、灵[4]，其兆也。昔者襄公始僭西畤[5]，以祭白帝；文、宣、灵宗兴鄜、密、上、下[6]，用事四帝；而天王不匡[7]，反致文、武胙。是以四疆之内[8]，各以其力来侵，攘肌及骨，而赧独何以制秦乎？”

［注释］

[1]“或问”以下四句：有人问：作为西戎霸主的秦国本是周朝的一个属国，结果却并吞了整个天下，周赧王怎么不采取措施制裁呢？秦伯，秦国。伯，一方诸侯。侯卫，传说我国古代中央政权的王室，将分封在四方的封国，按其远近，将贡献的大小和时间分成等级，称为“服”。在一服之内，又划分出若干等级，称为“圻”。如宾服又分为侯圻、甸圻、男圻、采圻、卫圻五等，总此五等而言则为“侯卫”。赧，指周赧王姬延，前314至前256年在位，是周朝的最后一个王。其事迹见《史记·周本纪》。以，作为，行动。 [2]“天子制公、侯、伯、子、男也”二句：天子控制公、侯、伯、子、男这些诸侯，是用制度。制，控制，节制。公、侯、伯、子、男，周代最高统治者为天王，天王按亲族远近和功劳大小分封其部下为

诸侯，诸侯的爵位分为公、侯、伯、子、男五等。庸，用，以。节，礼制。 [3]“节莫差于僭”以下四句：对制度的破坏没有比僭越更严重的，僭越没有比祭祀的僭越更严重的，祭祀的僭越没有比祭地的僭越更严重的，祭地的僭越没有比对祭天的僭越更严重的。僭，僭越。 [4]“则襄、文、宣、灵”二句：如此说来，秦襄公、秦文公、秦宣公、秦灵公就已经显露僭越的征兆。襄、文、宣、灵，指秦国的国君襄公、文公、宣公、灵公。 [5]“昔者襄公始僭西畤（zhì）”二句：从前秦襄公开始僭越只有天王才能祭祀天帝的规定，建立西畤以祭祀白帝。白帝，古代统治者崇奉的五天帝（即五方天神）之一。畤，立坛以祭天地及五帝的地方。 [6]“文、宣、灵宗兴鄜、密、上、下”二句：秦文公、秦宣公、秦灵公相继兴建鄜畤、密畤、上畤、下畤，用来奉祀四方的天帝。文、宣、灵宗，即秦文公、秦宣公、秦灵公。兴，建立。鄜、密、上、下，即鄜畤、密畤、上畤、下畤。事，奉祀。 [7]“而天王不匡”二句：但周天子不仅不加以制止，反而把祭祀周文王、周武王的胙肉送给不该送的秦国。天王，指各代周王。致，送给。文、武胙（zuò），祭祀时上供的肉叫“胙”。 [8]“是以四疆之内”以下四句：因此，四境以内原为周朝属国的各个诸侯，便都来侵夺周的领土，而且越来越深入，好像吃完了肉还要啃骨头，既然这样，周赧王个人又有什么办法制裁秦国呢？攘肌及骨，形容各诸侯国侵夺周的领土越来越深入。攘，夺取。

［点评］

扬雄认为秦国作为西周的属国，最后却统一了天下，周天子有很大责任。面对秦襄公、秦文公、秦宣公、秦灵公等秦国诸侯对于礼制的僭越，周天子采取纵容态度。而导致周朝对于秦的僭越难以做出惩罚的原因正是周朝国力的衰弱。

10.9　或问："嬴政二十六载天下擅秦[1]，秦十五载而楚，楚五载而汉。五十载之际而天下三擅[2]。天邪？人邪？"

曰："具[3]。周建子弟[4]，列名城，班五爵，流之十二。当时虽欲汉[5]，得乎？六国蚩蚩，为嬴弱姬，卒之屏营，嬴擅其政，故天下擅秦。秦失其猷[6]，罢侯置守，守失其微，天下孤睽。项氏暴强，改宰侯王，故天下擅楚。擅楚之月[7]，有汉创业山南，发迹三秦，追项山东，故天下擅汉。天也。"

"人[8]？"

曰："兼才尚权[9]，右计左数，动谨于时，人也。天不人不因[10]，人不天不成。"

［注释］

[1]"嬴政二十六载天下擅秦"以下三句：秦王嬴政即位后二十六年统一全国，使分裂的天下变为统一的秦，秦统一后十五年又变为楚，楚经过五年又变为汉。擅，与"嬗"通，传递，变化。楚，指项羽。项羽名籍，字羽，下相人，楚国贵族出身。汉，汉朝。　[2]"五十载之际而天下三擅"以下三句：五十年之间天下发生三次变化。这是由于时机还是由于人事呢？　[3]具：通"俱"，时机和人事都起了作用。　[4]"周建子弟"以下四句：周

朝王室为自己的子弟们建立起许多诸侯国，把天下的土地城郭划开，按公、侯、伯、子、男五等爵位分封给他们，后来演变为许多诸侯国。列，同“裂”，分解。班，排列，规定。五爵，公、侯、伯、子、男。流，变动，发展。十二，泛言当时存在着许多诸侯国。 [5]“当时虽欲汉”以下七句：当时即使有人企图建立汉朝，又怎么可能呢？六国愚昧无知，他们的行动实际上是为嬴姓的秦去削弱姬姓的周，最终不知所措，让嬴秦掌握了天下的大权，所以天下变为秦。蚩蚩，形容愚昧无知。嬴，秦姓，以嬴指秦。卒，终。之，至。屏营，惊惶不知所措。 [6]“秦失其猷（yóu）”以下七句：秦朝打错了主意，废除分封诸侯的制度，实行郡县制设置郡守，郡守丧失了对百姓的控制，天下背叛离析。项羽很快强大起来，又改行分封制立诸将为侯王，所以天下又变为楚。猷，谋，道。罢侯置守，指秦始皇统一中国后，废除建置诸侯的分封制，实行中央集权的郡县制。侯，诸侯。守，郡守，总管一郡全面事务的行政长官。微，当作“徽”，约束。孤睽，背叛离析。暴，突然。 [7]“擅楚之月”以下六句：就在天下变为楚的当月，汉朝在终南山以南创立了基业，后来又扩大功业，吞并了项羽在秦国故地分封的雍王章邯、塞王司马欣、翟王董翳，并且出兵崤山以东追击项羽，所以天下又变为汉。这都是时机的作用。有汉，即汉。山南，山指终南山，即今秦岭。发，显现。迹，功业。三秦，秦亡后，秦降将章邯为雍王、司马欣为塞王、董翳为翟王，史称“三秦”。山东，崤山以东。崤山又名嵚崟山、嵚岑山，在河南洛宁县北。山分东西二崤，中有谷道，坂坡陡峻，为古代军事要地。 [8]人：人事的作用表现在什么地方？ [9]“兼才尚权”以下四句：招纳和尊崇有才能和有勇力的人，一切举措都经过计划和盘算，行动小心谨慎、审时度势，这就是人事的作用。兼才尚权，延揽和尊崇有才能和勇敢的人。兼，积聚。才，有才能的人。

尚，尊崇。权，勇敢的人。或作“权”，作谋略讲，也通。右计左数，一切活动都经过仔细盘算和计划。[10]“天不人不因”二句：只有好的时机没有人的努力，不可能成功；只有人的努力没有好的时机，也不可能成功。因，就，成。

［点评］

自周以来，到秦国建立，再到汉代建立的朝代更替过程，是天与人共同作用的结果。扬雄对各个朝代能够建立的原因做了分析，强调各朝的建立都有客观因素与人为的努力在起作用，所以说“天不人不因，人不天不成”，天与人共同促成了历史的发展变化。

10.10 或问[1]：“楚败垓下，方死，曰：‘天也。’谅乎？”

曰：“汉屈群策[2]，群策屈群力。楚憞群策[3]，而自屈其力。屈人者克[4]，自屈者负。天曷故焉。”

郭店竹简《穷达以时》：“有天有人，天人有分。察天人之分，而知所行矣。”郭店竹简《语丛一》：“知天所为，知人所为，然后知道，知道然后知命。”

［注释］

[1]“或问”以下六句：有人问：项羽在垓下被刘邦打败，自杀之前说：“这是天要灭亡我。”确实是这样吗？楚，指项羽。前202年，项羽被刘邦包围于垓下（在今安徽灵璧县），战败后自杀于乌江边。自杀之前曾说：“此天之亡我，非战之罪也。”（《史记·项羽本纪》）谅乎，确实是这样吗？谅，信，诚。[2]“汉

屈群策”二句：刘邦能充分发挥众人的智谋，又能依靠众人的智谋充分调动众人的力量。屈，尽，使尽献。策，谋略。　[3]“楚憝（duì）群策”二句：项羽则厌恶众人的智谋，并且自己耗尽了自己的力量。憝，怨恨，憎恶。　[4]“屈人者克”以下三句：能够充分发挥众人的力量的人胜利，自己耗尽自己力量的人失败。这和天有什么关系？克，胜利。

［点评］

项羽失败自刎，而刘邦胜利建立汉朝，是因为人事而非天命。刘邦能够群策群力，利用臣子的力量，胜在了人事上。故在扬雄看来，人事比天命更重要。

10.11　或问[1]：“秦、楚既为天典命矣，秦缢灞上，楚分江西，兴废何速乎？”

曰：“天胙光德而陨明忒[2]。昔在有熊、高阳、高辛、唐、虞、三代[3]，咸有显懿，故天胙之，为神明主，且著在天庭[4]，是生民之愿也，厥飨国久长。若秦、楚强阋震扑[5]，胎藉三正，播其虐于黎苗，子弟且欲丧之[6]，况于民乎，况于鬼神乎？废未速也。”

［注释］

[1]“或问”以下五句：有人问：秦和楚既然受天命主宰天下，

可是秦王子婴用丝带系住脖子在灞上投降刘邦，楚王项羽在乌江西岸自杀后尸体被汉将瓜分，兴亡为什么这样快？典，主。秦缢灞上，指秦的灭亡。《史记·秦始皇本纪》："楚将沛公（刘邦）破秦军入武关，遂至霸上，使人约降子婴。子婴即系颈以组，白马素车，奉天子玺符，降轵道旁。"楚分江西，指项羽的失败。分，瓜分。 [2] 天胙光德而陨明忒：天福佑有大德的人而毁灭有大恶的人。胙，引申为赐福、使福等。光，大。陨，失坠，毁坏，引申为使坏、使灭等。明，显著。忒，恶。 [3]"昔在有熊、高阳、高辛、唐、虞、三代"以下四句：从前黄帝、颛顼、帝喾、唐尧、虞舜和夏、商、周三代，都有显著的美德，所以上天福佑他们，使他们统治天下，主持祭祀天地神明。有熊，黄帝。高阳，帝颛顼。高辛，帝喾。这三人和唐尧、虞舜即是我国古史传说中的五帝。懿，美德。为神明主，主持祭祀天地和天神，比喻统一天下。 [4]"且著在天庭"以下三句：并且在天帝的朝廷上注明，这是民众的愿望，所以他们统治天下的时间很长。著，标记，注明。天庭，天帝之庭。厥，指五帝和三代。飨（xiǎng）国，指掌握国家政权。飨，通"享"。 [5]"若秦、楚强阋（xì）震扑"以下三句：像秦和楚那样内部激烈地互相斗争和互相打击，践踏"三统三正"的天命，残暴地虐待百姓。阋，争斗。震，强烈。扑，击打。胎藉，践踏。三正，三统三正。董仲舒提出的循环论历史观，认为王朝的更迭是按照三个阶段循环进行的，每一个阶段都有一种颜色处在正统的地位，如夏代尚黑，是黑统；商代尚白，是白统；周代尚赤，是赤统。王朝在更替的时候，就需要依照三统循环的次序改变服饰的颜色。同时需要按照三正循环的次序改变历法，如夏代以寅月为正月，商代以丑月为正月，周代以子月为正月，历法上对于正月初始的不同规定，谓之"三正"。播，散布。虐，残暴。黎苗，众、庶，指普通民众。 [6]"子弟且欲丧之"以下四句：自己的子弟尚且企图使他们灭亡，何况老百姓呢？何况鬼神呢？他们早就该灭亡了，并不算快。

［点评］

扬雄将秦、楚与有熊、高阳、高辛、唐、虞、三代进行比对，是为了说明秦、楚主张暴力夺取天下，治国不依靠仁义道德，这样的统治方式自然不能被百姓、天地所接受，因此，秦、楚的灭亡是十分正常的。这也反映出扬雄十分重视仁治、德治的治理方式。

《荀子·儒效》："大儒者，善调一天下者也，无百里之地则无所见其功。……用百里之地，而不能以调一天下，制强暴，则非大儒也。"

10.12　或问[1]："仲尼大圣，则天曷不胙？"

曰[2]："无土。"

"然则舜、禹有土乎[3]？"

曰[4]："舜以尧作土，禹以舜作土。"

［注释］

[1]"或问"以下三句：有人问：孔子既然是大圣人，那么天为什么不福佑他，（让他统治天下呢？）曷，何。不胙，天不赐福给他。　[2]"曰"二句：回答说：因为孔子没有领地作为依据。这句话是针对司马迁的。司马迁在《史记·秦楚之际月表》中说："然王迹之兴，起于闾巷，合从讨伐，轶于三代，乡秦之禁，适足以资贤者为驱除难耳。故愤发其所为天下雄，安在无土不王。"　[3]然则舜、禹有土乎：那么虞舜和夏禹有领地作为依据吗？　[4]"曰"以下三句：回答说：虞舜是从唐尧那里接受的帝位，是以唐尧的领地作为依据；夏禹是从虞舜那里接受的帝位，是以虞舜的领地作为依据。

［点评］

孔子是儒家圣人，但是圣人并没有成为尧舜那样的人物，原因之一是没有土地。至于扬雄说“舜以尧作土，禹以舜作土”，也表明没有人能够任用孔子，因此孔子也就难以实现他的政治抱负。扬雄在此强调的是，成就大事必须获得好的时机。

10.13 或问圣人表里[1]。

曰：“威仪文辞[2]，表也；德行忠信[3]，里也。”

《论语·雍也篇》：“子曰：质胜文则野，文胜质则史。文质彬彬，然后君子。”

［注释］

[1] 或问圣人表里：有人问圣人的外表和实质。表，外表，仪表。里，本质，内容。 [2]“威仪文辞”二句：庄严的仪容、优美的言辞，是圣人的外表。威仪，庄严的仪容。文辞，优美的言辞。 [3]“德行忠信”二句：高尚的道德、忠诚的品质，是圣人的实质。德行，高尚的道德。忠信，忠诚的品质。

［点评］

圣人的外在和内在是一致的，与孔子倡导的“文质彬彬”是一个意思。

10.14 或问：“义帝初矫[1]，刘龛南阳[2]，项救河北[3]，二方分崩[4]，一离一合。设秦得人[5]，如何？”

曰[6]："人无为秦也，丧其灵久矣。"

[**注释**]

[1] 义帝初矫：当楚怀王刚即位的时候。义帝，项梁、项羽起兵反秦后，求楚怀王孙心于民间，立为楚怀王。灭秦后，项羽自封为西楚霸王，尊怀王为义帝。初矫，指楚怀王初立的时候。矫，借为"挢"，举也。 [2] 刘龛（kān）南阳：指刘邦在进军关中的途中，战洛阳东，不利，乃略南阳郡，南阳郡守投降。龛，与"戡"同，克，取。 [3] 项救河北：指项羽杀宋义，将其兵北渡黄河赴巨鹿救赵王歇。 [4]"二方分崩"二句：义军分裂为项羽、刘邦两个集团，貌合神离。 [5]"设秦得人"二句：假如这时候秦朝得到有能力的人，局势会怎么样呢？ [6]"曰"以下三句：回答说：没有人会为秦朝出力，秦朝丧失天命已经很久了。灵，天命。

[**点评**]

秦朝在陈胜、吴广起义之后，已经不再具备"东山再起"的机会，即便有再多的人帮助，秦朝灭亡的结局已经注定。何况，在秦朝严刑峻法等举措下，不会再有人会帮助秦朝了。

10.15 韩信、黥布皆剑立南面称孤[1]，卒穷时戮，无乃勿乎？

或曰[2]："勿则无名，如何？"

曰[3]："名者，谓令名也。忠不终而躬逆，焉攸令？”

［注释］

[1]“韩信、黥布皆剑立南面称孤”三句：韩信、黥布都拥有重兵并且面向南方称王，但终于受到当时的极刑被杀身死，不是太愚昧了吗？黥布，安徽六安人，姓英，名布。少时曾因犯罪被黥（脸上刺字），故又称“黥布”。他也是汉朝重要的佐命功臣，后来在刘邦消灭异姓诸侯王时被诛。其事迹见《史记·黥布列传》和《汉书·韩彭英卢吴传》。剑立，带剑而立，指拥有重兵。南面，面向南方。称孤，为王。卒，终于。穷，穷困。时戮，被戮。时，通“是”。无乃，不是。勿，同“昒（hū）”，昏昧，不明。 [2]“或曰”以下三句：有人说：如果他们愚昧就不可能有那么大的名声，怎么能说他们是愚昧的呢？ [3]“曰”以下五句：回答说：名声是指美好的名声。韩信、黥布不能尽忠到底而自己起来造反，还有什么美好的名声呀？令，美，善。躬，自身，亲自。

［点评］

扬雄以忠心与否作为评价韩信、黥布的标准，认为他们虽然依靠军事手段成为一方“诸侯”，但是不能坚持忠于汉代，这就使他们最终走向失败。可见，扬雄对韩信、黥布是持批评、否定态度的。

10.16 或问淳于越[1]。

曰：“伎、曲。”

“请问[2]？”

《史记·秦始皇本纪》：“始皇置酒咸阳宫，博士七十人前为寿。仆射周青臣进颂曰：‘他时秦地不过千里，赖陛下神灵明圣，平定海内，放逐蛮夷，日月所照，莫不宾服。以诸侯为郡县，人人自安乐，无战争之患，传之万世。自上古不及陛下威德。’始皇悦。博士齐人淳于越进曰：‘臣闻殷、周之王千余岁，封子弟功臣，自为枝辅。今陛下有海内，而子弟为匹夫，卒有田常、六卿之臣，无辅拂，何以相救哉？事不师古而能长久者，非所闻也。今青臣又面谀以重陛下之过，非忠臣。’始皇下其议。”

曰："始皇方虎挒而枭磔[3]，噬士犹腊肉也。越与亢眉[4]，终无挠辞，可谓伎矣。仕无妄之国[5]，食无妄之粟，分无妄之桡，自令之间而不违，可谓曲矣。"

[注释]

[1]"或问淳于越"以下三句：有人问对淳于越的看法。回答说：既耿直倔强，又委曲求全。淳于越，齐人，秦始皇时为博士。伎，借为"支"，支吾、抵拒之。曲，屈曲，屈服。　[2]请问：请问这是什么意思？　[3]"始皇方虎挒（liè）而枭（xiāo）磔（zhé）"二句：当时秦始皇正像老虎和猫头鹰撕裂动物肢体一样对待儒士，残害儒士好像咀嚼肉干一样。挒，撕裂，折断。枭，一种猛禽，俗称猫头鹰。磔，撕裂动物肢体。噬（shì），咬，嚼。腊（xī）肉，干肉。　[4]"越与亢（kàng）眉"以下三句：淳于越在他面前慷慨地发表意见，始终没有谄谀的言语，这可以说是耿直倔强了。亢眉，扬眉，形容说话时慷慨陈词，没有低声下气的神态。亢，高举。挠，屈曲。　[5]"仕无妄之国"以下五句：但淳于越在后果不可预料的秦国做官，领取后果不可预料的俸禄，分享后果不可预料的荣耀，在这样的环境中独善其身而不离去，这就可以说是委曲求全了。无妄之国，秦国。无妄，不虞、不可逆料。粟，做官领取的俸禄。桡，读为"耀"，释为"荣"。令，善，美。之间，指秦之朝廷。

[点评]

据《史记·秦始皇本纪》，秦仆射（yè）周青臣极力称颂秦之功德，淳于越当面斥其"面谀""非忠臣"，由此引起李斯焚书之议。扬雄对淳于越的独立人格和批判精神持肯定态度，但对他留仕暴秦则表示遗憾。

10.17 或问："茅焦历井干之死[1]，使始皇奉虚左之乘。蔡生欲安项咸阳[2]，不能移，又亨之，其者未辩与？"

曰："生舍其木侯而谓人木侯[3]，亨不亦宜乎？焦逆讦而顺守之[4]，虽辩，劘虎牙矣。"

［注释］

[1]"茅焦历井干之死"二句：茅焦越过纵横交错如井栏般的尸体去进行谏说，终于使秦始皇回心转意，用空着左边位置的车去迎接太后。茅焦，秦始皇即位初期的秦官。历，经过。井干之死，据刘向《说苑·正谏》记载，秦始皇即位初期，太后私通嫪毐，生子二人。后秦始皇车裂嫪毐，扑杀二弟，迁太后于萯阳宫，还诛杀以此事进谏者二十七人。"井干之死"就是形容被诛杀者陈尸阙下纵横交错的情况。井干，井栏。虚左之乘（shèng），空着左边位子的车。乘，四马拉的车。 [2]"蔡生欲安项咸阳"以下四句：蔡生企图让项羽定都咸阳，却没能使项羽改变主意，反而被项羽烹杀，大概是他说话不够巧妙吧？不能移，没能改变项羽的主意。亨，"烹"本字，指项羽烹杀蔡生。其者，与"其诸"同，或者，大概。辩，巧言。 [3]"生舍其木侯而谓人木侯"二句：蔡生忘了自己像猴子一样不懂事，却骂别人像猴子一样不懂事，他被烹杀不是很自然吗？木侯，《史记》《汉书》皆作"沐猴"，即猕猴。 [4]"焦逆讦（jié）而顺守之"以下三句：茅焦违抗秦

始皇的命令去批评他，又用秦始皇愿听的话来感动他以保护自己，虽然言辞巧妙，却像摸弄老虎的牙齿一样危险呀！讦，揭露，攻击。劘（mó），摩，摸。

［点评］

茅焦劝谏始皇帝，语言巧妙而成功，蔡生劝谏项羽，失败后辱骂其“沐猴而冠”，展现出两人面对君主时候的不同态度。扬雄显然更欣赏茅焦，同意其能够表达自己思想的同时，还能使用正确的方式使得君主同意劝解。扬雄认为臣子的态度就是在劝诫君主的同时应该保全自身。

10.18　或问：“甘罗之悟吕不韦[1]，张辟彊之觉平、勃[2]，皆以十二龄[3]，戊、良乎？”

曰：“才也[4]。戊、良不必父祖。”

［注释］

[1] 甘罗之悟吕不韦：指甘罗启发吕不韦，使吕不韦同意他去说服张唐相燕。据《史记・樗里子甘茂列传》记载，甘罗十二岁时为秦相吕不韦家臣，吕不韦派张唐相燕，张唐不肯，甘罗自荐去说服张唐，吕不韦看不起他，甘罗说：“大项橐生七岁为孔子师。今臣生十二岁于兹矣，君其试臣，何遽叱乎？”终于使吕不韦同意了他的要求。甘罗，战国末年楚国人，秦相甘茂之孙。其事迹见《史记・樗里子甘茂列传》。吕不韦，战国末年卫国人，任秦相国。其事迹见《史记・吕不韦列传》。　[2] 张辟彊之觉平、勃：指张辟彊启发陈平、周勃，使陈平、周勃认识到惠帝死后吕后哭

而无泪的原因。据《史记·吕太后本纪》记载，惠帝死时，吕后哭而无泪。侍中张辟彊对左丞相陈平说："帝毋壮子，太后畏君等。君今请拜吕台、吕产、吕禄为将，将兵居南、北军，及诸吕皆入宫，居中用事，如此则太后心安，君等幸得脱祸矣。"陈平等从其计，后来陈平和周勃又同意吕后封诸吕为王。张辟彊，汉初时人，张良之子。觉，悟。平，陈平，秦末汉初阳武人。他先追随项羽，后归附刘邦，成为重要的谋士和佐命功臣之一。汉朝建立，封曲逆侯。惠帝、吕后时，仕至丞相。吕后死，他和太尉周勃一起诛除诸吕，迎立文帝。其事迹见《史记·陈丞相世家》和《汉书·张陈王周传》。勃，周勃，汉初沛县人。他追随刘邦起义，成为重要的佐命功臣之一。汉朝建立，封绛侯。惠帝、吕后时，仕至太尉。因诛吕安刘之功居首，文帝时，曾为丞相。其事迹见《史记·绛侯周勃世家》和《汉书·张陈王周传》。　[3]"皆以十二龄"二句：（甘罗、张辟彊）当时都只有十二岁，是不是由于甘罗的祖父甘茂、张辟彊的父亲张良的指教呢？皆以十二龄，甘罗启发吕不韦是十二岁，但张辟彊启发陈平和周勃，据《史记·吕太后本纪》和《汉书·外戚传》，则为十五岁。扬雄在这里是泛说。戊，与"茂"通。甘茂，甘罗的祖父。其事迹见《史记·樗里子甘茂列传》。良，张良，字子房，张辟彊的父亲。其事迹见《史记·留侯世家》和《汉书·张陈王周传》。　[4]"才也"二句：这是出于他们自己的才能。甘茂、张良能干出一番大事业也不必是出于父亲、祖父的指教。意思是说，同样的道理，甘罗、张辟彊的行事也不必是出于父亲、祖父的指教。

［点评］

甘罗、张辟彊历来被看作是年幼早慧的代表，这当然有他们个人天分的因素，也离不开家庭环境的影响，但前者往往更为关键，扬雄也更看重这一点。天才往往是可遇不可求的，扬雄也有早慧的儿子扬乌，《问神》中有对其子的称赞。

10.19 或问："郦食其说陈留[1]，下敖仓，说齐罢历下军，何辩也！韩信袭齐[2]，以身脂鼎，何讷也？"

曰："夫辩也者[3]，自辩也；如辩人，几矣。"

［注释］

[1]"郦食其（lì yì jī）说（shuì）陈留"以下四句：郦食其说服刘邦攻取陈留，占领敖仓，又说服齐王田广放弃驻守历下军队的防务，话说得多么巧妙呀！郦食其，秦朝人，刘邦的谋士，以能言善辩著称。其事迹见《史记·郦生陆贾列传》和《汉书·郦陆朱刘叔孙传》。说陈留，在刘邦攻秦的过程中，郦食其游说刘邦顺利地攻下陈留，又奉命出使齐国，劝齐王田广以七十余城归顺，为刘邦以后的胜利提供了有利的条件。后大将军韩信攻打齐国，导致郦食其为齐王田广烹杀。说，游说。陈留，古地名。在今河南开封陈留镇。敖仓，秦朝的大粮仓之一，因在敖山上，故名"敖仓"。敖山在今河南郑州西北。齐，指秦汉之际的齐王田广。历下，古地名，因在历山下，故名"历下"。历山在今山东济南。 [2]"韩信袭齐"以下三句：可是等到韩信袭击齐国，郦食其被齐王丢到鼎里烹煮的时候，为什么说话又那么笨拙了呢？韩信，江苏淮阴人，中国古代著名军事家，以善用兵著称于世。他是汉朝主要的佐命功臣之一，后来为吕后所诛。以身脂鼎，指

郦食其被田广投入鼎中烹杀。脂，此处作动词用，意为抹油使东西润滑。讷，拙于言辞。 [3]“夫辩也者”以下四句：巧于言辞，是要用巧妙的言辞为自己辩护；如果拿巧妙的言辞去玩弄别人，那就太危险了。几，危。

［点评］

郦食其以“辩”成名，在说服刘邦攻取陈留，占领敖仓，又说服齐王田广放弃驻守历下的军队防务时取得重要成果。但是在自身面对危险时却“口不能言”，不能保存自身的生命。扬雄对郦食其的这种情况表示不能理解。在他看来，只有能保存自身生命的，才是真正的能“辩”之士。

10.20 或问[1]：“蒯通抵韩信，不能下，又狂之。”

曰[2]：“方遭信闭，如其抵！”

曰[3]：“巇可抵乎？”

曰[4]：“贤者司礼，小人司巇，况拊键乎！”

［注释］

[1]“或问”以下四句：有人问：蒯通离间韩信和刘邦的关系，没有达到目的，就又装起疯来。（对这件事你怎么看呢？）蒯通，本名“蒯彻”，秦、汉之际的策士。因避汉武帝讳，《史记》《汉书》改为“蒯通”。其事迹见《汉书·蒯伍江息夫传》。抵，乘隙而入的意思。 [2]“曰”以下三句：回答说：一下子就遭到韩信的拒

绝，这就是他离间的结果！方，正，当，引申为立刻。闭，关，塞，引申为拒绝。 [3]“曰”二句：问：如果有间隙，就可以乘隙而入进行离间吗？巇（xī），间隙。 [4]“曰”以下四句：回答说：贤人行动要看是不是符合礼，小人行动才看是不是有隙可乘，何况本来无隙可乘，偏要去撞门闩，（怎么会不失败呀！）司，通“伺”，侦候、观察。拊（fǔ），拍，击。键，门闩。

［点评］

如蒯通之流，专门寻找可以“投机钻营”的人都被扬雄所否定，他认为真正的贤人是按照“礼”来行事的。同时，扬雄也在自比，即不会为了达到某种目的，放弃心中的礼。

10.21 或问：“李斯尽忠[1]，胡亥极刑，忠乎？”

曰：“斯以留客[2]，至作相，用狂人之言，从浮大海，立赵高之邪说[3]，废沙丘之正，阿意督责，焉用忠？”

“霍[4]？”

曰：“始元之初[5]，拥少帝之微，摧燕、上官之锋，处废兴之分[6]，堂堂乎忠，难矣哉！至显，不终矣。”

[注释]

[1]“李斯尽忠”以下三句：李斯尽忠于秦，秦二世胡亥却处他以极刑，他算不算是尽忠呀？李斯，本是楚人，入秦为客卿。前237年秦下令逐客，李斯上《谏逐客书》，秦始皇遂取消逐客令，李斯才得以留下来，后来又做了丞相。 [2]“斯以留客”以下四句：李斯以留下来的客卿身份，一直到成为丞相，他用吹捧秦始皇的狂妄言辞取得信任，跟随秦始皇巡游海上。 [3]“立赵高之邪说”以下四句：秦始皇死后，他又支持赵高立胡亥为皇帝的邪说，篡改了秦始皇在沙丘立下的召公子扶苏回来继承帝业的正确遗诏。秦二世上台后，他曲顺秦二世的意旨，监督迫害民众，他哪里算是忠啊？沙丘之正，秦始皇正确的遗诏。阿意，曲顺人意。督责，督察然后给予处罚。 [4]霍：霍光算不算是呀？霍光，字子孟。汉武帝临死时，以他为大司马大将军，封博陆侯，与金日磾、上官桀、桑弘羊等共受遗诏，辅佐太子弗陵，即汉昭帝。昭帝死后，他迎立昌邑王刘贺为帝，不久即被废，改立汉宣帝，前后辅政凡二十年。其事迹见《汉书·霍光金日磾传》。 [5]“始元之初”以下三句：始元初年，霍光拥戴年少力弱的昭帝，揭穿了燕王旦、上官桀等人谋反的阴谋。上官，上官桀，汉武帝时仕至太仆、左将军，与霍光等共受遗诏辅佐昭帝。 [6]“处废兴之分”以下五句：处在掌握废立皇帝大权的地位，堂皇正大，忠心耿耿，真不容易做到呀！后来包庇妻子显毒死宣帝许皇后的罪过，却没有忠到底。分，职责，名位。堂堂，光明正大的样子。显，霍光的妻子。为了让自己的女儿嫁给汉宣帝，投毒杀死了宣帝的皇后。霍光包庇了妻子的罪行，最终招致灭族之祸。

[点评]

本章讨论李斯与霍光是否尽忠的问题，涉及的则是在传统社会中如何理解忠的问题。扬雄认为李斯放弃原则，逢上之恶，确为不忠。霍光辅佐幼主，平定叛乱，总体上是忠于国家的，但后来个人野心膨胀，包庇妻子的罪行，则是不忠的。

10.22 或问："冯唐面文帝[1]，得廉颇、李牧不能用也，谅乎？"

曰："彼将有激也[2]。亲屈帝尊[3]，信亚夫之军，至颇、牧，曷不用哉？"

"德[4]？"

曰："罪不孥[5]，宫不女，馆不新，陵不坟。"

[注释]

[1] "冯唐面文帝"以下三句：冯唐当面说汉文帝即使得到像廉颇、李牧那样的良将也不能任用他们，的确是这样吗？据《史记·张释之冯唐列传》记载，汉文帝时，云中守魏尚数败匈奴，屡立战功。后来因为"坐上功首虏差六级"，被撤职并逮捕入狱。冯唐为此事愤愤不平，所以当汉文帝慨叹时无廉颇、李牧之将时，他就先拿话刺激文帝，接着就为魏尚申冤，于是汉文帝令冯唐持节赦魏尚，复以为云中守，并拜冯唐为车骑都尉。所以扬雄认为冯唐的话是有感而发。冯唐，西汉文、景时人，其事迹见《史记·张释之冯唐列传》和《汉书·张冯汲郑传》。廉颇、李牧，都是我国古代著名的军事将领，战国末年赵国人。其事迹见《史记·廉颇蔺相如列传》。谅，诚，确实。 [2] 彼将有激也：这是

冯唐有意刺激文帝。彼，指冯唐。 [3]“亲屈帝尊”以下四句：文帝能放下皇帝的尊严，赞扬周亚夫治军有方，若遇到像廉颇、李牧这样的良将，怎么会不用呢？亲屈帝尊，信亚夫之军，据《史记·绛侯周勃世家》记载，汉文帝后元六年（前158），北方匈奴入侵。文帝使刘礼、徐厉、周亚夫率军分驻霸上、棘门、细柳以御之。文帝劳军，至霸上、棘门，长驱直入，将领下马迎送。至细柳，不能入；既入，又不许驱驰。将领皆以军礼见。文帝出来后称赞说：“嗟乎！此真将军矣！曩者霸上、棘门军若儿戏耳，其将固可袭而虏也。至于亚夫，可得而犯邪！”信，借为“伸”，赞扬、支持。亚夫，周亚夫，西汉功臣周勃之子，中国古代著名的军事将领。 [4]德：文帝之德如何？ [5]“罪不孥”以下四句：一人有罪不牵连家属，皇宫里不选取过多的宫女，生前不新建宫馆苑囿，死后不建高大的冢墓，这就是文帝的德行。罪不孥，一人有罪，不牵连家属。孥，本指子女，这里统指家属。宫不女，皇宫里不留过多的女子。馆不新，不新建宫室。陵不坟，不起高大的冢墓。陵，皇帝的冢墓。坟，高大的土堆。

［点评］

本内容是扬雄对汉文帝的赞叹之语。其中比较著名的故事有冯唐激将文帝、充分信任周亚夫的军队。“罪不孥，宫不女，馆不新，陵不坟”也是其德治天下的重要表现。总体来看，汉文帝符合扬雄对明君的要求与期望。

10.23 或问交[1]。

曰：“仁。”

问[2]：“余、耳？”

曰[3]:“光初。”

“窦、灌[4]?”

曰[5]:“凶终。”

[**注释**]

[1]“或问交”以下三句:有人问交友之道。回答说:要以仁相交。 [2]“问”二句:问:陈余、张耳的交往怎么样呢?陈余、张耳二人皆魏国大梁(今河南开封)人,曾“相与为刎颈交”。秦末二人占据河北,先后拥立武臣、旧贵族赵歇为赵王。后二人闹翻,张耳投奔刘邦,陈余兵败被杀。汉朝建立,张耳受封赵王。其事迹见《史记·张耳陈余列传》和《汉书·张耳陈余传》。 [3]“曰”二句:回答说:开始光彩照人,但有始无终。这是说张耳、陈余的生死之交有始无终,后来互相攻杀起来。 [4]窦、灌:窦婴、灌夫的交往怎么样?窦婴是窦太后之侄,景帝时为大将军,武帝初为丞相。他与灌夫相善,结为知交。后来失势,别人都疏远他,独灌夫遇之如故,二人最后因得罪丞相武安侯田蚡被杀。其事迹见《史记·魏其武安侯列传》和《汉书·窦田灌韩传》。 [5]“曰”二句:回答说:开始很好,但最后却被杀。

[**点评**]

扬雄认为朋友相交的原则是仁,陈余、张耳以利相交,故始乱终弃。窦婴、灌夫虽意气相投,但没有遵循仁的原则,最终还是招致杀身之祸。

《论语·为政篇》:“子曰:人而无信,不知其可也。大车无輗,小车无軏,其何以行之哉?”

10.24 或问信[1]。

曰："不食其言。"

"请人[2]。"

曰："晋荀息[3]，赵程婴、公孙杵臼[4]，秦大夫凿穆公之侧[5]。"

问义[6]。

曰[7]："事得其宜之谓义。"

［注释］

[1]"或问信"以下三句：有人问怎样算是有信用。回答说：不背弃自己的诺言。食，吃，引申为消灭、忘记。 [2]请人：请举出守信用人。 [3]晋荀息：春秋时期晋国大夫。晋献公杀太子申生，立骊姬子奚齐为太子，使荀息辅之。献公死，奚齐立。后来奚齐被大夫里克杀死，荀息又立骊姬之子卓子。里克又杀卓子，荀息乃自杀，所以《公羊传·僖公十年》评论说："荀息可谓不食其言矣。" [4]赵程婴、公孙杵臼：春秋时期晋大夫赵朔之友。晋景公时，大夫屠岸贾族诛赵氏，赵朔有遗腹子赵武。公孙杵臼以别人的孩子冒充赵武，故意使程婴告发而杀之，公孙杵臼亦死。然后程婴携赵武匿于山中。等到赵武长大，晋大夫韩厥等杀屠岸贾，晋景公乃复赵武爵位、田邑，程婴后亦自杀以报赵氏。事见《史记·赵世家》，但其情节和《左传·成公八年》所记有所不同。 [5]秦大夫凿穆公之侧：为秦穆公殉葬的大夫。凿穆公之侧，指为穆公殉葬。 [6]问义：问以上各人之行事合不合义。 [7]"曰"二句：回答说：办事情做得适当就叫作义。宜，适合，应当。

[**点评**]

上文谈论“仁”，本章继续谈论信与义，扬雄认为信就是不食言，遵守自己的承诺，并列举了晋荀息，赵程婴、公孙杵臼，秦大夫凿穆公的例子。但问及义时，则说明做事适宜就算是义，至于如何算是适宜，要看具体的境遇、情景，似没有统一的标准，扬雄也没有举出相应的例子。

10.25 或问[1]：“季布忍焉，可为也？”

曰[2]：“能者为之，明哲不为也。”

或曰[3]：“当布之急，虽明哲，之如何？”

曰[4]：“明哲不终项仕。如终项仕，焉攸避？”

[**注释**]

[1]“或问”以下三句：有人问：季布真能忍受屈辱，可以这样忍受屈辱吗？季布，秦、汉间楚地人。原为项羽部将，将兵数次围困刘邦。项羽失败后，刘邦悬赏捉拿他，乃卖身为奴，后得赦免，仕汉至河东守。其事迹见《史记·季布栾布列传》和《汉书·季布栾布田叔传》。 [2]“曰”以下三句：回答说：有本领的人这样做，明白事理的人不这样做。明哲，明白事理的人。 [3]“或曰”以下四句：有人说：当季布被刘邦追捕得十分危急的时候，即使明白事理，又有什么办法呢？ [4]“曰”以下四句：回答说：明白事理就不会追随项羽到底。如果追随项羽到底，又怎么能避免屈辱呢？项仕，做项羽的官，即追随项羽。焉，何。攸，所。

［点评］

对于季布的评价，扬雄是以“明哲”作为标准的，“明哲”是一个人很好的品质，但是如果追随错了人，那么还能被称为“明哲”吗？上文谈及季布时以“忍”称之，扬雄似乎也是在说明，当季布选错了所要追随的对象的时候，即便具有了忍辱负重的品质，又能如何呢？因此，扬雄将“明哲”看作最为重要的品质。这启发我们要做正确的选择，如果道路选择错误了，即便再如何努力，也会走向错误的终点。

10.26　或问贤[1]。

曰：“为人所不能。”

“请人[2]。”

曰：“颜渊、黔娄、四皓、韦玄[3]。”

问长者[4]。

曰：“蔺相如申秦而屈廉颇[5]，栾布之不倍[6]，朱家之不德[7]，直不疑之不校[8]，韩安国之通使[9]。”

［注释］

[1]“或问贤”以下三句：有人问什么是贤人。回答说：能够做一般人办不到的事就是贤人。　[2] 请人：请举出这样的贤人。　[3] 颜渊、黔娄、四皓、韦玄：有颜渊、黔娄、四皓、

韦玄等人。黔娄，春秋末年齐国人。据说齐、鲁之君曾以厚礼聘其为卿相，黔娄辞而不受。他是传说中安于贫贱、不求富贵的典型人物。其事迹见皇甫谧《高士传》和刘向《列女传·贤明传》。四皓，即商山四皓东园公、绮里季、夏黄公、角里先生。秦末此四人避乱商山中，因年老须眉皓然，时称“商山四皓”。刘邦曾招致之，不至。后来刘邦想废掉太子刘盈，吕后用张良计，请此四人跟随刘盈，以张声势，太子之位得以保全。韦玄，即韦玄成，字少翁，扶阳侯韦贤少子。宣帝时，其父死，他曾佯狂，以让爵于兄。元帝时，曾仕御史大夫、丞相。其事迹见《汉书·韦贤传》。 [4] 问长者：问谁是道德高尚、待人忠厚的长者。 [5] 蔺相如：战国后期赵国人，因完璧归赵和在渑池之会上保护赵王有功，拜为上卿，与大将廉颇共同辅政。其事迹见《史记·廉颇蔺相如列传》。申秦：即申理于秦。秦昭王想以十五城为诱饵骗取赵惠文王的和氏璧，蔺相如自告奋勇奉璧入秦，见秦王无诚意遂使随从间道怀璧归赵。后秦、赵渑池之会，秦王要赵王鼓瑟以辱之，蔺相如又以死要挟秦王击缻，保全了赵国的尊严。世德堂本“申”作“伸”。屈廉颇：屈意于廉颇。蔺相如拜上卿后，位在廉颇之右。廉颇自以功大不服，常常故意寻衅挑事，蔺相如每每屈己退让，不与争执。后廉颇受感动负荆请罪，两人结为生死之交。 [6] 栾布之不倍：栾布不背叛。栾布原为梁王彭越之友，彭越派他出使齐。未还，汉朝以谋反诛彭越。栾布返回后，冒死“奏事彭越头下，祠而哭之”。其事迹见《史记·季布栾布列传》和《汉书·季布栾布田叔传》。不倍，不背。倍，与“背”通，违背、背离。 [7] 朱家：西汉初年人，以“任侠”闻名。曾藏匿、救活豪杰之士百余人，不夸功，不望报。并喜施舍救贫，自己却衣服破旧，饮食简单。楚将季布曾多次困迫刘邦，西汉建立后，刘邦悬赏千金捉拿季布，下令有敢藏匿者罪及三族。朱家冒着灭族危险将其收留，又亲至洛阳，找人在刘邦面前说情。刘邦很受感动，立即赦免季布。其事迹见《史记·游侠列传》和《汉书·游侠传》。不德：不矜其德，不以德自居。 [8] 直不疑：姓直，名不疑，西汉文、景时人。直不疑为郎官时，有郎官请假回家，错拿了另外一个郎官的黄金。不久，主人发现丢失了黄金，猜疑是直不疑干的。直不疑没有做任何的辩驳，买来了同等的黄金，交给了失主。直不疑没有哥哥，却有人诬陷他盗嫂，他只是说自己没有哥哥，便不再辩解。其事迹见《史记·万石张叔列传》和《汉书·万石卫直周张传》。不校：不计较，不分辩。 [9] 韩安国：字长孺，西汉景帝时，曾事梁孝王为中大夫。武帝时，曾任御史大夫。景帝母弟梁孝王恃窦太后所爱，多所逾制，为景帝所疑。时韩安国为梁使，乃见景帝姊大长公主，为梁王辩解，帝意乃解。其事迹见《史记·韩长孺列传》和《汉书·窦田灌韩传》。

[点评]

此内容是扬雄对贤人即长者的认识。从举出的颜渊、黔娄、四皓、韦玄可以看出，贤人的标准就是能坚持个人内心的追求而舍弃权势、地位、财富等。而长者的标准则较为宽泛，基本上符合儒家道德要求的人就可以称为长者，比如扬雄所举的以国家为先的蔺相如、知恩图报的栾布、主动帮助他人的朱家、不与他人计较的直不疑以及善于化解矛盾的韩安国。

10.27 或问臣自得[1]。

曰："石太仆之对[2]，金将军之谨[3]，张卫将军之慎[4]，丙大夫之不伐善[5]。"

"请问臣自失[6]？"

曰："李贰师之执贰[7]，田祁连之滥帅[8]，韩冯翊之愬萧[9]，赵京兆之犯魏[10]。"

［注释］

[1] 或问臣自得：有人问做臣子的因自己的行为得到好处的有什么人。 [2] 石太仆：石庆，汉武帝时，曾任太仆、丞相。史载石庆非常谨慎，其为太仆时，有一次汉武帝出行，问石庆车上套了几匹马。石庆亲自以策数马，数毕才举手回答："六马。"其事迹见《史记·万石张叔列传》和《汉书·万石卫直周张传》。太仆，汉代中央政府的九卿之一，掌管皇帝的舆马之事。 [3] 金将军之谨：金将军指金日磾，字翁叔，本匈奴人。汉武帝时，曾任侍中、驸马都尉、光禄大夫、车骑将军。后受武帝遗诏，与霍光同辅昭帝。史载金日磾侍武帝，"目不忤视者数十年。赐出宫女，不敢近。上欲内其女后宫，不肯。其笃慎如此，上尤奇异之"。其事迹见《汉书·霍光金日磾传》。 [4] 张卫将军：张安世，字子孺，历仕武帝、昭帝、宣帝三朝。史载张安世居官非常谨慎，不求名利权势，隐人之恶而扬人之善。其事迹见《汉书·张汤传》。卫将军，汉官名，主管京都和皇宫的保卫工作。 [5] 丙大夫：丙吉，字少卿，汉昭帝时，曾任光禄大夫。宣帝时，曾任御史大夫、丞相。汉武帝末年，巫蛊之祸起，卫皇后及太子据均被迫自杀。太子孙刘询时年幼，受牵连系狱，得到丙吉的照顾和保护。后刘询（宣帝）即位，丙

吉从不表白自己的功劳。其事迹见《汉书·魏相丙吉传》。伐，矜夸。 [6] 请问臣自失：请问做臣子的因自己的行为受到惩罚的有什么人？ [7] 李贰师：李广利，汉武帝宠妃李夫人之弟，曾为贰师将军，后背叛汉朝投降匈奴反被匈奴杀死。其事迹见《汉书·张骞李广利传》。贰师，本是西汉时西域大宛国城名，产好马。太初元年（前 104），汉武帝命李广利征大宛，"故号贰师将军"。贰，有离异之意，故称仕二主之人为"贰臣"。 [8] 田祁连：田广明，字子公，汉宣帝时，曾任御史大夫、祁连将军。曾率兵征伐匈奴却谎报不见匈奴，因而被下狱，自杀身死。其事迹见《汉书·酷吏传》和《汉书·匈奴传》。祁连，原为山名，因田广明值守此山，故名。滥帅：指田广明奉命率兵出征匈奴，明知匈奴在前，故意谎报不见匈奴，引军不战而还。滥，失实。 [9] 韩冯翊：韩延寿，字长公，汉宣帝时，曾任东郡太守、左冯翊，故称"韩冯翊"。史载韩延寿为左冯翊时，听说御史大夫萧望之要查问自己为东郡太守时滥用公款的事，就上书告发萧望之在任左冯翊时滥用廪牺官钱。审问结果，韩延寿事实俱在，而萧望之卒无其事，于是韩延寿以诬陷罪弃市。其事迹见《汉书·赵尹韩张两王传》。冯翊，左冯翊，汉官名。武帝太初元年，将左、右内史和主爵都尉更名为京兆尹、左冯翊、右扶风，负责治理京都地区，谓之"三辅"。愬：告发。萧：萧望之，字长倩，汉宣帝时，曾任左冯翊、御史大夫、太子太傅等。其事迹见《汉书·萧望之列传》。 [10] 赵京兆：赵广汉，字子都，汉昭帝、宣帝时，曾任京兆尹，故称"赵京兆"。史载赵广汉为京兆尹时，丞相魏相追查赵广汉无辜杀人事甚急。赵广汉想以事威胁魏相，使其不再追查自己的事，于是告发丞相夫人杀婢，结果以不符事实被腰斩。其事迹见《汉书·赵尹韩张两王传》。魏：魏相，字弱翁，汉昭帝时，曾任河南太守。

宣帝时，曾任大司农、御史大夫、丞相。其事迹见《汉书·魏相丙吉传》。

[点评]

本章论为臣之德，自得的臣子行事比较谨慎，有较好的修养，故能做出正确的决定；自失的臣子行事比较鲁莽，关键还是缺乏德性、修养，故往往做出错误的选择，而不同的选择又导致二者不同的命运。在扬雄看来，既能保护生命，又能坚守内心的主张，才是真正理想的臣子。

《荀子·宥坐》："孔子观于鲁桓公之庙，有攲器焉。孔子问于守庙者曰：'此为何器？'守庙者曰：'此盖为宥坐之器。'孔子曰：'吾闻宥坐之器者，虚则攲，中则正，满则覆。'孔子顾谓弟子曰：'注水焉。'弟子挹水而注之，中而正，满而覆，虚而攲，孔子喟然而叹曰：'吁！恶有满而不覆者哉？'子路曰：'敢问持满有道乎？'孔子曰：'聪明圣知，守之以愚；功被天下，守之以让；勇力抚世，守之以怯；富有四海，守之以谦。此所谓挹而损之之道也。"

10.28 或问持满[1]。

曰[2]："扼攲。"

[注释]

[1] 或问持满：有人问怎样才能保持满而不覆。持，保持，掌握。 [2]"曰"二句：扼攲：回答说：要像控制攲器那样，总保持不满，就不会倾覆了。扼，拿住。攲，指攲器，古代一种易覆的盛水器；倾斜，不正。

[点评]

攲器有一个特点，空的时候是倾斜的，加了一半水后是直立的，加满水后即翻倒，寓意"满招损，谦受益"，春秋战国时曾被鲁国君王放在庙堂的座位右侧，专门用来警醒修身之用，因此又称"宥坐之器"，类似于今天我们说的“座右铭”。故本章是说，只有像攲器那样，总不要满，就不会倾覆。《尚书·大禹谟》称：“满招损，谦受益。”表达的也是这个思想，故扬雄将其作为自己的处世哲学。

10.29 扬王孙倮葬以矫世[1]。

曰：“矫世以礼[2]，倮乎？如矫世，则葛沟尚矣。”

［注释］

[1] 扬王孙倮葬以矫世：扬王孙以裸葬矫正世俗陋习。扬王孙，姓扬，名贵，字王孙，汉武帝时人。据记载，扬（《汉书》用“杨”）王孙自知不久于人世，把儿子叫到跟前说：“吾欲裸葬，以反吾真，必亡易吾意。”特意交代儿子，把自己的尸体用个布袋子装上，放进坟坑之后，再从脚这头把布袋子抽走，使自己的肉体和黄土亲密接触。其事迹见《汉书·杨胡朱梅云传》和《西京杂记》卷三。倮葬，即裸葬。倮，同“裸”。矫世，矫正世俗厚葬的陋习。 [2]“矫世以礼”以下四句：矫正世俗厚葬的陋习应当按照礼制，怎么能用裸葬呢？如果可以用裸葬来矫正世俗厚葬的陋习，那么人死了就丢到城外的界沟里更应该受到赞扬了。葛沟，即界沟，指古代村落或城市周围的护沟。

［点评］

对于葬礼形式的讨论从孔子时就有很多，儒家向来支持厚葬，但如黄老、墨家一般支持“薄葬”，不同思想都有其理论基础。扬雄赞同儒家厚葬，他认为厚葬符合礼制，具有教化作用，厚葬的形式也能够增强亲情、凝聚社会力量。故在他看来，扬王孙的裸葬行为是不可取的。

10.30 或问《周官》[1]。

曰[2]："立事。"

《左氏》[3]。

曰[4]："品藻。"

"太史迁[5]？"

曰[6]："实录。"

[注释]

[1]或问《周官》：有人问对《周官》的看法。《周官》，或称《周官经》，即今之《周礼》。它是记载我国古代官制的一部书，相传为周公所作，其实是战国时期的一些儒家之士根据春秋时代周王室及一些诸侯国的官制，按照儒家的政治理想加以增删汇编而成。全书分为《天官冢宰》《地官司徒》《春官宗伯》《夏官司马》《秋官司寇》《冬官司空》六篇。因《冬官司空》早已佚失，西汉时就以记录先秦时代手工业技术的《考工记》代替。 [2]"曰"二句：回答说：确立了治理国家的条例。 [3]《左氏》：问对《左传》的看法。《左氏》，或称《左氏春秋》，即今之《春秋左氏传》，又简称《左传》。它是我国古代一部著名的编年史，相传为左丘明所作，实际上可能是战国初期的儒家之士根据左丘明传诵的史料加以剪裁整理而成。《左传》本来是独立成书的，至晋代杜预为

它作注时才以传附经，将它与《春秋》合并。《左传》不仅记事年代多于《春秋》，在史料和文学价值上更是远远地超过了《春秋》。 [4]“曰”二句：回答说：对历史作了正确的品评鉴别。品藻，品评鉴别，指《左传》对所叙述的人物和史实作了正确的评价。 [5]太史迁：这里是指司马迁的《史记》。古人著书一般不起书名，多以人名作书名。《史记》起初被称为《太史公书》或《太史公记》。 [6]“曰”二句：回答说：对历史作了符合实际的记录。实录，按照实际情况作的记录。《汉书·司马迁传赞》说：“自刘向、扬雄博极群书，皆称迁有良史之材，服其善序事理，辨而不华，质而不俚，其文直，其事核，不虚美，不隐恶，故谓之实录。”

[点评]

本章对《周礼》《左传》《史记》做出点评，认为其特点分别是“立事”“品藻”“实录”。

渊骞卷第十一

【题解】

本卷与《重黎卷》类似，主要内容仍然是评说历史人物，从传说时代到扬雄生活的时代，涉及有近百人。正因为如此，所以有人认为，《渊骞卷》与《重黎卷》本为一篇，因为篇幅太长，所以才分为两卷。又因为内容旨意类似，所以两卷共有一序，即《法言序》中的《重黎序》。而今本《法言序》中的《渊骞序》，则为后来读《汉书·扬雄传》的人伪造加入本传的。再后来校《法言》的人又据本传增入《法言序》。但这种说法并没有确凿的证据，而且历史上也没有任何两卷书共用一序的实例。何况从汉至唐，在书籍全凭抄写的情况下，一人作伪一部抄本，何以竟能取代其他抄本而流通于天下，也很难说得通。所以上述意见可备一说而不可为定论。

下面简单介绍一下本卷中提到的，在战国中后期政治斗争中起过很大作用，但在思想史著作中却很少论及的“纵横家”。纵横家即讲合纵、连横的政治游说之士，是战国后期政治外交活动中的两大派别。纵横原是表示地理方位的概念。南北为纵，东西为横。在战国七雄中，东方六国地连南北，故六国联合抗秦称为合纵。秦国居西，六国居东，故六国分别事秦谓之连横。《汉书·艺文志》记载的纵横家的著作，已经完全佚失。现存的记载先秦纵横家的文献，主要有《史记》的《苏秦列传》《张仪列传》《平原君虞卿列传》《范雎蔡泽列传》《鲁仲连邹阳列传》，《战国策》和长沙马王堆汉墓出土的《战国纵横家书》等，此外还有学术界对其真伪看法不一的《鬼谷子》。

《汉书·艺文志》认为，“从横家者流，盖出于行人之官”，即外交官。从表面看，二者有类似之处。但纵横家在战国七雄之间纵横捭阖，极大地影响了战国时期政治形势的发展，其作用大大超过了一般的外交官。问题是，纵横家大多是从个人的功名利禄出发，选择和确定自己的立场和主张，缺乏原则性，因此常为后人所诟病。比如苏秦，他本来先去游说秦惠文王，要秦惠文王任用他，以吞并天下，称帝而治。但未得到秦惠文王的信用，于是转而去游说六国联合抗秦，成了合纵派的代表人物。当然，纵横家的活动虽然使战国时期的政治斗争显得波谲云诡，并未能改变秦统一的历史大趋势。

《史记·伯夷列传》：“伯夷、叔齐虽贤，得夫子而名益彰。颜渊虽笃学，附骥尾而行益显。岩穴之士，趣舍有时若此，类名湮灭而不称，悲夫！闾巷之人，欲砥行立名者，非附青云之士，恶能施于后世哉？”司马迁认为颜回、闵损是由于孔子的关系才得以出名的。

11.1　或问[1]：“渊、骞之徒恶乎在？”曰[2]：“寝。”

或曰[3]："渊、骞曷不寝？"

曰[4]："攀龙鳞，附凤翼，巽以扬之，勃勃乎其不可及也。如其寝！如其寝！"

［注释］

[1]"或问"二句：有人问：颜渊、闵子骞等人的弟子在哪里？徒，弟子，门徒。　[2]"曰"二句：回答说：湮没无闻了。寝，本义为"卧"，引申为"息"，这里是湮没无闻的意思。　[3]"或曰"二句：有人问：颜渊、闵子骞为什么没有湮没无闻？曷，何。　[4]"曰"以下七句：回答说：颜渊、闵子骞等人是凭借他们和孔子的关系，好像拉住了龙的鳞片，附着在凤的翅膀上，乘风飞升，蓬勃迅猛，是一般人不可企及的。他们怎么会湮没无闻呀！他们怎么会湮没无闻呀！巽（xùn）以扬之，即乘风飞升的意思。巽，《周易》卦名，其象为风。扬，飞举。勃勃，蓬勃旺盛的样子。

［点评］

扬雄认为颜渊、闵子骞两人能够获得后人的关注，除去自身的作用之外，他们与孔子的关系也是很重要的。说明人的名声在个人努力之外，如果有贵人相助，其发展可能会更快，高度可能会更高。

11.2　七十子之于仲尼也[1]，日闻所不闻[2]，见所不见，文章亦不足为矣。

[注释]

[1] 七十子之于仲尼也：孔子的弟子们跟着孔子。七十子，据《史记·孔子世家》：“孔子以诗书礼乐教，弟子盖三千焉，身通六艺者七十有二人。”七十子是概说。 [2]“日闻所不闻”以下三句：天天听到没有听过的道理，看见没有见过的行事（忙着学习成为贤人、君子），所以就不值得从事文章著述了。不足，不值得。

[点评]

孔子教导弟子学习做人的道理，塑造君子人格，而不是著书立说，显示于人。这正是“古之学者为己，今之学者为人”（《论语·宪问篇》）。

11.3 君子绝德[1]，小人绝力。

或问[2]：“绝德？”

曰[3]：“舜以孝，禹以功，皋陶以谟，非绝德邪？”

“力[4]？”

“秦悼武、乌获、任鄙[5]，扛鼎、抃牛，非绝力邪？”

[注释]

[1]“君子绝德”二句：君子注重一般人达不到的高超道德，小人注重一般人达不到的巨大力气。绝，在某一方面有一般人所不能及的高超才能，如绝技、绝学等。 [2]“或问”二句：有

人问：什么样的德才能称得上绝德？ [3]“曰”以下五句：回答说：虞舜对父母的孝顺，夏禹治理水患的功绩，皋陶治理国家的谋划，不就是一般人达不到的高超道德吗？舜以孝，传说舜的父母、弟弟几次想杀死他，但舜仍然孝顺父母，爱护弟弟，从不懈怠。事见《史记·五帝本纪》。禹以功，传说尧、舜之时，洪水泛滥，舜命禹治水。禹“劳身焦思，居外十三年”，过家门而不入，终于成功。事见《史记·夏本纪》。皋陶（gāo yáo）以谟，指皋陶和禹在舜面前陈述治理国家的大政方针，见《尚书·皋陶谟》。皋陶，或作“咎陶”“咎繇”等。谟，计议谋划。 [4]力：多大的力才能称得上绝力？ [5]“秦悼武、乌获、任鄙”以下三句：回答说：秦悼武王、乌获、任鄙那样的人，扛举大鼎、空手斗牛，不就有一般人达不到的巨大力气吗？秦悼武，秦悼武王，或称“秦武王”，名荡。秦国君主，前 310 至前 307 年在位。曾与人比赛举起大鼎，结果大鼎脱手，砸断胫骨，气绝而亡，年仅二十三岁。乌获、任鄙，与秦悼武王同时的著名大力士。扛，两手并举。鼎，古代用来烹饪的器皿，或用作象征国家权力的礼器。用青铜铸成，都很重。抃（biàn）牛，即空手与牛搏斗。

《孟子·公孙丑上》：“子好勇乎？吾尝闻大勇于夫子矣：自反而不缩，虽褐宽博，吾不惴焉。自反而缩，虽千万人吾往矣。”《孟子·滕文公下》：“居天下之广居，立天下之正位，行天下之大道；得志与民由之，不得志独行其道；富贵不能淫，贫贱不能移，威武不能屈：此之谓大丈夫。”

［点评］

本章论君子尚德、不尚力。尚德的典范有舜、禹、皋陶等，尚力的代表则有秦武王、乌获、任鄙等。

11.4 或问勇[1]。

曰：“轲也。”

曰：“何轲也？”

曰[2]：“轲也者，谓孟轲也。若荆轲，君子盗诸。”

“请问孟轲之勇[3]？”

曰[4]：“勇于义而果于德，不以贫富贵贱死生动其心。于勇也，其庶乎！”

［注释］

[1]“或问勇”以下五句：有人问谁是勇敢的人。回答说：轲是勇敢的人。问：哪一个轲呀？ [2]“曰”以下五句：回答说：轲说的是孟轲。像荆轲，君子是把他看成强盗的，怎么还会称赞他勇敢呢？荆轲，本姓庆，战国末年卫国人。他曾为燕太子丹谋刺秦王嬴政，未成被杀。其事迹见《史记·刺客列传》。盗诸，即把他看作强盗。 [3]请问孟轲之勇：请问孟轲的勇敢表现在什么地方？ [4]“曰”以下五句：回答说：孟轲对于实行仁义非常勇敢，而对于践行道德非常果断，不因为贫富贵贱死生而动摇决心。就勇敢来说，孟轲做得是很不错了！果，果断。庶，庶几，接近。

［点评］

孟子曾论大勇与小勇，血气之勇是小勇，道德仁义之勇则是大勇，扬雄认为孟子的勇胜于荆轲之勇，其实继承的正是孟子的思想。

11.5 鲁仲连傷而不制[1]，蔺相如制而不傷[2]。

[注释]

[1] 鲁仲连僪（dàng）而不制：鲁仲连放逸不羁而不受仕宦的拘束。鲁仲连，战国末年齐国人，著名的策士。其事迹见《史记·鲁仲连邹阳列传》。史载鲁仲连“好奇伟俶傥之画策，而不肯仕宦任职，好持高节”。僪，放逸不羁。制，约束，管制。 [2] 蔺相如制而不僪：蔺相如能自我控制而不肆意放纵。

[点评]

鲁仲连、蔺相如都是战国时期的风云人物，其人格风范都有可称赞之处，但蔺相如能控制自己，这与其平时的修养是分不开的，故更胜一筹。

11.6 或问邹阳[1]。

曰[2]：“未信而分疑，伉辞免罿，几矣哉！”

[注释]

[1] 或问邹阳：有人问对邹阳的看法。邹阳，西汉景帝时人，曾为吴王濞和梁孝王武的宾客。梁孝王谋议杀袁盎等大臣时，邹阳持反对态度，遭人诬告，导致邹阳下狱论死。邹阳“恐死而负累”，留下恶名，就从狱中上书梁孝王，即《狱中上梁王书》，以自我表白。梁孝王看到邹阳的上书大受感动，将其释放，并向他当面谢罪。其事迹见《史记·鲁仲连邹阳列传》和《汉书·贾邹枚路传》。 [2]“曰”以下四句：回答说：邹阳在不但没有得到信任，反而受到怀疑的处境中，以刚直不屈的言辞，免于坐牢和被杀，可真危险呀！分（fèn），处，处于。伉辞，刚直不屈的言辞。伉，借为“抗”。罿（chōng），捕鸟之覆车，

《邹阳狱中上梁王书》：“邹阳从梁孝王游。阳为人有智略，慷慨不苟合，……孝王怒，下阳吏，将杀之。阳乃从狱中上书，曰：‘臣闻忠无不报，信不见疑，臣常以为然，徒虚语耳。昔荆轲慕燕丹之义，白虹贯日，太子畏之；卫先生为秦画长平之事，太白食昴，昭王疑之。夫精变天地，而信不喻两主，岂不哀哉！今臣尽忠竭诚，毕议愿知，左右不明，卒从吏讯，为世所疑。是使荆轲、卫先生复起，而燕、秦不寤也。愿大王熟察之。’”（《古文观止》卷三）

引申为法网。几，危。

［点评］

邹阳身处危境，但他凭借高超的语言技巧，说服梁孝王，使自己脱离危难，符合扬雄既坚持道义，又能够明哲保身的处世哲学，故对其予以肯定。

11.7 或问[1]："信陵、平原、孟尝、春申，益乎？"

曰[2]："上失其政，奸臣窃国命，何其益乎？"

［注释］

[1]"或问"以下三句：有人问：信陵君、平原君、孟尝君、春申君，这些人有益于国家吗？信陵，信陵君，名无忌，战国时期魏昭王少子，安釐王异母弟。曾为相辅政，窃符救赵。其事迹见《史记·信陵君列传》。平原，平原君，名赵胜，战国时期赵之公子，在赵惠文王、孝成王时曾三度为相。其事迹见《史记·平原君虞卿列传》。孟尝，孟尝君，名田文，战国时期齐之公子，其父靖郭君田婴为齐威王少子，宣王庶弟。孟尝君在湣王时曾为相辅政。其事迹见《史记·孟尝君列传》。春申，春申君，名黄歇，战国时期楚之大臣，楚考烈王时曾为相辅政。其事迹见《史记·春申君列传》。 [2]"曰"以下四句：回答说：当时国君丧失了对政权的控制，奸臣盗取了国家的权力，他们对国家有什么益处呀？上，国君。国命，国家的权力。

［点评］

“信陵、平原、孟尝、春申”，这四人在当时都以善养士著名，他们养士数千人，借此加强自己的力量，控制国家的权力，并在列国间进行纵横捭阖的活动。但是他们并未能帮助国家强盛，反而削弱了国家的力量。因此，扬雄对战国四公子的评价是负面的。

11.8　樗里子之知也[1]，使知国如葬[2]，则吾以疾为蓍龟[3]。

［注释］

[1] 樗（chū）里子之知也：樗里子的智慧真高呀。樗里子，姓嬴，名疾，秦惠文王之异母弟。因家居樗里，故名“樗里子”，或称“樗里疾”。他滑稽多智，时人称为智囊。秦武王、昭王时曾为丞相。其事迹见《史记·樗里子甘茂列传》。　[2] 使知国如葬：假如他能预知国家的命运像预知他的墓地那样准确。据记载，樗里子死后葬于长安城西章台之东，他临死前曾说：“后百岁，是当有天子之宫夹我墓。”到汉朝时，果然“长乐宫在其东，未央宫在其西，武库正直其墓”。使，假设，如果。如葬，世德堂本作“如知葬”。　[3] 则吾以疾为蓍龟：那么我就把他当成预知吉凶祸福的蓍草和龟甲。疾，樗里疾。蓍龟，蓍草和龟甲，古代用来占卜吉凶祸福的东西。

［点评］

樗里子能预测自己的墓地，却不能预测国家的兴亡，这种智就不值得称赞了。

11.9　周之顺、赧以成周而西倾[1]，秦之惠文、昭襄以西山而东并，孰愈？

曰[2]："周也羊，秦也狼。"

"然则狼愈与[3]？"

曰[4]："羊、狼一也。"

［注释］

[1]"周之顺、赧以成周而西倾"以下三句：周朝的慎靓王、赧王从成周向西边的秦国献媚。秦国的惠文王、昭襄王从岐山向东边吞并天下，哪一个更好一点呀？顺，通"慎"，指周慎靓王姬定，前 320 至前 315 年在位。赧，指周赧王姬延，前 314 至前 256 年在位，是周朝的最后一个王。二人的事迹见《史记·周本纪》。成周，古地名，在今河南洛阳东北。周敬王时将都城从王城迁于此，至周赧王时又迁回王城。这里是代指东周。西倾，指周王西向媚秦。惠文，秦惠文王嬴驷，前 337 至前 311 年在位。昭襄，秦昭襄王嬴则（一名稷），前 306 至前 251 年在位。二人的事迹见《史记·秦本纪》。西山，指秦所在的岐山。东并，向东吞并周和其他六国。史载秦昭襄王五十一年（前 256）灭西周，秦庄襄王元年（前 249）灭东周。至此，周彻底灭亡。秦王嬴政二十六年（前 221）并吞六国，统一天下。愈，更好些，更强些。　[2]"曰"以下三句：回答说：周好像是羊，秦好像是狼。也，提示下文是对主语所说的对象进行的解释或叙述。　[3] 然则狼愈与：那么狼更好一点吗？　[4]"曰"二句：回答说：羊和

狼是一样的。是说周和秦也一样，都不好。

[点评]

本章言外之意是说，周不行“圣人之道”以奋发图强，反而西向媚秦，其亡国是咎由自取；秦不行正道，而用暴力并吞天下，也不足取。

11.10 或问[1]：“蒙恬忠而被诛，忠奚可为也？”

曰[2]：“壍山堙谷，起临洮，击辽水，力不足而死有余，忠不足相也。”

[注释]

[1]“或问”以下三句：有人问：蒙恬忠于秦国，结果却被杀死，忠有什么用呢？蒙恬，秦朝大将。秦始皇曾派他将三十万众北逐戎狄，修筑长城，并驻守北方。后被秦二世赐死。其事迹见《史记·蒙恬列传》。 [2]“曰”以下六句：回答说：蒙恬为秦国修筑长城，挖山填谷，西起临洮，东连辽水，百姓的力量不足以完成，结果死了很多人，这样的忠是不值得称道的。堙（yīn），填塞。临洮，秦时县名，治所在今甘肃岷县境内。击，秦恩复云：“‘击’当作‘系’。”系，属也。辽水，即今辽宁之辽河。相，显扬。

[点评]

蒙恬修筑长城，劳民伤财，是忠于君而虐于民，这样的忠是不值得肯定的。扬雄显然是从民本而不是君本，来对蒙恬进行评价的。

11.11 或问[1]："吕不韦其智矣乎？以人易货。"

曰[2]："谁谓不韦智者与？以国易宗。"

"不韦之盗[3]，穿窬之雄乎？"

"穿窬也者[4]，吾见担石矣，未见雒阳也。"

［注释］

[1]"或问"以下三句：有人问：吕不韦大概很有智谋吧？用在赵国当人质的秦国王孙子楚来赚钱。以人易货，拿人当货物来投机赚钱。据《史记·吕不韦列传》记载，吕不韦在邯郸做生意时，遇到时在赵国做人质的秦王孙子楚，把他当作"奇货"，于是不惜花费重金游说秦太子妃华阳夫人，使子楚得以立为嫡嗣。后子楚即位，吕不韦以拥戴之功，拜相国、封文信侯，食雒阳十万户。 [2]"曰"以下三句：回答说：谁说吕不韦是有智谋的人？他虽然追求到了很高的封爵，结果却换来了宗族被灭。国，封爵，封国。宗，宗族。 [3]"不韦之盗"二句：吕不韦盗取权力、利禄，像一个钻洞跳墙能干的小偷吗？穿窬（yú），钻洞。窬，墙上的洞。或说"窬"借为窬墙之义；"穿"为穿壁之义。二说皆可通。 [4]"穿窬也者"以下三句：钻洞跳墙的小偷，我只见过偷到一石两石东西的，还没有见过能偷雒阳城的。担石，容量单位，当时十斗为一石，两石为一担。雒阳，古地名，在今河南洛阳。当时是吕不韦的封邑。

[点评]

吕不韦"以人易货"，获得高官厚爵，故在世俗的眼里称为智，但忽略了吕不韦恰恰因为玩弄权力丢掉了性命，甚至被灭族。故吕不韦的智只能是盗贼之智，而非君子之智，不是儒家倡导的智。盗贼之智可以窃取一点财物，但若想盗取国家，那就离灭亡不远了。

《孟子·梁惠王上》："孟子见梁襄王。出语人曰：'望之不似人君，就之而不见所畏焉。'卒然问曰：'天下恶乎定？'吾对曰：'定于一。''孰能一之？'对曰：'不嗜杀人者能一之。'"

11.12 秦将白起不仁[1]，奚用为也？长平之战，四十万人死。蚩尤之乱[2]，不过于此矣。原野猒人之肉[3]，川谷流人之血。将不仁，奚用为！

"翦[4]？"

曰[5]："始皇方猎六国而翦牙，欤！"

[注释]

[1]"秦将白起不仁"以下四句：秦将白起不行仁爱，为什么要用他呀？秦军和赵军的长平之战，白起一次就杀了赵国的降兵四十万人。白起，战国末年秦国郿人，著名的军事将领。秦昭王时曾为左庶长、大良造、上将军等，封武安君。他为秦国向东扩张、蚕食六国立下了赫赫战功。后因与丞相范雎有隙，被赐死。其事迹见《史记·白起王翦列传》。长平之战，秦昭襄王四十七年（前260），白起率秦军与赵军战于长平，赵军战败，四十余万人降秦。白起"乃挟诈而尽坑杀之，遗其小者二百四十人归赵"。长平：古城名，故址在今山西高平西北。 [2]"蚩尤之乱"

二句：蚩尤作乱，也不过如此罢了。蚩尤，中国古史传说中黄帝时代九黎族的一个部落首领。传说神农氏衰，蚩尤作乱，黄帝与蚩尤大战于涿鹿之野，擒杀蚩尤。　[3]“原野猒（yè）人之肉”以下四句：原野上布满了人的尸体，河谷中流淌着人的血液。作为将领而不行仁爱，为什么要用他呀！以上是扬雄的言论。猒，同“厌”，满，塞。　[4]翦：王翦如何？翦，王翦，战国末年秦国频阳人，著名的军事将领。秦始皇统一中国时，他与儿子王贲将兵灭掉赵、楚、燕等国，立下了赫赫战功。其事迹见《史记·白起王翦列传》。　[5]“曰”以下三句：回答说：哼！当秦始皇猎取六国的时候，王翦就是他的爪牙呀！欸（āi），拟声词，表示厌恶、愤恨。

［点评］

白起、王翦作为秦始皇的爪牙，靠残酷杀戮为秦始皇统一天下，所行乃霸道而非王道，扬雄立足于儒家的王道理想，对其持批判态度。对于儒家而言，虽然赞成统一，但不赞成用残酷暴虐的战争方式统一天下。儒家这一立场，无疑具有超时代的价值。

11.13　或问[1]：“要离非义者与？不以家辞国。”

曰[2]：“离也，火妻灰子，以求反于庆忌，实蛛蝥之靡也，焉可谓之义也？”

“政[3]？”

“为严氏犯韩[4]，刺相侠累，曼面为姊，实壮士之靡也，焉可谓之义也？”

“轲[5]？”

“为丹奉於期之首、燕督亢之图[6]，入不测之秦，实刺客之靡也，焉可谓之义也？”

［注释］

[1]“或问”以下三句：有人问：要离难道不是行义的人吗？他不因为自己的家属而拒绝为国君效劳。要离，春秋末期吴国屠夫，据说要离为了刺杀庆忌，就叫阖闾砍掉自己的右手，杀死自己的妻子儿女，并且焚身扬灰，自己假装负罪出逃，从而骗取了庆忌的信任，然后鼓动庆忌回吴夺权，途中在船上将其杀死。其事迹见《吕氏春秋·忠廉》和《吴越春秋·阖闾内传》。　[2]“曰”以下五句：回答说：要离叫阖闾杀死自己的妻儿，并且焚烧他们的尸体，扬弃他们的骨灰，以求能够接近庆忌。实际上只是侏儒中的强者，怎么能说他是行义的人呀？火妻灰子，用火烧了妻儿的尸体。求反于庆忌，指得以跟从庆忌，取得他的信任。反，回，归。庆忌，吴王僚之子。在阖闾谋杀吴王僚夺取王位后，他被迫流亡在外。蛛蝥，借为“侏儒”。靡，美，雄。　[3]政：聂政是不是行义的人呢？政，聂政，战国初年轵人。他曾为严遂刺杀韩傀，然后自杀。其事迹见《史记·刺客列传》。　[4]“为严氏犯韩”以下五句：聂政为了严遂而冒犯韩国，刺杀韩国的相国侠累，又给自己毁容以免姐姐受到连累，实际上只是壮士中的强者，怎么能说他是行义的人呀？严氏，严遂，字仲子，原为韩之大夫。侠累，韩傀（或作“韩魔”），字侠累，时为韩相。曼面，

涂面。 [5] 轲：荆轲（是不是义者）？ [6] “为丹奉於期之首、燕督亢之图”以下四句：荆轲为了燕国的太子姬丹，带着樊於期的头颅和燕国督亢地区的地图，进入后果不可预料的秦国，企图刺杀秦王，实际只是刺客中的强者，怎么能说他是行义的人呀？丹，燕太子姬丹，战国末年燕王喜之子。他曾为质于秦，后逃回燕国，刺杀秦始皇以阻挡秦国统一天下。於期，樊於期，或作“樊於其”。本为秦将，因得罪秦王，逃亡至燕，后自杀。督亢，古地名，大约在现今河北涿州、固安县、高碑店一带，是当时燕国著名的富庶地区。

［点评］

要离、聂政、荆轲都是司马迁在《史记·刺客列传》中记载的著名侠客，但他们奉行的是侠义，而不是儒家的道义，不具有仁义的精神，故在扬雄看来，他们都不可以称为义士。

11.14 或问[1]：“仪、秦学乎鬼谷术，而习乎纵横言，安中国者各十余年，是夫？”

曰[2]：“诈人也。圣人恶诸！”

曰[3]：“孔子读，而仪、秦行，何如也？”

曰[4]：“甚矣！凤鸣而鸷翰也。”

“然则子贡不为与[5]？”

曰[6]：“乱而不解，子贡耻诸；说而不富贵，仪、秦耻诸。”

《战国策·秦策一》：“说秦王书十上而说不行，黑貂之裘弊，黄金百斤尽，资用乏绝，去秦而归，……归至家，妻不下纴，嫂不为炊，父母不与言。苏秦喟叹曰：‘妻不以我为夫，嫂不以我为叔，父母不以我为子，是皆秦之罪也。’乃夜发书，陈箧数十，得太公阴符之谋，伏而诵之，简练以为揣摩。读书欲睡，引锥自刺其股，血流至足，曰：‘安有说人主不能出其金玉锦绣，取卿相之尊者乎？’期年，揣摩成，曰：‘此真可以说当世之君矣。’”

[注释]

[1]“或问”以下五句：有人问：张仪、苏秦跟着鬼谷子学习纵横术，各使中国安定了十多年，是这样吗？仪，张仪，战国中期魏国人，秦惠文王时曾为相。其事迹见《史记·张仪列传》。秦，苏秦，字季子，雒阳人，与张仪同时。他曾为纵约长，并佩六国相印。其事迹见《史记·苏秦列传》。鬼谷，即鬼谷子，我国古代传说中的隐士，据说是战国时期楚国人，姓王，因隐于鬼谷，故号“鬼谷子”，善于修身养性和纵横捭阖之术。现存《鬼谷子》一书，乃后人伪托。纵横言，合纵连横之言。合纵、连横是战国中后期政治外交活动中的两大派别。苏秦是合纵派的代表，张仪是连横派的代表。 [2]“曰”以下三句：回答说：他们都是骗人的人，圣人厌恶这种人。诈人，骗人的人。 [3]“曰”以下四句：问：读孔子之书，像张仪、苏秦那样做事，怎么样呢？ [4]“曰”以下三句：回答说：太过分了！这就像口中鸣凤凰之声，却学习鹰鸷去捕食。即说好话干坏事的意思。鸷，猛禽。翰，又硬又长的羽毛叫“翰”，所以“翰”又引申为飞。 [5]然则子贡不为与：那么子贡就不该经商追求利益了吗？据《史记·仲尼弟子列传》记载：“子贡好废举（囤积货物，贱买贵卖），与时转货赀……家累千金。”其事迹见《史记·仲尼弟子列传》和《论语》。 [6]“曰”以下五句：回答说：国家有祸乱而不能加以排解，子贡认为是自己的耻辱；进行游说而不能取得富贵，张仪、苏秦认为是自己的耻辱。

[点评]

张仪、苏秦游说诸侯，是为了追求功名利禄；子贡进行商业贸易，也获取了丰厚的物质利益。表面上看，二者有相似之处。但子贡有更高的价值追求，商业活动只是他实现理想的手段；张仪、苏秦则只是为了获得功名利禄，二者有本质的不同。

11.15 或曰[1]："仪、秦其才矣乎？迹不蹈已。"

曰："昔在任人[2]，帝曰'难之'，亦才矣。才乎才[3]，非吾徒之才也！"

《孟子·滕文公下》："景春曰：'公孙衍、张仪，岂不诚大丈夫哉！一怒而诸侯惧，安居而天下熄。'孟子曰：'是焉得为大丈夫乎！……以顺为正者，妾妇之道也。'"

[注释]

[1]"或曰"以下三句：有人说：张仪、苏秦大概是有才能的人吧？所走的路别人难以重复。意为后人无法效法、企及。其，或者，大概。迹，足迹，踪迹。蹈，践，踏。已，同"矣"。 [2]"昔在任人"以下三句：古时候对于奸佞的人，虞舜都说"要疏远他们"，奸佞之人也算有才能的人啊。《史记·五帝本纪》记载舜即位后，命十二牧论帝德，有"远佞人"之句，意思是说不要亲近佞人，扬雄在这里用的正是这个意思。任人，即佞人。难，患，引申为讨厌、疏远。 [3]"才乎才"二句：才能呀才能！奸佞人的才能不是我们所说的才能呀！

[点评]

张仪、苏秦的才能是合纵连横的才能，是求取功名利禄的才能，儒家虽然也重视才能，却是行仁政、王道的才能，故扬雄称张仪、苏秦的才能，不是儒者倡导的才能。

11.16 美行[1]：园公、绮里季、夏黄公、角里先生。

言辞[2]：娄敬、陆贾。

执正[3]：王陵、申屠嘉。

折节[4]：周昌、汲黯。

守儒[5]：辕固、申公。

灾异[6]：董相、夏侯胜、京房。

[注释]

[1]“美行”二句：行为善良的人，有东园公、绮里季、夏黄公、角里先生。 [2]“言辞”二句：善于言辞的人，有娄敬、陆贾。娄敬，西汉初年人，曾因说刘邦定都关中，被赐姓刘。又谏刘邦不要与匈奴开战，而应采取和亲政策。还建议刘邦徙山东六国贵族之后及豪强名家于关中，以加强对他们的控制。其事迹见《史记·刘敬叔孙通列传》和《汉书·郦陆朱刘叔孙传》。陆贾，西汉初年人，官至太中大夫。曾游说南越王尉佗归汉。又曾谏刘邦要以《诗经》《尚书》治国，并受命著《新语》十二篇，讲治国成败之道。其事迹见《史记·郦生陆贾列传》和《汉书·郦陆朱刘叔孙传》。 [3]“执正”二句：主持正义的人，有王陵、申屠嘉。执正，持正不阿。王陵，秦末汉初人，刘邦的重要佐命功臣之一。汉朝建立，封安国侯。汉惠帝时，继曹参之后为右丞相。吕后临朝称制，欲立诸吕为王，王陵曾坚决反对。其事迹见《史记·陈丞相世家》和《汉书·张陈王周传》。申屠嘉，西汉初年人，文帝时，曾为御史大夫、丞相，封故安侯，曾严责汉文帝的幸臣邓通。其事迹

见《史记·张丞相列传》和《汉书·张周赵任申屠传》。 [4]“折节”二句：敢于直谏的人，有周昌、汲黯。周昌，西汉初年人，官至御史大夫，封汾阴侯。先刘邦欲废太子刘盈，立宠姬戚夫人子如意为太子，周昌坚持以为不可。后刘邦以周昌为赵王如意相。刘邦死后，吕后欲杀如意，数次召如意入京，周昌坚持不放。其事迹见《史记·张丞相列传》和《汉书·张周赵任申屠传》。汲黯，字长孺。汉景帝时，曾为太子洗马。汉武帝时，曾为东海太守、主爵都尉、右内史等。好直谏，曾当面指责汉武帝“内多欲而外施仁义”。其事迹见《史记·汲郑列传》和《汉书·张冯汲郑传》。 [5]“守儒”二句：坚守儒家学说的人，有辕固生、申公。守儒，坚守儒家之道。辕固，即辕固生，汉景帝时以治《诗》为博士。他曾在喜好黄老学说的窦太后面前讥《老子》书为“家人言”，因而受到惩罚。后拜为清河王太傅。申公，西汉初年人，以传《诗》闻名当世，受业弟子达千余人。二人事迹皆见《史记·儒林列传》和《汉书·儒林传》。 [6]“灾异”二句：好说灾异的人，有董仲舒、夏侯胜、京房。灾异，善于言灾异。董相，指董仲舒（前179—前104）。今文经学大师，西汉广川人，汉景帝时以治《春秋》为博士。汉武帝时，他以贤良对策，建议“罢黜百家，独尊儒术”，提出了以儒家宗法思想为中心、杂以阴阳五行的天人感应学说和三纲五常封建伦理。因为他曾任江都相和胶西相，故称为董相。我国西汉时期著名的哲学家。传世著作有《春秋繁露》。其事迹见《史记·儒林列传》和《汉书·董仲舒传》。夏侯胜，字长公，西汉今文经学大师，以治《尚书》著名。汉宣帝时，官至太子太傅。其事迹见《汉书·眭两夏侯京翼李传》。京房，字君明，本姓李，自改为京。西汉今文经学大师，以治《周易》著名。汉元帝时，仕至魏郡太守。其事迹见《汉书·儒林传》和《汉书·眭两夏侯京翼李传》。

[**点评**]

本章是对汉代儒生、名臣的评价，总体来看，扬雄的评价是以儒家思想为标准，更重视人物所具有的道德特征。

11.17 或问萧、曹[1]。

曰[2]："萧也规，曹也随。"

"滕、灌、樊、郦[3]？"

曰[4]："侠介。"

"叔孙通[5]？"

曰[6]："槼人也。"

"爰盎[7]？"

曰[8]："忠不足而谈有余。"

"晁错[9]？"

曰[10]："愚。"

"酷吏[11]？"

曰[12]："虎哉，虎哉！角而翼者也。"

"货殖[13]？"

曰[14]："蚊。"曰："血国三千，使捋疏饮水褐博，没齿无愁也？"

或问循吏[15]。

曰："吏也。"

"游侠[16]？"

曰："窃国灵也。"

"佞幸[17]？"

曰："不料而已。"

［注释］

[1] 或问萧、曹：有人问对萧何、曹参的看法。萧，萧何，秦末汉初沛县人。他随刘邦起义，平定天下，佐命之功居首。汉朝建立，封酂侯，任相国。其事迹见《史记·萧相国世家》和《汉书·萧何曹参传》。曹，曹参，字敬伯，秦末汉初沛县人，与萧何一起随刘邦起兵反秦，亦是重要的佐命功臣之一。汉朝建立，封平阳侯，任齐相。萧何死后，继为相国。其事迹见《史记·曹相国世家》和《汉书·萧何曹参传》。 [2]"曰"以下三句：回答说：萧何规划的，曹参都遵循。史载曹参代萧何为相国后，"举事无所变更，一遵萧何约束"。百姓歌之曰："萧何为法，顜若画一；曹参代之，守而勿失。"规，规划，制订。随，跟随，遵从。 [3] 滕、灌、樊、郦：对夏侯婴、灌婴、樊哙、郦商的看法呢？滕，指夏侯婴，秦末汉初人。曾是为县令养马赶车的小吏，随刘邦起义后，被封为滕公（滕令），成为重要的佐命功臣之一。汉朝建立，封汝阴侯，仕至太仆。灌，灌婴，秦末汉初人。他本为贩布者，后追随刘邦，成为重要的佐命功臣之一。汉朝建立，封颍阴侯。文帝时，仕至丞相。樊，樊哙，秦末汉初人。他本"以屠狗为事"，后随刘邦起兵反秦，成为重要的佐命功臣之一。汉朝建立，以功封舞阳侯，曾为左丞相。郦，郦商，秦末汉

初人。陈胜起义后，郦商聚数千人响应，后归附刘邦，成为重要的佐命功臣之一。汉朝建立，封曲周侯，曾为右丞相。以上四人的事迹见《史记·樊郦滕灌列传》和《汉书·樊郦滕灌傅靳周传》。 [4]“曰”二句：回答说：辅助。意思是说此四人都是刘邦夺取天下的助手。 [5]叔孙通：对叔孙通的看法呢？刘邦统一天下后，他召集山东一批儒生为刘邦制定朝见宴享的礼仪，受到赏识，官至太常、太子太傅。其事迹见《史记·刘敬叔孙通列传》和《汉书·郦陆朱刘叔孙传》。 [6]“曰”二句：回答说：是奸诈的人。絭人，诈人，虚伪的人。 [7]爰盎：对爰盎的看法呢？爰盎，又作“袁盎”，字丝。西汉大臣，个性刚直，有才干。吴楚七国叛乱，袁盎奏请斩晁错以平众怒，官拜太常。后因反对立梁王刘武为储君，遭到梁王忌恨，为刺客所杀。其事迹见《史记·袁盎晁错列传》和《汉书·爰盎晁错传》。 [8]“曰”二句：回答说：善于言辞但不够忠诚。 [9]晁错：对晁错的看法呢？晁错，西汉政论家。汉景帝时，曾为御史大夫。他主张重本抑末、纳粟受爵；又建议募民徙边、备御匈奴；还提出要逐步削夺藩王土地，以加强中央集权。吴王刘濞即以诛晁错、清君侧为名起兵反汉，晁错为爰盎所谮，被景帝下令斩于东市。 [10]“曰”二句：回答说：愚蠢。陶鸿庆说：“《音义》云：‘天复本作“由忠”。’当从之。‘由’与‘犹’同。《礼记·檀弓》注：‘犹，尚也。’《说文》：‘尚，庶几也。’言庶几其忠也，许其忠而愚自见，义较今本为长。”（《读诸子札记》十四）据陶说，扬雄认为晁错尚能尽忠。 [11]酷吏：对酷吏的看法呢？酷吏，指以严刑峻法来治理地方和审讯案件的官吏。 [12]“曰”以下四句：回答说：就像老虎呀！就像老虎呀！而且是生了犄角长着翅膀的老虎。 [13]货殖：对商人的看法呢？货殖，增殖财物，这里指从事工商业牟取暴利致富的豪民。货，财物。殖，生息。 [14]“曰”以下六句：回答说：他们就像蚊子。

又说：吸天下各国的血，使百姓只能采野菜、饮水，以粗布为衣，而他们却一辈子衣食不发愁。血，在这里作动词用。三千，形容其多。捋疏，即采摘野菜。捋，采摘。疏，通“蔬”，指野菜。褐博，古代贱者穿的衣服，这里用作动词。没齿，终身。 [15]“或问循吏”以下三句：有人问对循吏的看法。回答说：这是真正的官吏。循吏，指奉职遵法、因循守成的官吏。 [16]“游侠”以下三句：对游侠的看法？回答说：他们是盗取国家权力的人。游侠，指好交游，行侠义，喜济人之危而不自矜的人。国灵，即“国令”“国命”，这里指国家的权力。灵，令，命。 [17]“佞幸”以下三句：对佞幸之人的看法呢？回答说：不值一提。佞幸，指以谄媚取得皇帝宠幸的人。佞，谄谀。幸，宠爱。不料，不值得计算。即《史记·佞幸列传》所谓“不足数也”。料，度量，计数。

[点评]

本章除了评论萧何、曹参等人物外，还对循吏、酷吏、货殖、游侠等阶层做出评价，值得注意的是，扬雄对货殖、游侠持完全否定的态度，认为从事商业活动的货殖是蚊子一样的吸血鬼，是造成民众贫困的根本原因，认为游侠是窃取国命的危险分子，反映了他思想的局限。相对而言，司马迁对货殖、游侠的评价更为客观、合理。

11.18 或问近世社稷之臣[1]。

曰[2]：“若张子房之智，陈平之无悟，绛侯勃之果，霍将军之勇，终之以礼乐，则可谓社稷之臣矣。”

或问[3]："公孙弘、董仲舒孰迩？"

曰："仲舒欲为而不可得者也[4]，弘容而已矣。"

[注释]

[1] 或问近世社稷之臣：有人问近代能够安邦定国的大臣都有什么人。社稷，国家政权。 [2] "曰"以下七句：回答说：像张子房足智多谋，陈平没有失误，绛侯周勃果断，大将军霍光勇敢，如果他们进一步用礼乐完善自己，就可以说是安邦定国的大臣了。张子房，张良，字子房。他出身韩国贵族。在秦末反秦斗争中，曾一度企图复兴韩国。后追随刘邦，成为主要谋士和佐命功臣之一。汉朝建立，封留侯。悟，同"牾"，忤逆，过错。绛侯勃，周勃。霍将军，霍光。终，竟，成，使之完备的意思。 [3] "或问"二句：有人问：公孙弘、董仲舒哪一个更接近安邦定国的大臣？公孙弘，姓公孙，名弘，字季。武帝时，以贤良、文学对策第一，拜为博士。后仕至御史大夫、丞相，封平津侯。其事迹见《史记·平津侯主父列传》和《汉书·公孙弘卜式兒宽传》。 [4] "仲舒欲为而不可得者也"二句：董仲舒是想成为安邦定国的大臣的，只是没有机会，公孙弘是阿谀逢迎的大臣。容，本义为容颜，这里指以阿谀逢迎之容取悦于上。

[点评]

本章论汉代可以安邦定国之臣，扬雄认为张良、陈平、周勃、霍光都接近社稷之臣，但缺乏礼乐修身，是其不足。董仲舒有志成为社稷之臣，可惜没有机会施展才干；公孙弘有机会接近权力中心，但他只是阿谀奉承之徒。可以看出，扬雄是以儒家思想为评价标准的，反映了他儒者的立场。

11.19 或问近世名卿[1]。

曰[2]："张廷尉之平，隽京兆之见，尹扶风之洁，王子贡之介，斯近世名卿矣。"

"将[3]？"

曰[4]："若条侯之守，长平、冠军之征伐，博陆之持重，可谓近世名将矣。"

"请问古[5]。"

曰[6]："鼓之以道德，征之以仁义。舆尸血刃，皆所不为也。"

[注释]

[1] 或问近世名卿：有人问近代有名的大臣都有什么人。卿，我国古代王和诸侯属下的高级长官为卿，这里泛指朝廷大臣。 [2] "曰"以下六句：回答说：像廷尉张释之执法公平，京兆尹隽不疑见事明敏，右扶风尹翁归为官清廉，王子贡耿介率直，这些人就是近代有名的大臣。张廷尉，张释之，字季。汉文帝时，曾任廷尉，是当时中央负责刑狱的官吏。汉景帝时，曾任淮南相。其事迹见《史记·张释之冯唐列传》和《汉书·张冯汲郑传》。平，公允。隽（juàn）京兆，隽不疑，字曼倩。汉武帝时，曾任青州刺史。昭帝时，曾任京兆尹，是当时主管京都地区的行政长官。其事迹见《汉书·隽疏于薛平彭传》。见，见识。尹扶风，尹翁归，字子兄。汉宣帝时，曾任右扶风，是当时主管京都西部地区

据《史记·张释之冯唐列传》记载，汉文帝外出行至中渭桥，突然有一个人从桥下跑出来，惊了文帝御驾的马，文帝险些被摔下，十分恼火，就命人拘捕了此人，交给廷尉查办。张释之审讯后，依法判定为"冒犯车驾，罚金四两"，上奏朝廷。汉文帝很生气，认为判决过轻。张释之就解释说："法律是天子和百姓应该共同遵守的，不应偏私。法有定规，如果加重处罚，如何取信于民。廷尉是天下公正执法的带头人，如果廷尉不公正，地方也会不公，百姓就会惶恐不安！"汉文帝思考了很久才说："廷尉的量刑判决是对的。"

的行政长官。其事迹见《汉书·赵尹韩张两王列传》。洁，指为官清廉。王子贡，王尊，字子贡。小时家贫，为诸父牧羊。汉元帝时，曾为东平相。汉成帝时，仕至京兆尹。其事迹见《汉书·赵尹韩张两王传》。斯，则，乃。 [3] 将：近代有名的大将都有什么人？ [4] "曰"以下五句：回答说：像条侯周亚夫的善于守卫，长平侯卫青、冠军侯霍去病的能征善战，博陆侯霍光的严肃慎重，就可以说是近代有名的大将了。条侯，指周亚夫。绛侯周勃长子胜之因罪被废后，汉文帝又封其子周亚夫为条侯，以"续绛侯后"。守，守备。长平，指卫青，字仲卿，汉武帝皇后卫子夫的同母弟。他历任骠骑将军、大将军，封长平侯。冠军，霍去病，汉武帝皇后卫子夫之姊少儿之子。他曾为骠骑将军，封冠军侯。其事迹见《史记·卫将军骠骑列传》和《汉书·卫青霍去病传》。征伐，善于征伐。博陆，指霍光。 [5] 请问古：请问古代的名卿、名将是什么样子。 [6] "曰"以下五句：回答说：古代有名的大臣和大将是用道德来征服人们，用仁义来节制人们。车子拉尸体、刀刃沾鲜血等杀人伤命的事，他们是不干的。鼓，与下文"征"是古代军队中用来发布命令的器具，鼓用来表示行动和前进，"征"借为"钲"，古代的一种铜质乐器，钲用来表示静止和后退。舆尸，抬着死尸。血刃，杀伤人。

[点评]

本章论汉代的名卿、名将，但实际是要与古代的名卿、名将做对比，古代的名卿、名将"鼓之以道德，征之以仁义"，奉行的是道德仁义，而这正好是汉代的名卿、名将所缺乏的，故扬雄所表达的，仍是希望今之卿相、将帅能以儒家的仁义进一步完善自己。

11.20 张骞、苏武之奉使也[1]，执节没身，不屈王命，虽古之肤使[2]，其犹劣诸！

［注释］

[1]“张骞、苏武之奉使也”以下三句：张骞、苏武奉命出使，能始终保持节操，不辜负皇帝交给的使命。张骞，西汉中期人，两次通使西域，其事迹见《史记·大宛列传》和《汉书·张骞李广利传》。苏武，西汉中期人。奉命出使匈奴后被扣留十九年，其事迹见《汉书·李广苏建传》。节，操守，古代使臣出使时所拿的信物凭证。没身，终身。屈，废，弃。 [2]“虽古之肤使”二句：即使是古代的优秀使节，恐怕也比不上他们！肤，美。其，或者，大概。

［点评］

本章扬雄高度评价了张骞、苏武出使域外，不辱使命的行为，因为他们身上体现的正是儒家倡导的气节、人格。

11.21 世称东方生之盛也[1]。言不纯师，行不纯表，其流风遗书，蔑如也。

或曰[2]：“隐者也。”

曰[3]：“昔之隐者，吾闻其语矣，又闻其行矣。”

或曰[4]：“隐道多端。”

曰：“固也[5]。圣言圣行，不逢其时，圣人隐也。贤言贤行，不逢其时，贤者隐也。谈言谈行，而不逢其时，谈者隐也。昔者箕子之漆其身也[6]，狂接舆之被其发也，欲去而恐罹害者也。箕子之《洪范》，接舆之歌凤也哉？”

或问：“东方生名过实者[7]，何也？”

曰：“应谐、不穷、正谏、秽德[8]。应谐似优，不穷似哲，正谏似直，秽德似隐。”

“请问名[9]。”

曰[10]：“诙达。”

“恶比[11]？”

曰[12]：“非夷尚容，依隐玩世，其滑稽之雄乎！”

或问：“柳下惠非朝隐者与[13]？”

曰[14]：“君子谓之不恭。古者高饿显，下禄隐。”

［注释］

[1]“世称东方生之盛也”以下五句：社会上对东方朔很是赞扬。东方朔言谈不完全符合圣贤的教导，行为也不完全符合圣贤的标准，他并没有好的作风和著述流传后世，其实名实不相符。东方生，指东方朔，字曼倩，西汉文学家。他性情诙谐滑稽，事汉武帝，官至太中大夫。其事迹见《史记·滑稽列传》后附褚少孙补篇和《汉书·东方朔传》。行不纯表，《汉书·东方朔传赞》

和《风俗通义·正失》引皆作“行不纯德”。流风，先代流传给后代的优良作风。遗书，先代遗留给后代的著作。蔑如，空洞无物的样子。 [2]“或曰”二句：有人说：东方朔是避世的隐士，怎能用圣贤的标准要求他呢？ [3]“曰”以下四句：回答说：古代的隐士，我听说过他们的言谈，也听说过他们的行为（都不像东方朔这个样子）。 [4]“或曰”二句：有人说：避世隐居有许多条途径（何必要求东方朔一定要像古代的隐士）。端，头绪，方面。 [5]“固也”以下十句：避世的途径确实很多。圣人有圣人的言谈和行为，遇不到合适的时机，圣人就会隐居避世。贤人有贤人的言谈和行为，遇不到合适的时机，贤人就会隐居避世。诙谐的人有诙谐的言谈和行为，遇不到合适的时机，诙谐的人就会隐居避世。固也，确实。 [6]“昔者箕子之漆其身也”以下五句：从前箕子用漆涂抹自己的身体，楚国狂人接舆披散自己的头发，是因为怕遭祸害，所以企图避世隐居。东方朔哪能和箕子向周武王陈述治国的大法《洪范》，接舆向孔子歌唱“凤兮”，劝孔子不要再求仕进相比呢？箕子，殷末周初人，商纣王的叔父，名胥余。因其封邑在箕（今山西晋中太谷区），封爵为子，故称箕子。漆其身，商朝末年，纣王无道，箕子谏之不听，恐被杀害，于是就用漆涂身，披发佯狂以避祸。狂，狂人，即言行不合当时流俗的人。接舆，春秋时期的隐士，楚国人，约与孔子同时。见《论语·微子篇》。被，同“披”。罹（lí），遭，被。箕子之《洪范》，传说周武王灭商后，曾向箕子问治国之道，箕子陈《洪范》，就是现在《尚书》中的《洪范》。接舆之歌凤，《论语·微子篇》记载，楚狂接舆曾歌而过孔子云：“凤兮凤兮，何德之衰？往者不可谏，来者犹可追。已而，已而！今之从政者殆而！”劝孔子不要再追求仕进。 [7]“东方生名过实者”二句：那么东方朔的名声超过他的实际，这是为什么呢？ [8]“应谐、不穷、正谏、秽德”以下五句：那是因为他应对诙谐有趣，言词滔滔不绝，乘机进行劝谏，贬低自己品德。应对诙谐有趣好像悠然自得，言词滔滔不绝好像富有智慧，乘机进行劝谏好像为人正直，贬低自己品德好像隐遁避世。应谐，以诙谐之语回答别人的问难。不穷，不管别人问什么，没有他回答不出来的。正谏，直言进谏。秽德，以滑稽放荡的言行来掩盖自己的思想和主张。优，闲暇，安逸。哲，智慧。 [9] 请问名：请问用什么名声称呼东方朔。 [10]“曰”二句：回答说：应该称他诙谐而通达。 [11] 恶（wū）比：把他比作谁呢？ [12]“曰”以下四句：回答说：东方朔不赞成像伯夷那样固执己见，推崇安分随时的处世方法，以无可无不可的游戏态度待人处世，大概是滑稽之人当中的杰出者吧！他本作“非夷齐而是柳下惠，戒其子以尚容，首阳为拙，柱下为工，饱食安坐，以仕易农，依隐玩世，诡时不逢，其滑稽之雄乎”，可能有衍文。非夷，不赞成伯夷的做法。夷，伯夷，殷末周初人。其事迹见《史记·伯夷列传》。尚容，推崇安分随时、与世俯仰的做法。 [13] 柳下惠非朝隐者与：柳下惠不也是朝隐之人吗？柳下惠，春秋时期鲁国大夫，姓展，名获，字禽。因居柳下，谥曰惠，故称为“柳下惠”。朝隐，虽居位在朝，而淡泊恬退与隐居无异。 [14]“曰”以下四句：回答说：对柳下惠这种行为，君子认为是不郑重的。因为古代尊崇贫穷却有良好声誉的人，鄙视贪图仕禄却要标榜避世的人。恭，庄重，严肃。高，尊崇。饿显，贫穷而有声誉。下，鄙视。禄隐，享受俸禄却标榜隐世，即上文所谓“朝隐”。

［点评］

本章评论东方朔、柳下惠等隐者，扬雄依然从儒家的立场出发，对他们多有批评，认为其不重视礼，缺乏修养。扬雄虽然不否定退隐的合理性，但他强调的还是要“穷则独善其身”，他肯定箕子、接舆等古代隐者，也是因为他们一定程度上符合扬雄的理想。

11.22 妄誉[1]，仁之贼也；妄毁，义之贼也。贼仁近乡原[2]，贼义近乡讪。

《论语·阳货篇》：“子曰：乡愿，德之贼也。”《孟子·尽心下》：“万章曰：‘一乡皆称原人焉，无所往而不为原人，孔子以为德之贼，何哉？’曰：‘非之无举也，刺之无刺也，同乎流俗，合乎污世，居之似忠信，行之似廉洁，众皆悦之，自以为是，而不可与入尧、舜之道，故曰“德之贼”也。’”

［注释］

[1]“妄誉”以下四句：虚妄地赞扬别人，就是对仁的破坏；虚妄地诽谤别人，就是对义的破坏。妄，荒诞，荒谬。 [2]“贼仁近乡原”二句：破坏仁就近似于一乡人都说好的“乡愿”，破坏义就近似于一乡人都说坏的“乡讪”。乡原，一乡人都称原人的人，即不讲是非、同乎流俗，因而一乡人都称赞的老好人。原，同“愿”，谨善的意思。乡讪，一乡人都称讪人的人，即妄毁别人因而一乡人都说他不好的人。讪，毁谤。这是扬雄和“乡原”相对应而造出来的一个词。

［点评］

不顾事实，一味地奉承、说好话，是破坏了仁；同样地，不顾事实，一味地诋毁人，则是违背了义。如果说前者往往会成为没有是非原则的乡愿的话，那么后者则会成为人人痛恨的乡讪。

11.23 或问[1]：“子蜀人也，请人？”

曰：“有李仲元者，人也。”

“其为人也奈何[2]？”

曰："不屈其意，不累其身。"

曰[3]："是夷、惠之徒与？"

曰："不夷不惠，可否之间也。"

"如是[4]，则奚名之不彰也？"

曰："无仲尼，则西山之饿夫与东国之绌臣恶乎闻？"

曰[5]："王阳、贡禹遇仲尼乎？"

曰："明星皓皓，华藻之力也与？"

曰[6]："若是，则奚为不自高？"

曰[7]："皓皓者，己也；引而高之者，天也。子欲自高邪？仲元，世之师也。见其貌者，肃如也；闻其言者，愀如也；观其行者，穆如也。郸闻以德诎人矣，未闻以德诎于人也。仲元，畏人也。"

或曰[8]："育？贲？"

曰："育、贲也，人畏其力而侮其德。"

"请条[9]。"

曰[10]："非正不视，非正不听，非正不言，非正不行。夫能正其视听言行者，昔吾先师之所畏也。如视不视，听不听，言不言，行不行，虽有育、贲，其犹侮诸！"

《论语·颜渊篇》："颜渊曰：'请问其目？'子曰：'非礼勿视，非礼勿听，非礼勿言，非礼勿动。'颜渊曰：'回虽不敏，请事斯语矣！'"

［注释］

[1]“或问”以下六句：有人问：先生是蜀地人，请问蜀地有什么人才？回答说：有个叫李仲元的人，是个人才。子，古代对有学问、有道德的人的尊称，这里指扬雄。李仲元，李弘，字仲元，蜀人，与扬雄同时。其事迹见皇甫谧《高士传》和常璩《华阳国志·先贤士总赞·蜀郡士女》。　[2]“其为人也奈何”以下四句：他为人怎么样？回答说：他不屈从自己的意志，也不使自己的身体遭受祸害。　[3]“曰”以下五句：那人问：是伯夷、柳下惠一类的人吗？回答说：不像伯夷那样狭隘固执，也不像柳下惠那样甘于屈辱，而是无可无不可，处于二人之间。徒，徒党。可否之间，无可无不可。　[4]“如是”以下五句：既然如此，那么为什么李仲元的名声没有被人传颂呢？回答说：如果不是孔子提到伯夷和柳下惠，首阳山上挨饿的汉子和鲁国被贬黜的臣子怎能出名呢？彰，显，著。西山，指首阳山。伯夷在饿死首阳山之前所作的歌词中有“登彼西山兮，采其薇矣”之句，故此云西山。饿夫，挨饿的男子，指伯夷。东国，指鲁。因鲁在我国东部，故云东国。绌臣，被贬逐之臣，指柳下惠。绌，与“黜”通，贬逐、罢免的意思。　[5]“曰”以下五句：那人问：难道王阳和贡禹被孔子提到了吗？（为什么他们能出名呢？）回答说：星星的明亮光芒，难道是文采画饰的作用吗？即王阳、贡禹的出名，不是由于别人的称扬，而是由于他们有很高的地位。王阳，王吉，字子阳。汉宣帝时，曾为益州刺史、谏大夫。贡禹，字少翁，与王吉同时人。汉宣帝时，曾为凉州刺史。汉元帝时，曾为御史大夫。他们二人都以崇礼明经、为官清廉而名重当时。其事迹见《汉书·王贡两龚鲍传》。皓皓，洁白，光明，喻人高尚的品德。华藻，文采画饰，喻他人的称扬。　[6]“曰”以下三句：那人问：既然这样，那么李仲元为什么不自己抬高自己的

地位呢？若是，如此，像这样。 [7]“曰”以下十八句：回答说：发出明亮光芒的，是星星自身；牵着星星使它高高在上的，是天。你想自己抬高自己的地位吗？李仲元是世人的师表。看见他的仪容的人，就会庄重起来；听到他的言谈的人，就会受到感动；了解他的行为的人，就会肃然起敬。只听说过以自己的德行使别人屈服的，没听说过以自己的德行屈服于别人的。李仲元就是这种使人敬畏的人。肃如，庄重的样子。愀（qiǎo）如，恭谨的样子。穆如，尊敬的样子。郸，与“但”通。畏人，使人敬畏的人。 [8]“或曰”以下六句：有人问：夏育、孟贲呢？回答说：对于夏育、孟贲，人们畏惧的是他们的力气，而看不起他们的道德。育、贲，夏育、孟贲。二人都是古代传说中的大力士。侮，轻视，看不起。 [9]请条：请你逐条说说。即详细说明的意思。条，条目，这里用作动词。 [10]“曰”以下十三句：回答说：不正当的不看，不正当的不听，不正当的不说，不正当的不做。能够使自己看、听、说、做都符合正当的人，连我们的先师孔子都会畏惧的。如果看不该看的，听不该听的，说不该说的，做不该做的，即使有夏育和孟贲那么大的力气，人们大概还是要看不起他！先师，孔子。

［点评］

本章评论扬雄的蜀地同乡李仲元，扬雄称赞其“不屈其意，不累其身”，给予很高的评价。但李仲元在当时没有多少影响，这不能不引起人们的疑问。扬雄认为，一个的名声或者是因为一些外在的条件，如伯夷、柳下惠的名声，就是因为被孔子提及，而被后人所知晓，或者是因为他的成就、事迹太过卓越、感人，而无法被人忘掉。李仲元虽然不具备这些条件，但他的德性、人格足以使人感到敬畏。扬雄还指出，一个人的德性体现在“非正不视，非正不听，非正不言，非正不行”，表明他非常重视礼的外在规范修养。

君子卷第十二

【题解】

本卷涉及圣人、君子、儒家和道家一些人物，以及人能否成仙等问题。从扬雄对孟轲和荀况的不同评价中，可以看到孔子之后儒家学派的分化和派别分歧。我们对此作些简单介绍。

古今中外的政治、宗教、学术流派，在其创始人去世后，都有逐渐又分化为多个不同的派别的情况。《韩非子·显学》曾说，孔子死后，“儒分为八”“取舍相反不同”，但由于史料缺乏，不可详考。从后代的发展情况看，主要是孟子和荀子两派，分歧相当尖锐。所以荀况在《荀子·非十二子》中，除了批评子张氏、子夏氏、子游氏等“贱儒”外，主要是对孟子一派进行了猛烈的抨击。

其实从思想上看，还是孟子更接近孔子。比如，孔子把其前关于仁的思想发展成具有哲学意义的概念，在政治上则提出“为政以德”(《论语·为政篇》)的德治思想。孟子对此加以继承和发展，提出“仁政思想”，认为“以力假仁者霸”“以德行仁者王”(《孟子·公孙丑上》)，区分了王道和霸道，把实行仁政的王道作为政治统治的理想。又如，孔子虽然没有明确提出人性善的命题，但“仁”的概念实际上蕴涵了这种意思，所以才说“性相近也，习相远也”(《论语·阳货篇》)。孟子由此生发开去，认为仁义礼智是天道所命，根植于心，于是得出了人性善的结论。

与孟子认为人性善因而重视内在心性修养不同，荀子认为人性恶，即人生而天然好利多欲，因此必须通过教化，对人性之恶加以改造制约而使人向善。这种外在的制约行为的规范，就是礼。但礼也不是万能的，所以荀子又引法入礼，提出用礼义、法度来维护社会秩序，治理国家。

正是从荀子的思想出发，适应战国末年由分裂走向统一的社会趋势，他的学生韩非、李斯都成了法家。法家思想也成了秦始皇统一中国的指导思想。但当国家统一、社会安定，法家赤裸裸的严刑峻法不再适应统治需要时，以孔、孟为代表的儒家思想又逐渐成为社会的主流意识形态。这里不仅法家备受抨击，荀子也常遭非议。扬雄对荀子的批评就反映了这种情况。但实际上中国古代专制社会的统治者都是“阳儒阴法”，就像汉宣帝刘询对他儿子汉元帝刘奭说的:“汉家自有制度，本以霸王道杂之。”

另外，本卷论述君子、圣人，用了不少笔墨，值得重视。

12.1 或问[1]:“君子言则成文，动则成德，

《大戴礼记·曾子立事》:“目者，心之浮也；言者，行之指也；作于中，则播于外也。”

何以也？”

曰：“以其弸中而彪外也[2]。般之挥斤[3]，羿之激矢。君子不言[4]，言必有中也；不行，行必有称也。”

［注释］

[1]“或问”以下四句：有人问：君子一说话就富有文采，一行事就符合道德，这是为什么呀？ [2]以其弸（péng）中而彪外也：这是因为君子的内在思想丰富，所以表现出来是文采优美、道德高尚。弸，《说文解字》：“弓强貌。”引申为强，又引申为满。彪，《说文解字》：“虎文也。从虎。彡，象其文也。”引申为文采。 [3]“般之挥斤”二句：就像公输般挥动斧子，羿发射弓箭一样。般，指公输般。斤，砍木头用的一种斧子，刃横似锄。激，促发，使动。 [4]“君子不言”以下四句：君子除非不说话，一说话就必然恰到好处；除非不行事，一行事就必然正好合适。中（zhòng），符合。称（chèn），适宜。

［点评］

君子内心的思想与外在的言语、行为是一致的。个人修养达到一定程度，自然就表现出与之相对应的言、行，即内在和外在的统一。

《周易·说卦》：“昔者圣人之作易也，将以顺性命之理。是以立天之道，曰阴与阳；立地之道，曰柔与刚；立人之道，曰仁与义。”

12.2 或问君子之柔刚[1]。

曰[2]：“君子于仁也，柔；于义也，刚。”

[注释]

[1]或问君子之柔刚：有人问君子在什么情况下态度温柔，在什么情况下态度刚强。柔，柔和，和顺。刚，刚毅，坚强。 [2]“曰”以下五句：回答说：君子在实行仁爱的时候，态度温柔；在实行道义的时候，态度刚强。

[点评]

董仲舒的仁义思想具有“仁外义内”的特点，“仁外”是指对他人应当保持仁爱之心，宽厚待人，这就是扬雄所说的“柔”；而“义内”则是指对自己而言，应当严格要求，不能有所懈怠，这就是扬雄所说的“刚”。

12.3　或问[1]：“航不浆，冲不荠，有诸？”

曰[2]：“有之。”

或曰[3]：“大器固不周于小乎？”

曰[4]：“斯械也。君子不械。”

《荀子·解蔽》：“农精于田而不可以为田师，贾精于市而不可以为市师，工精于器而不可以为器师。有人也，不能此三技而可使治三官，曰：精于道者也，[非]精于物者也。精于物者以物物，精于道者兼物物。故君子壹于道而以赞稽物。”

[注释]

[1]“或问”以下四句：有人问：大船不能装酒浆，战车不能载齑料，是这样吗？航，船。《方言》卷九：“舟，自关而西谓之船，自关而东或谓之舟，或谓之航。”李轨注认为是“楼航”，即有重楼的大船。浆，酒浆。冲，冲车，一种战车。荠，同“齑”，切碎的姜、葱等调料。 [2]“曰”二句：回答说：是这样。 [3]“或曰”二句：有人问：那么庞大的器物就不能顾及小的用途吗？固，乃。周，全。 [4]“曰”以下三句：回答说：那说的是器械。君

子可不是器械。

[点评]

孔子曾说："君子不器。"(《论语·为政篇》)意为君子不同于具体的器物，具体的器物有固定的用途，有此用途则不可有他用途。君子则以求道为本，不限于一才一艺，既觉解生活普遍意义之道，又能从事各种具体事务。后荀子提出"精于道者兼物物"(《荀子·解蔽》)，也是对这一思想的发挥。扬雄所论孔子思想相近，认为君子不同于器物，既可以办大事，也可以办小事。

韩愈《原道》："斯道也，何道也？曰：斯吾所谓道也，非向所谓老与佛之道也。尧以是传之舜，舜以是传之禹，禹以是传之汤，汤以是传之文武周公，文武周公传之孔子，孔子传之孟轲，轲之死，不得其传焉。"

12.4 或问孟子知言之要[1]，知德之奥。

曰[2]："非苟知之，亦允蹈之。"

或曰[3]："子小诸子，孟子非诸子乎？"

曰："诸子者[4]，以其知异于孔子也。孟子异乎不异？"

[注释]

[1]"或问孟子知言之要"二句：有人问孟子是否懂得圣人学说的要旨和圣人道德的精义。言，指孔子的学说。要，要旨。德，指孔子的品德。奥，精义，本质。 [2]"曰"以下三句：回答说：不但懂得，而且确实履行了。允，确实。蹈，履行。 [3]"或曰"以下三句：有人问：你看不起诸子，孟子不是诸子吗？小，轻视，

看不起。 [4]“诸子者”以下三句：诸子之所以成为诸子，是因为他们的学说不同于孔子的学说，孟子没有什么不同。其知，他们的学说。孟子异乎不异，也可以断为“孟子异乎？不异”，那就变成了自问自答，意思是一样的。

[点评]

汉代推崇经学，故扬雄“小诸子”，贬斥诸子学，但唯独对孟子大加赞赏，认为孟子真正继承了孔子的思想，孟子地位的提升，扬雄是重要的推动力量。

12.5 或曰：“孙卿非数家之书[1]，侻也。至于子思、孟轲[2]，诡哉！”

曰：“吾于孙卿与[3]，见同门而异户也。惟圣人为不异[4]。”

[注释]

[1]“孙卿非数家之书”二句：荀况批评一些学派的文章，是正确的。孙卿，世德堂本作“荀卿”，即荀况（约前336—前238），卿是当时对他的尊称。战国末年赵国人，曾游学齐国，在稷下学宫三为祭酒，后又担任过楚国兰陵令。他的思想虽然也属于儒家学派，但和孟子有分歧，他的学生韩非、李斯都成为法家学派的代表人物。其事迹见《史记·孟子荀卿列传》。传世著作有《荀子》一书。非数家之书，批评诸家的书，指《荀子·非十二子》。荀况在这篇文章中批评了他认为思想错误，但“持之有故，其言之成理，足以欺惑愚众”的六派

十二个代表人物的观点，其中包括子思和孟子。倪（tuì），可，好。 [2]“至于子思、孟轲”二句：至于批评子思和孟轲，就不正确了！子思，孔子的孙子孔伋，字子思。《汉书·艺文志》著录《子思》二十三篇，已佚。传说现存《礼记》中的《中庸》《表记》《坊记》等是他的著作。诡，乖违，欺诈。《荀子·非十二子》曾批评子思、孟轲的学说“僻违而无类，幽隐而无说，闭约而无解”。“诡”当即指此。 [3]“吾于孙卿与”二句：我对于荀卿嘛，看到他虽然同属儒门，却另立门户。门，喻大的学派。户，喻大学派中的小派别。 [4]惟圣人为不异：只有圣人能做到不分别不离异。这里的圣人不是指孔子，而是指能坚守孔子学说的理想儒者。

［点评］

扬雄反对荀子对子思、孟子的批判，认为荀子“同门异户”，反映了尊孟抑荀的态度，对后世影响很大。

12.6 牛玄、骍、白[1]，睟而角[2]，其升诸庙乎[3]！是以君子全其德[4]。

［注释］

[1]牛玄、骍、白：牛，如果是黑色的、赤色的、白色的。古代人祭祀，讲究用某种毛色纯粹的牺牲。如《礼记·檀弓》说：“夏后氏尚黑，大事敛用昏，戎事乘骊，牲用玄。殷人尚白，大事敛用日中，戎事乘翰，牲用白。周人尚赤，大事敛用日出，戎事乘騵，牲用骍。”玄，黑色。骍，赤色。 [2]睟而角：颜色纯粹而角又长得符合标准。睟，通“粹”，即纯粹之意。角，古代祭祀

用牛，不仅毛色要纯，对角也有一定要求。如《礼记·王制》说："祭天地之牛，角茧栗；宗庙之牛，角握；宾客之牛，角尺。"这里的"角"，就指牛角长得合乎标准，可以用作牺牲。　[3] 其升诸庙乎：就可以奉献到庙里作祭祀用的牺牲了吧！其，大概，或者。升，奉上，进献。庙，祭祀祖先或神灵的地方。　[4] 是以君子全其德：因此，君子努力完善自己的德行。其，五臣注本无"其"字。全，使之完美。

［点评］

符合标准的牺牲才能用来献祭，道德完善的君子才能被社会所用。

12.7　或问君子似玉[1]。

曰："纯沦温润[2]，柔而坚[3]，玩而廉[4]，队乎其不可形也[5]。"

《礼记·聘义》："君子比德于玉焉：温润而泽，仁也；缜密以栗，知也；廉而不刿，义也；垂之如坠，礼也……孚尹旁达，信也。"

［注释］

[1] 或问君子似玉：有人问君子的品质好像玉一样。语本《诗经·秦风·小戎》："言念君子，温其如玉，在其板屋，乱我心曲。"郑笺："念君子之性温然如玉，玉有五德。"　[2] 纯沦温润：君子善良美好、温文尔雅。亦即《礼记·聘义》所谓"温润而泽"。纯沦，与"温润"都是叠韵词，形容玉的润泽与和谐的外表，以喻君子温文尔雅的风度。　[3] 柔而坚：仪容柔和而意志坚定。此即《礼记·聘义》所谓"缜密以栗"。柔，玉之纹色细密，喻君子的表现温和。坚，玉之质地坚硬，喻君子的意志坚定。　[4] 玩

而廉：处事圆通而行为端正。此即《礼记·聘义》所谓“廉而不刿”。玩，借为“刓”，没有棱角，喻君子处事圆通。廉，廉隅，以棱角表示方正，喻君子行为端正。 [5] 队乎其不可形也：真是精微深奥得无法形容呀！队，通“邃”，深奥。

［点评］

本章以玉比德，认为君子应具有温润之仁、缜密之知、端正之义。君子之德难以形容、描述，而用玉比喻，则形象生动，易于理解把握。

12.8 或曰[1]：“仲尼之术，周而不泰，大而不小，用之犹牛鼠也！”

曰：“仲尼之道[2]，犹四渎也；经营中国，终入大海。他人之道者[3]，西北之流也；纲纪夷貉[4]，或入于沱，或沦于汉。”

［注释］

[1]“或曰”以下五句：有人说：孔子的学说，周密完备却不会变通，宏大却难以运用于具体事物，实施起来就好像把牛放到只有老鼠才能活动的地方。术，学说，主张。周，完密。泰，通达。大而不小，在 8.8 章中也有“孔子之道，不可小与？”之问，可见这是当时相当普遍的看法。 [2]“仲尼之道”以下四句：孔子的学说，好像江、河、淮、济四条大河一样，润泽着中国大地，最终流入大海。道，与上述“术”同义，是一种更加尊重的说法。四渎，古时把中原地区独流入海的四条大河称为“四渎”。

《尔雅·释水》:“江、河、淮、济为四渎。四渎者，发源注海者也。”经营，回旋往来，即宛转流贯的意思。这里是借河流润泽土地、哺育百姓的功能来比喻仲尼之道对于治理国家、教养百姓的作用。 [3]“他人之道者”二句:其他人的学说，像西北地区的一些小河。他人，五臣注本作“它人”。 [4]“纲纪夷貉(mò)”以下三句:只能润泽边疆落后的异族地区，最后或者流入沱河，或者汇入汉水。纲纪，和上文“经营”一词是一个意思，用法亦同。夷貉，这里代表古代中国边疆的各少数民族和国家。沱，沱江，长江的支流，在今四川境内。汉，汉水，长江的支流，在今陕西、湖北境内。

[点评]

孔子具有理想主义的特质，其具体主张在当时难以实行，被讥为“大哉孔子，博学而无所成名”(《论语·子罕篇》)。但扬雄认为，孔子思想的价值就在于他的理想主义精神，只有以孔子思想为指导，国家才能得到治理，社会才能走上正道。

12.9 淮南说之用[1]，不如太史公之用也。太史公[2]，圣人将有取焉；淮南，鲜取焉尔。必也儒乎[3]！乍出乍入，淮南也；文丽用寡，长卿也；多爱不忍，子长也。仲尼多爱[4]，爱义也；子长多爱，爱奇也。

［注释］

[1]“淮南说之用”二句：淮南王刘安学说的功用，不如太史公《史记》的功用。淮南，指汉淮南王刘安（前179—前122）。其事迹见《史记·淮南衡山列传》和《汉书·淮南衡山济北王传》。 [2]“太史公”以下四句：对太史公司马迁的学说，圣人有可接受的内容；对淮南王刘安的学说，就很少有可接受的内容了。《淮南子》的思想内容比较庞杂，它主要标榜道家思想，同时也吸取了儒、墨、法、阴阳五行等家的一些思想。鲜（xiǎn），少。取，接受，赞成。焉尔，句末语气词。 [3]“必也儒乎”以下七句：一定要儒家的学说才符合圣人的思想！时而符合儒家学说，时而又不符合儒家学说的，是淮南王刘安；文章非常华丽，却没有多少用处的，是司马相如；喜爱各种各样的人物和故事，而不忍心舍弃的，是司马迁。乍出乍入，指刘安学说时而符合儒家思想，时而又不符合儒家思想。 [4]“仲尼多爱”以下四句：孔子喜爱的东西很多，喜爱符合仁义的东西；司马迁喜爱的东西很多，却是喜爱奇异的东西。

［点评］

本章评论《淮南子》与《史记》，评价标准仍是儒家思想，《淮南子》属于杂家，有与儒家相符的，也有不相符的，故认为司马迁的《史记》更为可取。不过司马迁将商人、豪侠等也编入了史书中，这是扬雄所反对的。与扬雄推崇的孔子相比，司马迁有猎奇的嫌疑。

12.10 或曰[1]：“甚矣，传书之不果也。”曰[2]：“不果则不果矣，又以巫鼓。”

[注释]

[1] “或曰” 以下三句：有人说：解释经典的传书不符合事实的情况，真太严重了。传书，汉代称解释儒家经典的书为“传”或“传书”，这里主要是指西汉后期流行的那些借解释儒家经典来宣扬迷信思想的纬书。果，实。 [2] “曰” 以下三句：回答说：不符合事实就不符合事实吧，还要用巫术来加以鼓吹。又以巫鼓，原作“人以巫鼓”。巫鼓，以巫术来鼓吹，也就是宣扬巫术的意思。巫，巫觋，古代的宗教职业者，宣称能与神交通，为人占卜吉凶、祈福禳灾等。

[点评]

本章批评当时的谶纬之学，认为其脱离了传统儒学的发展方向。《法言》一书中，扬雄多次表达了对于谶纬学说的反对意见。

12.11 或问[1]：“圣人之言，炳若丹青，有诸？”

曰[2]：“吁！是何言与！丹青初则炳，久则渝。渝乎哉？”

[注释]

[1] “或问” 以下四句：有人说：圣人的言论，色彩鲜明好像图画，是吗？炳，鲜明。丹青，“丹” 即赤色，“青” 即青色，代指图画。 [2] “曰” 以下六句：回答说：哎呀！这是什么话呀！图画起初倒是色彩鲜明，时间一长就要变得暗淡。圣人的言论会

变暗淡吗？渝，变。

［点评］

本章论圣人的言论历久弥新、永远不会过时，反映了扬雄对孔子、儒家思想的推崇。

12·12 或曰："圣人之道若天[1]，天则有常矣。奚圣人之多变也？"

曰："圣人固多变[2]。子游、子夏得其书矣，未得其所以书也；宰我、子贡得其言矣，未得其所以言也；颜渊、闵子骞得其行矣，未得其所以行也。圣人之书、言、行[3]，天也，天其少变乎？"

［注释］

[1]"圣人之道若天"以下三句：圣人的思想好像天，天是永恒不变的。可是为什么圣人的变化那么多呢？常，恒久。奚，何。 [2]"圣人固多变"以下七句：圣人确实变化多（就连他的那些优秀弟子也只了解其中的一个方面），子游、子夏熟悉圣人的文献，但没有理解圣人整理文献的奥妙；宰我、子贡熟悉圣人的言论，但没有理解圣人发表言论的深意；颜渊、闵子骞熟悉圣人的德行，但没有理解圣人成就德行的原因。固，确实。子游、子夏，孔子的学生言偃、卜商。二人事迹见《论语》和《史记·仲尼弟子列传》。得其书，熟悉孔子整理或著述的文献。宰我、子贡，孔子的学生宰予、端木赐，皆以能言善辩著称。二人事迹见《论

语》和《史记·仲尼弟子列传》。颜渊、闵子骞，孔子的学生颜回、闵损，皆以德行著称。二人事迹见《史记·仲尼弟子列传》和《论语》。 [3]“圣人之书、言、行”以下三句：圣人的典籍、言论、德行，都好像天，天的变化难道少吗？其，岂。

［点评］

本章论圣人的常与变。扬雄认为孔子的思想丰富、深奥，弟子往往得其一端，且不解究竟，这样就造成“圣人固多变”的印象。其实，圣人之道和天道一样，从其本质说，是不变的，但表现在不同的方面，又是纷繁变化的。所以要从变深入到之所以变，从现象深入本质，这样才能把握圣人的思想。从现象来看，天也是经常变化的，何况圣人？

12.13 或曰[1]：“圣人自恣与？何言之多端也？”

曰[2]：“子未睹禹之行水与？一东一北，行之无碍也？君子之行独无碍乎[3]？如何直往也？水避碍则通于海，君子避碍则通于理。”

［注释］

[1]“或曰”以下三句：有人问：圣人是放纵自己的吧？不然为什么说话那样变化多端呢？恣，任意，放纵。 [2]“曰”以下四句：回答说：你没看见夏禹怎样疏导流水吗？时而往东边疏导，时而又往北边疏导，如果疏导起来没有阻碍，还用不断改变方向

吗？行水，通水，即疏道河川，使水流通。《汉书·沟洫志》："禹之行河水，本随西山下东北去。"一东一北，或东或北，喻不断改变方向。 [3]"君子之行独无碍乎"以下四句：难道君子行事没有阻碍吗？怎么能直来直去呀？水避开障碍才能流到海里，君子避开障碍才能符合道理。

[点评]

本章承接上章，论述君子言论虽千变万化，但归根结底是为了符合道理。

12.14 君子好人之好[1]，而忘己之好；小人好己之恶，而忘人之好。

[注释]

[1]"君子好人之好"以下四句：君子喜爱别人的好处，却看不见自己的好处；小人喜爱自己的坏处，却看不见别人的好处。好人之好，第一个"好"读 hào，作喜好、爱好讲；第二个"好"读 hǎo，作好处、优点讲。

[点评]

铭记别人的好处，就会知恩图报；忘记自己的好处，就不奢求他人的回报。相反，如果只喜好自己的坏处，那就是心术不正了，自然不会记住他人对自己的好处。

《孟子·万章上》："孔子进以礼，退以义，得之不得曰有命。"

12.15 或曰[1]："子于天下则谁与？"

曰："与夫进者乎！"

或曰[2]："贪夫位也，慕夫禄也，何其与？"

曰[3]："此贪也，非进也。夫进也者，进于道，慕于德，殷之以仁义。进而进，退而退，日孳孳而不自知倦者也。"

或曰[4]："进进则闻命矣，请问退进？"

曰："昔乎颜渊以退为进，天下鲜俪焉。"

或曰[5]："若此，则何少于必退也？"

曰[6]："必进，易俪；必退，易俪也。进以礼，退以义，难俪也。"

［注释］

[1]"或曰"以下四句：有人问：你赞许世界上什么样的人？回答说：赞许那些努力进取的人吧！与，赞许。夫，彼，那。进者，努力进取的人。　[2]"或曰"以下四句：有人说：进取的人往往贪图权位，羡慕俸禄，为什么赞许他们呢？　[3]"曰"以下十句：回答说：你说的这是贪婪，不是进取。我说的努力进取的人，是努力追求真理，爱慕德行，用仁义来培养、丰富自己。可出仕就努力进取，不可出仕依然努力进取，每天努力不懈而不知道疲倦的人。殷，使之盛大、众多。退而退，从下文看，当作"退而进"。孳孳，努力不懈的样子。　[4]"或曰"以下六句：有人问：出仕就努力进取，听你说过了。请你说说不出仕怎么依然努力进取？回答说：以前颜渊就是以不出仕而努力进取的人，天下很少有能和他相比的人。闻命，听你说过了。命，辞令。退进，不出仕而努力增进道

德修养，即“退而进”。俪，相并，匹配。 [5]“或曰”以下三句：有人问：既然这样，那么你为什么不推崇坚决不出仕的人呢？少，看不起，不推崇。必退，一味求退，不愿出仕。 [6]“曰”以下八句：回答说：一味坚持出仕做官，容易做到；一味坚持不出仕做官，也容易做到。出仕和不出仕都根据礼义行事，就难做到了。

[点评]

扬雄赞许的“进者”，是“进于道，慕于德，殷之以仁义”，也就是信奉儒家学说并付诸实践的人。不论出仕还是退隐，都不能改变这一点。至于是出仕还是退隐，都要坚守礼义的原则。

《庄子·大宗师》：“子祀、子舆、子犁、子来四人相与语曰：‘孰能以无为首，以生为脊，以死为尻；孰知死生存亡之一体者，吾与之友矣！’四人相视而笑，莫逆于心，遂相与为友。”

12.16 或曰[1]：“人有齐死生、同贫富、等贵贱，何如？”

曰[2]：“作此者其有惧乎？信死生齐、贫富同、贵贱等，则吾以圣人为嚣嚣。”

[注释]

[1]“或曰”以下三句：有人说：有人认为生死一样、贫富相同、贵贱无别，你认为怎么样？齐，与下文“同”“等”为同义词，都是认为等同、一样的意思。 [2]“曰”以下四句：回答说：说这种话的人大概是心里非常有所恐惧吧？如果确实生死一样、贫富相同、贵贱无别，那么我将把圣人的教导看成是不负责任的随便乱说。其，或者，大概。信，诚然，确实。嚣（xiāo）嚣，轻浮喧哗、喋喋不休的样子。

［点评］

“齐死生、同贫富、等贵贱”指庄周学派的观点。《庄子·齐物论》就专门论述了差别的相对性，如说万物“其分也成也，其成也毁也，凡物无成与毁，复通为一”，认为万物的生灭都是相对的。庄子这样讲，是立足于道，是从道的角度立论的。《秋水》说：“以道观之，物无贵贱。”从道的角度观察，事物之间没有绝对的贫富、贵贱。但仅仅“以道观之”是不全面的，现实中贫富、贵贱是真实存在的，是人必须面对的。儒家把贫富、贵贱看作人的命，认为“死生有命，富贵在天”，主张“尽人事以听天命”，对贫富、贵贱采取既承认又超越的态度。故扬雄对庄子的观点持批评态度，认为是与孔子的思想相违背的。

12.17　通天、地、人[1]，曰儒；通天、地而不通人[2]，曰伎。

《汉书·艺文志》序：“儒家者流，盖出于司徒之官，助人君顺阴阳明教化者也。”

［注释］

[1]“通天、地、人”二句：既懂得天道、地道，又懂得人道的人，才能叫作儒者。通，了解，懂得。天、地，指自然界。人，指人类社会。　[2]“通天、地而不通人”二句：只懂得天道、地道，却不懂得人道的人，只能叫作有技艺的人。伎，与“技”通，指技术、才艺。

［点评］

儒学是天人之学，通天道（包括地道）与人道方可称为儒者，割裂天人，只懂天文、地理，不懂人道的人，只能算是方术之人。

《孟子·离娄下》："君子以仁存心，以礼存心。仁者爱人，有礼者敬人。爱人者，人恒爱之；敬人者，人恒敬之。"

12.18 人必先作[1]，然后人名之；先求，然后人与之。人必其自爱也[2]，而后人爱诸；人必其自敬也，而后人敬诸。自爱，仁之至也[3]；自敬，礼之至也。未有不自爱、敬而人爱、敬之者也[4]。

［注释］

[1]"人必先作"以下四句：一个人必须自己先有所作为，然后别人才会有所评价；必须自己先有所追求，然后别人才会有所给予。作，作为，行事。名，指称，评价。 [2]"人必其自爱也"以下四句：个人必须自己爱戴自己，然后别人才会爱戴他；一个人必须自己尊敬自己，然后别人才会尊敬他。 [3]"自爱"以下四句：自己爱戴自己，就是最高的仁；自己尊敬自己，就是最高的礼。至，极。 [4]未有不自爱、敬而人爱、敬之者也：没有自己不爱戴自己、自己不尊敬自己，而别人却会爱戴他、尊敬他的事。

［点评］

这段话本《荀子·子道》："子路入。子曰：'由，知者若何？仁者若何？'子路对曰：'知者使人知己，仁者使人爱己。'子曰：'可谓士矣。'子贡入。子曰：'赐，知者若何？仁者若何？'子贡对曰：'知者知人，仁者爱人。'子曰：'可谓士君子矣。'颜渊入。子曰：'回，知者若何？仁者若何？’颜渊对曰：‘知者自知，仁者自爱。’子曰：‘可谓明君子矣。’”但又有所发挥。扬雄认为只有“自爱”“自敬”的人，才能对别人爱，对别人敬，同样也才能得到别人的爱、别人的敬。

12.19 或问[1]：“龙、龟、鸿鹄，不亦寿乎？”

曰：“寿。”

曰[2]：“人可寿乎？”

曰：“物以其性，人以其仁。”

[注释]

[1]“或问”以下五句：有人问：龙、龟、天鹅，不是很长寿吗？回答说：是很长寿。鸿鹄，即鹄，俗名“天鹅”。 [2]“曰”以下五句：问：人可以长寿吗？回答说：动物长寿是靠天性，人长寿是靠仁德。性，本性，天性。仁，道德。

[点评]

有些动物长寿，是由于其天性；儒家有立德、立言、立功“三不朽说”，即使死去，声名依然能够永垂不朽，这也可以说长寿。如今人所说，“人生应当更注重生命的宽度，而非生命的长度”。

12.20 或问[1]：“人言仙者，有诸乎？”

“吁[2]！吾闻宓羲、神农殁，黄帝、尧、舜殂落而死，文王毕，孔子鲁城之北。独子爱其死乎？非人之所及也。仙亦无益子之汇矣。”

或曰[3]：“圣人不师仙，厥术异也。圣人之于天下，耻一物之不知；仙人之于天下，耻一日之不生。”

曰[4]：“生乎，生乎！名生而实死也。”

或曰：“世无仙[5]，则焉得斯语？”

曰[6]：“语乎者，非器器也与？惟器器为能使无为有。”

或问[7]：“仙之实？”

曰：“无以为也。有与无，非问也。问也者，忠孝之问也。忠臣孝子，偟乎不偟？”

［注释］

[1]“或问”以下三句：有人问：人们说有长生不死的仙人，有这种仙人吗？ [2]“吁”以下八句：唉！我听说伏牺、神农死了，黄帝、唐尧、虞舜，也像树叶一样零落而死，周文王死后葬在毕，孔子死后葬在鲁国都城的北面。（连这些圣人都去世了）难道只有你吝惜死吗？长生不死不是人所能够做到的。仙人对于你这类人是没有什么益处的。神农，中国古史传说中的神农氏，被看作古代创造农业和医药的一位圣君。殁，死亡。殂落，逝而下，形容死亡。毕，古地名，在今陕西咸阳东北，传说文王死后葬于此。鲁城，鲁国的都城，在今山东曲阜。孔

子死后葬于鲁城之北。汇，品类。 [3]“或曰”以下七句：有人说：圣人不学习仙人那一套，是因为他们遵循的道理不一样。圣人对于天下的事物，有一样不懂也感到耻辱；仙人生活在世界上，有一天不能活也感到耻辱。厥，其。术，道。 [4]“曰”以下四句：扬雄说：长生呀！长生呀！嘴巴上说是长生，实际上还不是都死了。实死，吴祕说：“神仙者，谓之羽化蝉蜕而升天，是名生也；其实则降年尽而死耳，故曰实死。” [5]“世无仙”二句：世界上既然没有仙人，那么有关仙人的说法是从哪里来的呢？焉得，哪里来的？斯，此，这些。 [6]“曰”以下四句：回答说：说这些话的人，不就是那些不负责任地随便乱说的人吗？只有那些不负责任地随便乱说的人，才能把没有的事说成煞有其事。语乎者，说这种话的人，即指语仙术者言也。嚣（xiāo）嚣，轻浮喧哗、喋喋不休的样子。 [7]“或问”以下十句：有人问：既然如此，仙人实际上到底是怎么回事呀？回答说：不要问这些了。有没有仙人的事，是不应该问的。如果要问的话，应该问关于忠孝的事。对于忠臣孝子来说，忙着侍奉君主和亲长还来不及，哪里有时间来问关于仙人的事呢？遑，暇。

［点评］

本章对追求长生不死的仙术进行批判，认为人应该追求的是精神生活，而不是肉体生命的长生。如果没有精神品质的提升，即使长生也只是肉体活着。如果完善忠孝仁义，即便肉体死亡，精神依然长存。

《左传·襄公二十四年》：“穆叔如晋。范宣子逆之，问焉，曰：‘古人有言曰：死而不朽。何谓也？……’穆叔曰：‘……豹闻之，大上有立德，其次有立功，其次有立言。虽久不废，此之谓不朽。’”

12.21 或问[1]：“寿可益乎？”

曰："德。"

曰[2]："回、牛之行，德矣，曷寿之不益也？"

曰："德故尔。如回之残、牛之贼也，焉得尔？"

曰[3]："残、贼或寿。"

曰："彼妄也。君子不妄。"

[注释]

[1]"或问"以下四句：有人问：人的寿命可以延长吗？回答说：道德可以益寿。 [2]"曰"以下八句：问：颜回、冉耕的行为，是很有道德的，为什么他们的寿命没有延长？回答说：正因为他们道德高尚，所以才能有如此的名声。如果颜回、冉耕败坏仁义道德，又怎能得到人们的尊敬？曷，何。尔，如此。 [3]"曰"以下五句：那人说：败坏仁义道德的人有的寿命很长。回答说：那些人胡作妄为（而侥幸免于祸害罢了）。君子是不胡作妄为的。残、贼，败坏仁义道德。《孟子·梁惠王下》："贼仁者谓之贼，贼义者谓之残。"妄，妄为，即上文所谓残、贼。

[点评]

人的寿命有两种，肉体的生命和精神的生命。肉体的夭寿由命决定，精神的生命则由德决定，从这一点讲，道德可以延长人的精神生命。

12.22 有生者[1]，必有死；有始者，必有终。自然之道也。

［注释］

[1]“有生者”以下五句：世界上的事物，凡是有产生的，必然有死亡；凡是有开始的，必然有终结。这是自然的规律。道，规律。

［点评］

有生必有死，有始必有终，故追求长生不老是徒劳无益的，只有完善道德，精神才可以永存。

12·23　君子忠人[1]，况己乎？小人欺己，况人乎？

《礼记·大学》：“小人闲居为不善，无所不至，见君子而后厌然，掩其不善，而著其善。人之视己，如见其肺肝然，则何益矣。此谓诚于中，形于外，故君子必慎其独也。”

［注释］

[1]“君子忠人”以下四句：君子对别人都是忠诚的，何况对于自己呢？小人连自己都要欺骗，何况对于别人呢？

［点评］

君子真实无伪，诚中形外；小人虚伪狡诈，自欺欺人。

孝至卷第十三

【题解】

本卷较多地谈到了孝。但需要说明的是，历史上对扬雄与王莽关系的一些看法。

关于扬雄对王莽的态度及其缘由，我们在导读中已有说明，兹不赘述。由于扬雄历仕西汉王朝成、哀、平三世，王莽代汉建立新朝后，扬雄不但继续为官，而且“以耆老久次转为大夫”，复作《剧秦美新》一文对新莽政权加以赞扬，在本卷最后又有数条赞美王莽及其政策的言论，所以历史上有人对其政治人品提出批评，认为他不能忠于汉室，而谄媚新主。

但在北宋以前，对扬雄的赞誉还是主流。从汉代的桓谭、王充、张衡，晋代的李轨、范望，唐代的韩愈、柳宗元，到北宋的邵雍、苏洵、司马光等，都对扬雄倍加称赞。但到了南宋，小朝廷偏安江左，皇帝已向金国称臣，却对古代历史大讲正统。特别是朱熹在《资治通鉴纲目》中仿效所谓孔子修《春秋》利用微言大义对历史人物加以褒贬的手法，称扬雄为“莽大夫”，人称“三字狱”。其后随着理学的泛滥，特别是程朱理学成为国家的主流意识形态，扬雄直到近代再也未能翻身。

也有一些学者出来为扬雄洗冤，但囿于封建正统思想，不敢承认他曾赞誉过王莽，而是千方百计地企图证明他赞誉王莽的话都是反话，其实都是反对王莽代汉自立的。从李轨、司马光，到近代的汪荣宝等人，采取的都是这种办法。这种牵强附会的说法当然难以说服人。还有人甚至说扬雄赞扬王莽的文字是和他有仇的人在他死后伪造并塞入《法言》的。这当然更是没有根据的想当然的说法。

其实如果我们摆脱封建正统思想的束缚，客观地看待扬雄从入京师为官，历仕成、哀、平三世，到最后转而拥护王莽的思想变化过程，就可以看出，扬雄之所以转而拥护王莽，并不是从个人的功名利禄出发，而是从挽救社会危机出发的，这其实是当时社会上一种相当普遍的思潮。只是当王莽及其政策的假面被时代洪流冲掉，露出了本质，原来为挽救社会危机而拥护他的人转而反对他时，扬雄已经老了，不久就死了，没有来得及实现这种转变而已。所以对扬雄拥护王莽的这些言行，既不必加以苛责，也不必为其辩护，而是应该从实事求是的分析中得出合乎实际的结论。

13.1 孝[1]，至矣乎！一言而该[2]，圣人

《大戴礼记·曾子大孝》：“夫孝置之而塞于天地，衡之而衡于四海，施诸后世而无朝夕，推而放诸东海而准，推而放诸西海而准，推而放诸南海而准，推而放诸北海而准。《诗》云：‘自西自东，自南自北，无思不服。’此之谓也。”

不加焉[3]！

[注释]

[1]“孝”二句：孝是最高的道德了吧！ [2]一言而该：这一个字就概括了道德的全部内容。该，兼备，包括。 [3]圣人不加焉：就是圣人也没有什么还要增加的。加，增益，补充。

[点评]

汉代以孝治国，孝在儒家的思想体系中地位越来越高。《孝经》言“夫孝，德之本也”“夫孝，天之经也，地之义也，民之行也”。扬雄也是这一认识，认为相比仁义礼智信的五常而言，孝的地位更根本，也更为重要。

《汉书·武五子传》载壶关三老令狐茂上武帝书云：“臣闻父者犹天，母者犹地，子犹万物也。”

13.2 父母[1]，子之天地与！无天何生？无地何形？天地裕于万物乎[2]？万物裕于天地乎？裕父母之裕[3]，不裕矣！事父母自知不足者[4]，其舜乎！

[注释]

[1]“父母”以下四句：父母，就是子女的天地吧！没有天，万物怎么会产生？没有地，万物怎么会成形？形，在这里作动词，赋给万物以形体的意思。 [2]“天地裕于万物乎”二句：天地能使万物丰厚，万物怎能使天地丰厚？世德堂本无“乎”字。下句

同。裕，富饶，优厚。 [3]“裕父母之裕”二句：自以为奉养父母做得很好，实际上就是不好。 [4]“事父母自知不足者”二句：侍奉父母而自己知道不够的，大概是虞舜吧！其，或者，大概。舜，据说舜“父顽母嚚弟傲”，他们几次想谋害他，他却始终孝顺父母。

［点评］

本章用天地和万物的关系比喻父母和子女的关系，是汉代社会上流行的思想。这种思想源自先秦乐正子春的重孝派，并有所发展，进一步强化了孝的地位和作用。乐正子春将孝置于仁之上，本来背离了孔子以来视仁为最高德的传统，但在汉代却成为思想界的主流。

13.3　不可得而久者[1]，事亲之谓也。孝子爱日[2]。

《论语·里仁篇》：“子曰：父母之年，不可不知也。一则以喜，一则以惧。”

［注释］

[1]“不可得而久者”二句：不可能永久继续下去的，就是侍奉父母这件事。亲，双亲，即父母。 [2] 孝子爱日：所以孝子要珍惜有限的时日。爱日，珍惜时间。

［点评］

“树欲静而风不止，子欲养而亲不待”，子女对父母的孝应当抓住机会与时间。

《礼记・祭义》："致齐于内，散齐于外。齐之日，思其居处，思其笑语，思其志意，思其所乐，思其所嗜，齐三日乃见其所为齐者。"

13.4　孝子有祭乎[1]？有齐乎？夫能存亡形、属荒绝者[2]，惟齐也。故孝子之于齐[3]，见父母之存也，是以祭不宾。人而不祭[4]，豺獭乎？

[注释]

[1]"孝子有祭乎"二句：孝子要祭祀祖先吧？祭祀祖先要进行斋戒吧？祭，祭奠祖先。齐，通"斋"，古人在祭祀神仙或祖先之前，讲究沐浴洁身，并且在一定时间内在生活上有所禁戒，以把精神感情集中到所祭祀的对象上去。　[2]"夫能存亡形、属(zhǔ)荒绝者"二句：能够向子女重新显现已经死去父母的形象，使子女和死去父母发生联系的，只有斋戒吧。存亡形，显现死者的形象。存，在，有，引申为显现。亡形，死者的形象。属荒绝，联系死者。属，连续。荒绝，空虚断灭，借指死者。　[3]"故孝子之于齐"以下三句：所以孝子在斋戒中可以见到已经死去的父母的形象，因此孝子在斋戒中是不会见宾客的。　[4]"人而不祭"二句：(豺和獭都还要祭祀祖先)人如果不祭祀祖先，不是连豺和獭都不如了吗？豺，一种似狼而略小的猛兽，属哺乳纲食肉目。獭(tǎ)，即水獭，属哺乳纲食肉目的一种水居动物，主要靠捕食鱼类为生。豺和獭在捕到的猎物多的时候，常把猎物摆开风干以备日后食用，就好像人们祭祀时陈列供物一样，故有"豺祭""獭祭"之说。见《礼记・月令》《夏小正・春》《淮南子・时则训》《吕氏春秋・孟春纪》《吕氏春秋・季秋纪》等。

[点评]

本章论斋戒、祭祀父母。斋戒的目的在于追忆父母、祖先及亲人，因此斋戒应该是充满真情实感的。如果斋戒失去了情感，也就失去了意义。

13.5 或问子[1]。

曰[2]："死生尽礼，可谓能子乎？"

《论语·为政篇》："孟懿子问孝。子曰：'无违。'樊迟御，子告之曰：'孟孙问孝于我，我对曰，无违。'樊迟曰：'何谓也？'子曰：'生，事之以礼；死，葬之以礼，祭之以礼。'"

［注释］

[1] 或问子：有人问怎样做儿子。五臣注本无"问子"二字。因此"或"字与下面"曰"字连起来，变成了"或曰"，与下段话成为一条。但这句话在意义上与下文又联系不起来，所以司马光说："此问答不类，疑下有脱文。" [2]"曰"以下三句：回答说：不管是父母在世还是去世，都能事之以礼，就可以说是会做儿子了吧？尽，竭尽，完备。

［点评］

本章论以礼奉养父母，语本《论语·为政篇》"孟懿子问孝"。

13.6 曰：石奋、石建[1]，父子之美也。无是父[2]，无是子；无是子，无是父。

或曰[3]："必也两乎？"

曰[4]："与尧无子，舜无父，不如尧父舜子也。"

［注释］

[1]“石奋、石建”二句：石奋和石建，是父子中的榜样。石奋、石建，皆西汉前期人，石建为石奋的长子。石家父子皆以为官谨慎、事亲至孝著名。其事迹见《史记·万石张叔列传》和《汉书·万石卫直周张传》。 [2]“无是父”以下四句：没有这样的父亲，就不会有这样的儿子；没有这样的儿子，就不会有这样的父亲。 [3]“或曰”二句：有人问：必须父亲和儿子两方面都做得好吗？ [4]“曰”以下四句：回答说：与其像唐尧那样没有合格的儿子，像虞舜那样没有合格的父亲，不如既有唐尧那样合格的父亲，也有虞舜那样合格的儿子。与，与其。尧无子，《史记·五帝本纪》：“尧知子丹朱之不肖，不足授天下。”舜无父，《史记·五帝本纪》载：“舜父瞽叟顽，母嚚，弟象傲，皆欲杀舜。”

［点评］

本章称赞石氏父子，强调“父慈子孝”的重要性。相比于尧无孝子、舜无慈父而言，父子的相互影响、相互促进更值得肯定。

13.7 “子有含菽缊絮而致滋美其亲[1]，将以求孝也。人曰伪[2]，如之何？”

曰[3]：“假儒衣、书，服而读之，三月不归，孰曰非儒也？”

或曰[4]：“何以处伪？”

曰：“有人则作[5]，无人则辍，之谓伪。观人者审其作、辍而已矣[6]。”

[注释]

[1]“子有含菽缊（yùn）絮而致滋美其亲”二句：有的儿子自己吃粗食穿破衣，而把滋养的食物和华美的衣服奉献给父母享受，用来尽他的孝心。含，食。《法言音义》说：“本亦作‘啥’，音同。”菽，豆类。这里意谓粗粮。我国古代以稻、粱为细粮，而以菽、稷为粗粮。缊絮，破旧的棉絮。在棉花没有传入我国时，是以丝为棉絮。致，献，送。滋，美味而浓曰滋，这里指精美的食品。美，华美的衣服。亲，双亲，即父母。 [2]“人曰伪”二句：别人却说是虚伪的，怎么办呢？ [3]“曰”以下五句：回答说：把儒生的衣服和儒家的书籍拿来，穿上这些衣服来读这些书，长久不还（一直坚持下去），谁还会说你不是儒生呢？假，借，引申为拿。三月，许多月。归，归还。 [4]“或曰”二句：有人说：用什么办法识别出虚伪呢？处，判断，决定。《汉书·谷永杜邺传》“臣愚不能处也”，师古注曰：“处，谓断决也。” [5]“有人则作”以下三句：如果一个人，有人就做样子，没人就不做，这就是虚伪。五臣注本作“有人则作之，无人则辍之，之谓伪”。 [6]观人者审其作、辍而已矣：观察一个人，看他什么时候做、什么时候不做就可以了。

[点评]

汉代以孝治国，选官制度中有“举孝廉”一项，这样导致民间出现伪孝的行为，本章就是讨论这样的问题。扬雄指出，有人时作，无人不作，就是伪，所以要判定真孝、假孝，看其能否持之以恒就可以了。

13.8 不为名之名[1]，其至矣乎！为名之名[2]，其次也。

［注释］

[1]“不为（wèi）名之名”二句：不为名声而得来的名声，大概是最高的名声了！为，表示追求的目的。名，名望，声誉。其至矣乎，世德堂本无“乎”字。其，或许，大概。 [2]“为名之名”二句：为了名声而得来的名声，是次一等的名声。

［点评］

为名而求名，非真名；忘名而获取名，才是真正的名。联系上一章，为举孝廉而行孝，非真孝，发自孝悌之心而行孝，乃真孝。

13.9 或问忠言、嘉谋[1]。

曰[2]：“言合稷、契之谓忠，谋合皋陶之谓嘉。”

或曰[3]：“邵，如之何？”

曰：“亦勖之而已[4]。庳则秦、仪、鞅、斯亦忠嘉矣[5]。”

［注释］

[1]或问忠言、嘉谋：问什么样是忠诚的言论，什么样是好的谋划。谋，谋划，计议。五臣注本作“谟”，下同。 [2]“曰”以下三句：回答说：言论符合后稷和契，就是忠诚的言论；谋划

符合皋陶，就是好的谋划。稷，即后稷，姓姬氏，名弃。因好农耕稼穑，故号“后稷”。相传为周之始祖，尧舜时为农师。其事迹见《史记·周本纪》。契（xiè），姓子氏，传为殷之始祖。舜时为司徒，因佐禹治水，封之于商。其事迹见《史记·殷本纪》。　[3]“或曰”以下三句：有人说：这个标准太高了，怎么办得到呢？邵，当作“卲”，高大、美好的意思。如之何，奈其何，怎么办。这句话是接上句话来发问的。　[4]亦勖（xù）之而已：（标准虽然高）只能努力去做罢了。勖，勉励，努力。　[5]庳则秦、仪、鞅、斯亦忠嘉矣：如果把标准降低，那么苏秦、张仪、商鞅、李斯的言论和谋划也成了忠诚的言论和好的谋划了。庳，本义为屋卑，引申为低下、矮小之称。秦、仪，苏秦、张仪。鞅，商鞅。战国中期人，法家思想的代表人物。本卫国之公子，姓公孙氏。后赴秦，说秦孝公变法，使秦国强盛起来，为日后秦并吞诸侯、统一中国打下了基础。获封商、於十五邑，号“商君”。其事迹见《史记·商君列传》。传世的《商君书》记载了他的思想和言论。

［点评］

后稷、契、皋陶是古代的圣君、贤臣，其“忠言、嘉谋”是为了天下的利益，虽然难以达到，但应成为人们追求的目标。如果背离了这个目标，就会把苏秦、张仪、商鞅、李斯的言论、谋划当作“忠言、嘉谋”了。

13.10　尧、舜之道皇兮[1]！夏、殷、周之道将兮！而以延其光兮！

或曰[2]：“何谓也？”

曰[3]："尧、舜以其让，夏以其功，殷、周以其伐。"

［注释］

[1]"尧、舜之道皇兮"以下三句：唐尧、虞舜之道是多么辉煌呀！夏、商、周之道是多么伟大呀！因此他们的光辉一直延续到现在呀！皇，堂皇，盛大。将，与"皇"义同，选用不同的词是为了避免行文上的重复。儒家认为这三个朝代的创始者夏禹、商汤、周文王和周武王都是古代的圣人，故云。而，连接词，这里有因、乃等义。以，因此。延，续。　[2]"或曰"二句：何谓也：有人问：这是什么意思呢？　[3]"曰"以下四句：回答说：唐尧、虞舜是因为禅让，夏禹是因为治理洪水的功劳，商汤、周武王是因为对夏桀、殷纣的讨伐。以，由于。让，禅让。功，功劳，指夏禹带领百姓治理洪水泛滥的功劳。伐，讨伐，指商汤以武力推翻夏桀和周武王以武力推翻殷纣。

《孟子·滕文公下》："彭更问曰：'后车数十乘，从者数百人，以传食于诸侯，不以泰乎？'孟子曰：'非其道，则一箪食不可受于人；如其道，则舜受尧之天下不以为泰。子以为泰乎？'"

［点评］

儒家推崇三代，加上尧舜，则是四代。本章论虞、夏、商、周四代之道，认为其分别是禅让、治水和征伐。

13.11　或曰："食如蚁[1]，衣如华[2]，朱轮驷马[3]，金朱煌煌[4]，无已泰乎[5]？"

曰："由其德[6]，舜、禹受天下不为泰；不由其德[7]，五两之纶，半通之铜，亦泰矣。"

［注释］

[1] 食如蚁：有的人吃的饭食像蚂蚁那样精细。形容食物之精细。 [2] 衣如华：穿的衣服像图画那样华丽。古代统治者的官服都非常华丽。如《后汉书·舆服志下》记载，古代贵族“以五采章施于五色作服”，不同等级有不同的图案和色彩。华，文采，画图。 [3] 朱轮驷马：出门坐四匹马拉的有朱红轮子的车。这是形容当时的贵族和官吏们所乘的车子之威武和华丽。 [4] 金朱煌煌：身上佩戴着明晃晃的系着朱红绶带的金印。金朱，金印朱绶，绶指系印的丝带。 [5] 无已泰乎：不是太过分了吗？无，不。已，太，甚。泰，奢侈，过分。 [6]“由其德”二句：如果是由于他有高尚的道德，就是像虞舜和夏禹那样接受整个天下也不算过分。由，由于，因为。 [7]“不由其德”以下四句：如果不是由于他有那样高尚的道德，就是只佩戴系着用五股双线编成的青丝绶带的半章铜印，也太过分了。五两之纶（lún），即由五股线编成的青丝绶。汉代对各级贵族和官吏系印丝带的颜色和样式都有明确的规定。如皇帝的玉玺，用黄赤绶，长二丈九尺，五百首。五百首是用一万股丝织成的绶带，级别越低，绶越短，系也越少越粗，颜色也不一样。至百石的小官，用青丝绶，不再计首，也没有纬织，只像编辫子似的编成一条带子，这叫“纶”。所以“五两之纶”是指当时最基层官吏的印绶。两，借为“緉”，即由两股单线搓成的双线。纶，青丝绶带。半通之铜，半章的铜印。汉代对各级贵族和官吏所用印章的质料和样式也有明确的规定。最高级的用金印，其次为银印，最下者为铜印。一般的印是正方形。最低级的官印则是长方形，只有正方印的一半的样子，所以叫半通或半章印。半通之铜是指当时最基层乡官的官印。

[点评]

儒家重视等级，认为个人的能力、贡献不同，待遇也应不同。更重要的是，有了尊卑等级，才能建立起稳定的社会秩序。孟子曾为自己“后车数十乘，从者数百人”（《孟子·滕文公下》）的待遇辩护，荀子更是明确提出“人君者，所以管分之枢要也。故美之者，是美天下之本也；安之者，是安天下之本也；贵之者，是贵天下之本也。古者先王分割而等异之也，故使或美或恶，或厚或薄，或佚或乐，或劬或劳，……使足以辨贵贱而已”（《荀子·富国》）。扬雄本章的文字本于《孟子·滕文公下》，但其思想更多受到荀子的影响。

13.12　天下通道五[1]，所以行之一，曰勉。

《礼记·中庸》：“天下之达道五，所以行之者三。曰君臣也，父子也，夫妇也，昆弟也，朋友之交也。”

[注释]

[1]“天下通道五”以下三句：天下通达的道路有五条，怎么走只有一条，就是努力。通道，普遍适用的原则。通，通彻，畅达。道，道路，引申为道理，原则。勉，努力。

[点评]

对于什么是五项通道，扬雄没有说明。根据扬雄“仁，宅也；义，路也；礼，服也；智，烛也；信，符也”（3.12）的说法，五项通道应该是指仁、义、礼、智、信。

13.13 或曰："力有扛洪鼎[1]，揭华旗。知、德亦有之乎？"

曰："百人矣[2]。德谐顽嚚、让万国[3]；知情天地、形不测，百人乎？"

［注释］

[1]"力有扛洪鼎"以下三句：力气能扛起大鼎，高举将军旗，智慧和道德也能这样杰出吗？洪鼎，亦作"鸿鼎"，大鼎。揭，高举。华旗，指古代的将军旗。因其上绘有熊、虎等图画，故称为"华旗"。知，原作"智"，《论衡》及《文选》李注引此句皆作"知"，又下文"知情天地"亦作"知"，因据改。 [2] 百人矣：（扛大鼎，举将旗）力气只是百倍于普通人。 [3]"德谐顽嚚（yín）、让万国"以下三句：道德能够孝顺愚顽的父母，禅让整个天下；智慧能够懂得天地的道理，明白不可测度的奥妙，这种道德和智慧难道只是百倍于普通人吗？谐，协和。顽嚚，史载舜"父顽母嚚"，而舜"克谐以孝"。情，实际，道理。这里作动词，谓知其情。形，显现。不测，不可量度，指事物内部的奥秘。

［点评］

人的力气只能百倍于人，而道德、智慧岂止百倍于人？力有数，而道德、智慧无穷。

13.14 或问君[1]。

曰："明、光。"

问臣[2]。

曰："若、禔。"

"敢问何谓也[3]？"

曰[4]："君子在上，则明而光其下；在下，则顺而安其上。"

［注释］

[1]"或问君"以下三句：有人问国君应该怎么样。回答说：明亮、照耀。 [2]"问臣"以下三句：问应当怎样做臣子。回答说：忠顺、安定。若，顺。禔（zhī），安宁。 [3]敢问何谓也：请问这是什么意思？敢问，大胆地问，冒昧地问。 [4]"曰"以下五句：回答说：君子如果在上位，就是明亮而光耀他的臣下；如果在下位，就忠顺而安定他的君上。在上，指为君。在下，指为臣。

［点评］

本章论君臣之德，君子为君则光明、照耀，为臣则忠顺、安定。与孔子"君使臣以礼，臣事君以忠"（《论语·八佾篇》）相近，而与当时流行的愚忠观念有所不同。

13.15　或曰[1]："圣人事异乎？"

曰："圣人德之为事[2]，异亚之。故常修德者[3]，本也；见异而修德者，末也；本末不修而存者[4]，未之有也。"

[注释]

[1]“或曰”二句：圣人事异乎：有人说：圣人崇奉灾异吗？事，侍奉，尊崇。异，怪异和灾变。 [2]“圣人德之为事”二句：圣人以道德为尊崇，灾异是次要的。亚，次。 [3]“故常修德者”以下四句：所以，一贯修养道德的，是抓住了根本。看见有了灾异才修养道德的，是抓住了末。末，末梢。 [4]“本末不修而存者”二句：既不抓根本，也不抓末梢而能够存生存下来的，从来也没有过。

[点评]

汉代社会谶纬灾异流行，认为灾异是天对君主行为的谴责。如董仲舒《春秋繁露·必仁且知》说：“天地之物有不常之变者，谓之异；小者，谓之灾。灾常先至，而异乃随之。灾者，天之谴也；异者，天之威也。谴之而不知，乃畏之以威。《诗》云：‘畏天之威。’殆此谓也。凡灾异之本，尽生于国家之失。”汉儒用灾异警告君主，对限制权力有积极意义，但有违儒家的理性精神，扬雄不完全反对灾异，但强调君主修德当出于内在自觉，而不是外在谴告。自觉修德是本，因灾异而修德只能是末，若不修德则只能自取灭亡。

13.16 天地之得[1]，斯民也；斯民之得，一人也；一人之得，心矣。

[注释]

[1]“天地之得”以下六句：天地有所成就，是由于民众；民

众有所成就，是由于国君；国君之所以有所成就，是由于他的心。得，成，获。

［点评］

民为天地之本，君为民之本，心为君之本。本章所言为君本，而非民本，至于把国家治乱寄托于君主之心，则对后世产生消极影响。

《论语·季氏篇》："孔子曰：君子有三戒：少之时，血气未定，戒之在色；及其壮也，血气方刚，戒之在斗；及其老也，血气既衰，戒之在得。"

13.17 吾闻诸传[1]，老则戒之在得。年弥高而德弥邵者[2]，是孔子之徒与？

［注释］

[1]"吾闻诸传"二句：我听传记书上说，人老了就要警诫贪得无厌。传，汉代儒者称《诗经》《尚书》《周易》《礼经》《春秋》等儒家典籍为经，称儒家解释五经的书以及《论语》《孟子》等书，则为"传"或"传记"。这里是指《论语》。老则戒之在得，语本《论语·季氏篇》"君子有三戒"。戒，警戒，戒备。得，贪得无厌。 [2]"年弥高而德弥邵者"二句：年龄越大而道德越高尚完善的，大概是孔子的门徒吧？弥，愈，益。邵，当作"卲"。徒，门徒。

［点评］

扬雄写作《法言》时已经近六十岁，故对孔子的"三戒"多有感触，认为年老而不懈怠的，才是真正的孔子门徒。

13.18 或问[1]："德有始而无终，与有终而无始也，孰宁？"

曰[2]："宁先病而后瘳乎？宁先瘳而后病乎？"

[注释]

[1]"或问"以下四句：有人问：履行道德的，有始无终和有终而无始，宁愿选择哪一种情况？宁，宁可，宁愿，表示数者择一的愿望和决心。 [2]"曰"以下三句：回答说：你宁愿先生病后痊愈呢？还是宁愿先痊愈而后生病呢？瘳（chōu），病愈。

[点评]

践行道德，有始无终和有终无始都不好，应当有始有终，终身修德。

13.19 或问大[1]。

曰："小。"

问远[2]。

曰："迩。"

未达[3]。

曰："天下为大[4]，治之在道，不亦小乎？四海为远，治之在心，不亦迩乎？"

[注释]

[1]“或问大”以下三句：有人问什么是大。回答说：小。 [2]“问远”以下三句：问什么是远，回答说：近。迩：近。 [3]未达：不明白。达，通晓。 [4]“天下为大”以下六句：天下是大的，以道来治理它，不是就像处理小事一样吗？四海是远的，用心来治理它，不就像处理近处的事一样吗？

[点评]

有学者认为本章是谈辩证法，非是。扬雄实际是用“答非所问”的修辞手法，强调道的普遍性和心的重要性。

13.20 或问俊哲、洪秀[1]。

曰[2]：“知哲圣人之谓俊，秀颖德行之谓洪。”

[注释]

[1]或问俊哲、洪秀：有人问什么是杰出的智慧，什么是超群的道德。俊，大。哲，明，智。洪，大。秀，禾开花出穗，引申为美的才华。 [2]“曰”以下三句：回答说：智慧通晓圣人，就叫杰出的智慧；道德高出常人，就叫超群的道德。知，同“智”，智慧。哲，通“晓”。颖，禾穗上的苗，这里指超出。

[点评]

本章论智慧和德行，扬雄认为智慧主要体现在理解圣人之道，德行主要表现为超出群伦。

13.21 君子动则拟诸事[1]，事则拟诸礼。

［注释］

[1]“君子动则拟诸事”二句：君子行动则考虑事情是否可行，做事就要考虑是否合乎礼。动，行动，作为。拟，忖度，掂量。

［点评］

君子做事情要考虑结果，同时要遵行礼的原则。

13.22 或问群言之长、群行之宗[1]。

曰[2]：“群言之长，德言也；群行之宗，德行也。”

［注释］

[1] 或问群言之长（zhǎng）、群行之宗：有人问什么是各种言论的精粹，什么是各种行为的根本。群，众多，各种。长，统帅。行，行为。宗，根本。 [2]“曰”以下五句：回答说：各种言论的统帅，是道德的言论；各种行为的根本，是道德的行为。德言，道德之言。

［点评］

言论、行为都要以德为根本。

13.23 或问泰和[1]。

曰[2]："其在唐、虞、成、周乎？观《书》及《诗》，温温乎其和可知也。"

[注释]

[1] 或问泰和：有人问天下什么时候最和谐。泰，极，至。和，和谐。 [2] "曰" 以下四句：回答说：大概是在唐尧、虞舜、周成王、周公的时候吧？看看《尚书》和《诗经》，温温和煦的，那时天下极其和谐的情况就可以知道了。

[点评]

唐、虞、成、周是儒家心目中的圣人，他们所处的时代被看作太平盛世，扬雄认为在这段时间天下是最和谐的，表达了对和谐社会的向往和希望，这与其所处的社会环境混乱有一定关系。

13.24 周康之时[1]，颂声作乎下，《关雎》作乎上，习治也。齐桓之时缊[2]，而《春秋》美邵陵，习乱也。故习治则伤始乱也[3]，习乱则好始治也。

[注释]

[1] "周康之时" 以下四句：周康王的时候，歌颂之声起于民间，《关雎》这样的讥讽之诗出于大臣之手，这是因为大家习惯了政治清明（有一点不合礼的事就讥讽）。周康，周康王姬钊，前 1020

至前 996 年在位。周朝在成王、康王时达到极盛时期，历史上称为“成康之治”。《关雎》，指《诗经 · 国风 · 周南》第一首《关雎》。据说其诗是为讽谏周康王及其后妃而作。如《汉书 · 杜周传》载杜钦上书：“是以佩玉晏鸣，《关雎》叹之。”注引李奇说：“后夫人鸡鸣佩玉去君所。周康王后不然，故诗人叹而伤之。”作乎上，《论衡 · 谢短》引诗家说：“康王德缺于房，大臣刺晏，故《诗》作。”习治，习惯了天下大治的情况。 [2]“齐桓之时缊（yùn）”以下三句：齐桓公的时候政治混乱，但《春秋》书上却赞美齐楚邵陵之盟，这是因为大家习惯了政治混乱（有一点好事就赞扬）。缊，乱麻，引申为凡乱之称。《春秋》，本是春秋时代各国史书的通称。相传孔子根据鲁国史官记载鲁国历史的《春秋》，加以笔削增删，加入微言大义，即对历史人物和事件的褒贬，用来教授学生，后来就成了儒家的经典，是我国现存第一部编年史。美，赞扬。邵陵，指齐国和楚国会盟于邵陵的事。《春秋》及三传皆作“召陵”，故城在今河南漯河郾城区。前 656 年，齐桓公以楚不向周王贡献包茅为名率诸侯伐楚。楚在大兵压境的威胁之下，承认了错误，和齐盟于邵陵。这次伐楚会盟，齐桓公打着“尊王攘夷”的旗号，儒家从维护正统的立场出发，肯定了齐桓公这次行动。具体解释可看《春秋公羊传 · 僖公四年》。 [3]“故习治则伤始乱也”二句：所以，人们习惯了政治清明，就会对政治昏乱的一点苗头都感到忧虑；人们习惯了政治昏乱，就会对政治清明的一点苗头都感到喜爱。伤，忧虑。习乱，习惯了天下大乱的情况。

［点评］

政治清明，人们对不合理的事情往往多有批评；政治黑暗，一点好事人们都会加以赞扬。故阅读史书，要与其时代背景相结合，“知人论世”才可能得出正确的结论。

13.25 汉德其可谓允怀矣[1]！黄支之南[2]，大夏之西[3]，东鞮、北女[4]，来贡其珍[5]。汉德其可谓允怀矣[6]！世鲜焉！

[**注释**]

[1] 汉德其可谓允怀矣：汉朝的德政大概可以说确实使人怀念了！德，德政。其，庶几，几乎。允，诚然，确实。怀，思念。 [2] 黄支之南：黄支国以南。黄支，古国名，其地在今印度马德拉斯西南的甘吉布勒姆。《汉书·地理志下》："自夫甘都卢国船行可二月余，有黄支国，民俗略与珠厓相类。其州广大，户口多，多异物，自武帝以来皆献见。……平帝元始中，王莽辅政，欲耀威德，厚遗黄支王，令遣使献生犀牛。"又《汉书·平帝纪》载元始二年"黄支国献犀牛"。 [3] 大夏之西：大夏国以西。大夏，古国名，其地在今阿富汗东北部，西方称之为巴克特里亚。《史记·大宛列传》："大夏在大宛西南二千余里妫水南。其俗土著，有城、屋，与大宛同俗。无大君长，往往城邑置小长。其兵弱，畏战。善贾市。及大月氏西徙，攻败之，皆臣畜大夏。大夏民多，可百余万。其都曰蓝市城，有市贩贾诸物。" [4] 东鞮（dī）：我国台湾及其周围岛屿，或作"东鳀"。《汉书·地理志下》："会稽海外有东鳀人，分为二十余国，以岁时来献见云。"北女：或说为北夷之误。 [5] 来贡其珍：前来向汉朝贡献珍宝。贡，献。 [6] "汉德其可谓允怀矣"二句：汉朝的德政大概可以说确实使人怀念了，这在世界上真少有呀！鲜（xiǎn），少。

[**点评**]

本章歌颂汉朝的德政，其所举事例都是在王莽推行怀柔政策之后取得的，故实际是为王莽歌功颂德。

13.26　荒荒圣德[1]，远人咸慕，上也；武义璜璜[2]，兵征四方，次也；宗夷猾夏[3]，蠢迪王人，屈国丧师，无次也。

［注释］

[1]“荒荒圣德”以下三句：用深远广大的圣人德行，使远方民众都来仰慕归附，是最好的。荒荒，极其深远广大。荒，大。远人，远方的民众。咸，皆，都。慕，敬爱，思念。　[2]“武义璜璜”以下三句：用强大的武力，使军队征服四方，是较差的。武义，即“武仪”，言军队之威仪。义，通“仪”。璜璜，与“潢潢”“洸洸”通，威武的样子。　[3]“宗夷猾夏”以下四句：如果四面八方的异族侵扰中国，作为君主却只会愚蠢蛮干，使国家蒙受屈辱、军队遭到毁灭，那就根本不值一提了。宗夷，当为“蛮夷”。猾，扰乱。夏，即中国。蠢迪王人，即“王人蠢迪”。蠢，愚蠢。迪，行动。屈国，使国家遭受屈辱。丧师，使军队遭受丧亡。无次，排不上次第，意思是说不值一提。

［点评］

本章论对于异族的统治，“修文德以来之”是最好的政策，利用军队讨伐是中策，蛮夷攻击华夏是下策。

13.27　麟之仪仪[1]，凤之师师，其至矣乎！螭虎桓桓[2]，鹰隼䝤䝤，未至也。

［注释］

[1]“麟之仪仪”以下三句：如果能像麒麟那样礼仪完美，像凤凰那样仁德隆盛，大概就可以说是最好的治理了吧！麟，麒麟，这里是用麒麟来表示讲究礼仪。仪仪，礼仪隆盛的样子。凤，凤凰，这里是用凤凰来表示讲究仁德。师师，仁德隆盛、万众归附的样子。　[2]“螭虎桓桓”以下三句：如果像螭虎那样威武强悍，像鹰隼那样凶猛粗暴，就不能说是好的治理了。螭，怪兽名。桓桓，威虎之貌。隼，鸟名，又名“鹘”。䍐（zhǎn）䍐，猛禽迅飞扑击的样子。

［点评］

本章用麒麟、凤凰与猛虎、鹰隼作对比，说明治理国家应该用道德感化而不是武力征服。道德感化带来和平，武力征服只会使国家陷入混乱。

13.28　或曰：“讻讻北夷[1]，被我纯缋[2]，带我金犀[3]，珍膳宁糊[4]，不亦享乎[5]？”

曰：“昔在高、文、武[6]，实为兵主；今稽首来臣[7]，称为北蕃。是为宗庙之神、社稷之灵也[8]，可不享？”

［注释］

[1] 讻讻北夷：争吵喧嚣的匈奴。讻讻，因争吵而喧嚣的样子。北夷，本来是我国古代对北方少数民族的称呼，这里指匈奴。在汉武帝时，卫青、霍去病等数次率兵征伐匈奴，匈奴力量

受到很大打击，其内部矛盾逐渐激化。至宣帝时，匈奴内部遂发生分裂。以后纷争不断，力量进一步削弱，其一部分就归附了汉朝。这里说的就是这种情况。 [2] 被我纯（zhǔn）缋（huì）：穿着我们赐给他们绣有文采的服装。这是形容汉朝赐给匈奴人的衣服之华丽。纯，古代把衣服沿边加以镶饰。缋，与“绘”通，引申为文采之意。 [3] 带我金犀：带着我们赐给他们用黄金做的皮带钩子。这是形容汉朝对匈奴的赏赐之丰厚。金犀，黄金做的皮带钩子。即《汉书·匈奴传》所载汉文帝前六年赐给匈奴的“黄金犀毗”。师古注说：“犀毗，胡带之钩也。”也就是匈奴人皮带上用的钩子。 [4] 珍膳宁糊：吃着我们送的珍馐美味。珍膳，精美的饭食。宁糊，醍醐，是从牛乳或羊乳中熬炼出来的极纯的酥油，味道特别丰美，故为食物中的珍品。 [5] 不亦享乎：这样的待遇不是太高了吗？ [6]“昔在高、文、武”二句：从前在高帝、文帝、武帝的时候，他们是发动战争的罪魁祸首。高，指汉高帝刘邦。文，指汉文帝刘恒，前 179 至前 157 年在位。他是比较有作为的君主，为西汉王朝的繁荣昌盛奠定了基础。武，指汉武帝刘彻，前 140 至前 87 年在位。兵主，兵事之主，即战争的罪魁祸首。西汉前期，匈奴经常入侵汉朝边境地带，杀伤百姓，掠夺财物，故云。 [7]“今稽首来臣”二句：现在却来朝见叩首称臣，自称汉朝北方的属国。稽首，跪下后头伏地不起，是古代臣子见皇帝时的礼节。来臣，称臣来朝见。北蕃，北方的属国。 [8]“是为宗庙之神、社稷之灵也”二句：这是依靠祖宗和国家的神灵保佑的结果，能不厚待他们吗？宗庙之神，祖宗的神灵。社稷之灵，国家的神灵。

[点评]

汉哀帝建平四年（前 3），匈奴上书愿朝见，汉朝公卿有人以为“虚费府帑，可且勿许”，扬雄上书谏之。本章当即为此事而发。

13.29 龙堆以西[1]，大漠以北[2]，鸟夷、兽夷[3]，郡劳王师[4]，汉家不为也[5]。

［注释］

[1] 龙堆以西：意谓极西之地。龙堆，或作“陇堆”，即白龙堆，古代西域地名，指今新疆罗布泊以东至甘肃玉门关之间的沙碛地带。这一带的地层，是远古时期的湖泊经沉积作用而形成的湖积层和沙砾层，后来因地壳变动而隆起，长期受到风力侵蚀后形成一条条高出地面的沙碛和低于地面的沟谷，其形蜿蜒似龙，故有此名。 [2] 大漠以北：意谓极北之地。大漠，即大沙漠，古代泛指我国北部的广大沙漠地带。从大兴安岭西麓起，至天山东麓止，横贯今内蒙古、宁夏、甘肃及蒙古国南部等地区。 [3] 鸟夷、兽夷：指古代东方极远之地的异族。鸟夷，《尚书·夏书·禹贡》：“夷皮服。”《尚书正义》引郑玄说：“鸟夷，东方之民，搏食鸟兽者也。”又引王肃说：“鸟夷，东北夷国名也。”兽夷，这是扬雄类比“鸟夷”而造的一个名词。 [4] 郡劳王师：频繁地动用国家的军队征讨。郡，数，频。王师，古代称中央政权的军队为王师。 [5] 汉家不为也：汉家朝廷是不干这种事的。

［点评］

从汉武帝开始，国力强盛的汉朝多次发动对外族的战争，虽然都取得了胜利，但也导致中原百姓大量流离失所和财产损失众多，可谓是劳民伤财。到王莽时期，对外采取怀柔的政策，扬雄对此持赞成的态度。

13.30 朱崖之绝[1]，捐之之力也。否则介鳞易我衣裳[2]。

［注释］

[1]“朱崖之绝”二句：放弃朱崖郡，是贾捐之向朝廷进谏的结果。朱崖郡，汉武帝时郡名，在今海南岛。绝，断绝，隔离。捐之，贾捐之，字君房，贾谊的曾孙，西汉元帝时人。因朱崖郡屡次反叛，贾捐之建议废置，被元帝采纳。其事迹见《汉书·严朱吾丘主父徐严终王贾传》。 [2] 否则介鳞易我衣裳：否则就是拿食甲壳贝鱼的人来换取中原衣冠之民的生命。意为不划算。介鳞，泛指水生动物。这里用来代表朱崖郡地区的土著居民，是一种侮辱性的说法。介，通“甲”，指龟、蚌等有甲壳的水生动物。鳞，指鱼类。衣裳，指中原地区的百姓。因中原地区的人们是懂得文明礼仪的居民，所以这样称呼。

［点评］

扬雄赞成弃置朱崖郡，在当时是合理的。但他对南方少数民族的态度，则是歧视性的。

13.31 君人者[1]，务在殷民阜财，明道信义，致帝者之用，成天地之化，使粒食之民[2]，粲也，晏也。享于鬼神[3]，不亦飨乎！

［注释］

[1]“君人者”以下五句：统治百姓的君主，要努力使百姓富裕，财富增加，宣明圣道，伸张正义，以尽到君主治理天下的作用，成就天地的化育。务，专心努力。殷，富厚。阜，生长。明，宣明。信，通“伸”，伸张。成，成就。化，创造，化育。　[2]“使粒食之民”以下三句：使百姓都能欢喜地相处，安定地生活。粒食之民，吃粮食的人们，指中原地区的百姓。粲，喜悦开朗的样子。晏，安定悠闲的样子。　[3]“享于鬼神”二句：这样献祭鬼神，不就会被接受吗？享，祭祀，奉献。飨，接受，享用。

［点评］

本章论君主治理国家，首先要“殷民阜财”，即保障民众的生存。其次要“明道信义”，推行教化。做到这两点，百姓就会安居乐业，神灵也会前来保佑。

13.32　天道劳、功[1]。

或问劳、功。

曰[2]：“日一曰劳，考载曰功。”

或曰[3]：“君逸臣劳，何天之劳？”

曰[4]：“于事则逸，于道则劳。”

［注释］

[1]“天道劳、功”二句：天的法则就是勤劳和成功。有人问勤劳、成功如何理解。天道，天运行的法则、规律。劳，勤勉。功，成就。　[2]“曰”以下三句：回答说：每日运行，从不停息，

这就是勤劳；运行一年，这就是成功。考载，成岁。 [3]“或曰”以下三句：有人问：君主应当安逸，臣子应当勤劳，为什么天却这样勤劳呢？ [4]“曰”以下三句：回答说：从不管具体的事物来说，天是安逸的；从掌握根本原则来说，天是勤劳的。事，具体事务。道，根本原则。

［点评］

本章从天道论证君道，说明君主只有像天一样勤劳，才能获得成功。对于黄老派的“君逸臣劳”说，扬雄做了不同的解释，认为君主不必事必躬亲，但对国家大政则要承担起责任。

13.33 周公以来[1]，未有汉公之懿也，勤劳则过于阿衡。

［注释］

[1]“周公以来”以下三句：从周公以来，没有像安汉公这样具有美德的大臣，他的勤劳则超过了商朝的阿衡伊尹。汉公，即安汉公王莽，字巨君，汉元帝皇后王政君之侄。其事迹见《汉书·王莽传》。阿衡，商王汤的大臣伊尹。

［点评］

本章为王莽背书，后世儒生对其多有指责，也有人想为扬雄洗去这一污点。但扬雄死于王莽灭亡之前，他对王莽的评价也反映了部分事实，故不必求全责备，也不必有意回避，曲解辩护。

13.34 汉兴二百一十载而中天[1]，其庶矣乎！辟廱以本之[2]，校学以教之[3]，礼乐以容之[4]，舆服以表之[5]，复其井、刑[6]，勉人役，唐矣夫！

[注释]

[1]“汉兴二百一十载而中天”二句：汉朝兴起经过二百一十年，好像太阳走到了南天的正中（大概是到了极盛的时候了吧！）中天，日月星辰行经南天正中时，比喻汉朝当时之隆盛。 [2] 辟廱（bì yōng）以本之：设立辟廱作根本。本，根本。 [3] 校学以教之：建立学校行教化。校学，古代地方上设立的学校。 [4] 礼乐以容之：制礼作乐饰太平。容，仪容，引申为容饰。 [5] 舆服以表之：定车马、服饰以表尊卑。舆服，制定各级人员乘坐车舆和穿着服饰的制度。表，表征，标志。 [6]“复其井、刑”以下三句：恢复井田和肉刑，免除奴婢的身份，真是伟大呀！复，恢复。其，彼，那。井，井田。刑，肉刑。勉，通“免”，免除。人役，奴婢。唐，大。

[点评]

从“汉兴二百一十载”看，本章内容写于8年，正是王莽代汉之年。扬雄说汉已达中天之极盛，盛极而衰，那么由新代汉也就是合理和自然的了。这鲜明地反映了扬雄拥护王莽的政治立场。

法言序

【题解】

《法言序》实际上是《法言》十三卷的目录。李轨注十三卷本《法言》，序在书后，独立成篇。五臣注十卷本《法言》，序则分散在各篇之前。根据古代著书习惯，书的序言和目录都是放在书后。如《史记·太史公自序》《淮南子·要略》《汉书·叙传》，序也包含了目录，而且都是单独作为一卷放在书后。所以看古代书目，常常在某书多少卷之后，还特别注明目录多少卷。

之所以把序言、目录置于书后，是因为只有在作品写成后，才能将所写的内容总括起来作一番提要式的叙述，而目录、各篇的提要亦在其中。就是在今天，这个工作程序也是如此，而不可能颠倒过来。不过古人是按照实际的工作程序排列，今人则是颠倒排列罢了。当然应当承认，对读者来说，还是今天序言和目录在前的形式，读起来更方便一些。

至于五臣注十卷本《法言》把序分散在各篇之前，宋咸《重广注扬子法言序》说："观夫《诗》《书》，小序并冠诸篇之前，盖所以见作者之意也。《法言》每篇之序，皆子云亲旨，反列于卷末，甚非圣贤之法。今升之于章首，取合经义，第次之由，随篇具析。"可见在宋咸之前，《法言序》本来是单独成篇放在书后的。将序分置于各篇之首，则是宋咸所为，而非本来面目。后来司马光作集注，又是按宋咸的本子作的。这就形成了与李轨注十三卷本有别的《法言》版本流传中的另一个系流。

其实，《诗经》《尚书》各篇之序，本来也不如宋咸所说"并冠诸篇之前"，而是同聚一处，单独成篇，置于书后的。《尚书》各篇之序，乃孔安国移于各篇之前，所以他在《尚书序》中说："《书序》，序所以为作者之意，昭然义见，宜相附近，故引之各冠其篇首。"《诗经》各篇之序，则为毛公所移。这一点还可以从《尚书》和《诗经》的有些篇正文亡佚，而其名称和小序却保存下来得到证明。正因为这些小序同聚一处，单独成篇，所以一起保留了下来。若本来都各冠其篇首，自然就和各篇本文一起亡佚了。所以，为了反映《法言》的本来面目，我们还是依照李轨注十三卷本的体例，把《法言序》作为独立的一篇放在书后。

14.1　天降生民[1]，倥侗颛蒙，恣乎情性，聪明不开，训诸理[2]，撰《学行》。

[注释]

[1] “天降生民”以下四句：上天生下民众，幼稚无知、愚昧冥顽，放纵情欲和本能，聪明智慧没有得到开发。降，降落，引申为产生。生民，人民。倥侗，幼稚无知的样子。倥，借为“悾”，无知貌。侗，幼稚貌。颛，同“专”。蒙，暗昧无知。恣，放纵。情，情欲。性，本性。聪明，聪是听而能辨别是非，明是见而能察觉对错，此指智慧。不开，不开化。 [2] “训诸理”二句：为了教导他们道理，于是撰写了《学行》这一卷。《汉书·扬雄传》作“撰《学行》第一”。训，教导。理，道理，指“圣人之道”。

[点评]

蒙昧无知导致对世界认识不清，因此需要接受圣人的教化。而学习是认识世界的最为重要的方式，因此将《学行》放在全书之首。

14.2 降周迄孔[1]，成于王道，终后诞章乖离，诸子图徽，撰《吾子》[2]。

[注释]

[1] “降周迄孔”以下四句：从周公到孔子，成就了圣王之道。孔子死后，这伟大的章法被人们背弃，诸子都打起自己的旗帜，与圣人的原则相对抗。降周，从周公降生以来。迄，至。成，成就，完成。王道，王者之正道，即以仁义礼乐治理天下。终后，孔子死后。诞章，大法，大道，指从周公到孔子所完成的“王道”。诞，大。章，法。乖，违反。离，背弃。图徽，图画旗帜，喻诸子各成一家之言，与儒家分庭抗礼。 [2] 撰《吾子》：（为了纠正这种

情况）撰写了《吾子》这一卷。《汉书·扬雄传》作“撰《吾子》第二”。

［点评］

从周公开始到孔子，圣人之道就已经形成。但是之后的继承者将圣人之道“改头换面”，附会各种歪理邪说，圣人之道已经被蒙蔽而不清，扬雄认为应当厘清圣人之道，因此写作了《吾子》卷。

《礼记·大学》："自天子以至于庶人，壹是皆以修身为本。"

14.3 事有本真[1]，陈施于意。动不克咸，本诸身，撰《修身》[2]。

［注释］

[1]“事有本真”以下四句：事物有共同的本质，分布于万事万物。人不可能了解万事万物，首先要从自身做起。或断此句为“动不克，咸本诸身”，也通。本真，最根本的性质。这里指礼义、忠孝等政治、伦理原则。陈施，陈设，布施。意，借为“亿”，指万事万物。动，行事。克，能。咸，皆。本，根，引申有复返、寻求等义。身，本身，自己。 [2] 撰《修身》：（为了说明修身的重要性）撰写了《修身》这一卷。《汉书·扬雄传》作“撰《修身》第三”。

［点评］

发现事物的本质，寻求事物的本源应该从自身出发，因此作《修身》卷，目的是提高个人修养。这一卷的内涵实际关联全书，扬雄始终将个人道德品质放在首位。

14.4 芒芒天道[1]，昔在圣考，过则失中[2]，不及则不至，不可奸罔。撰《问道》[3]。

［注释］

[1]“芒芒天道”二句：博大深远的天道，从前是由古代的圣人来掌握。芒芒，辽阔远大的样子。天道，即所谓“圣人之道”。圣考，先圣，古代的圣人。考，老，旧。 [2]“过则失中”以下三句：如果掌握不当，过分了就会失去恰当的分寸，不及又会达不到恰当的分寸，对于天道不可违背。过，过分。失，差误，背离。中，最合理、最适宜的程度。不及，不够。不至，达不到。奸，邪，乱。罔，诬，欺。 [3]撰《问道》：（为了让人们更好地认识天道）撰写了《问道》这一卷。《汉书·扬雄传》作“撰《问道》第四”。

［点评］

圣人之道需要传承与学习，本章谈论如何感悟圣人之道，中道是这一卷的核心内容。

14.5 神心忽恍[1]，经纬万方，事系诸道德仁义礼，撰《问神》[2]。

［注释］

[1]“神心忽恍”以下三句：精神意识恍恍惚惚、不易捉摸，

却要认识和治理天下的万事万物，而且所有行事都要符合道德仁义礼的要求。神心，精神。忽恍，惚恍，知觉迷乱，看不真，记不清，引申为不可捉摸的样子，语出《老子》。如《老子·二十一章》："道之为物，惟恍惟惚。惚兮恍兮，其中有象；恍兮惚兮，其中有物。"《老子·十四章》："其上不皦，其下不昧，绳绳兮不可名，复归于无物。是谓无状之状，无物之象，是谓惚恍。"不同的是，在《老子》那里，这是形容道的；扬雄在这里则用它来形容精神意识。经纬，凡织作布帛，纵线为"经"，横线为"纬"，引申为规矩、法式之意。万方，普天下，全世界。事，作为，指经纬天下事物的具体行动。系，连属，联结。 [2] 撰《问神》：（为了阐明精神意识的特点以及它认识和治理万事万物的奥妙）撰写了《问神》这一卷。《汉书·扬雄传》作"撰《问神》第五"。

[点评]

"道德仁义礼"等儒家修养，需要从思想到实践两方面实现，本章主要探讨这两者之间的关系。

14.6 明哲煌煌[1]，旁烛无疆，逊于不虞，以保天命，撰《问明》[2]。

[注释]

[1]"明哲煌煌"以下四句：伟大辉煌的明智，普遍照耀天下的万事万物。这明智可以使人躲开不可预料的祸害，以保全上天赐给的命运。明哲，明智。煌煌，辉煌的样子，这里是用来形容明哲对事物认识的广博和清晰。旁，广大，普遍。烛，照明。无疆，没有边界，无限。逊，逃避。不虞，料想不到，意想不到。这里

指不可逆料的祸害。保，保全。 [2] 撰《问明》:（为了使人们能够明智地行事）撰写了《问明》这一卷。《汉书·扬雄传》作“撰《问明》第六”。

［点评］

本章以较多的文字讲了君子如何根据时势是否适宜来决定自己的升潜进退，以趋吉避凶、保全自己，即明哲保身的问题。

14.7 遐言周于天地[1]，赞于神明，幽弘横广，绝于迩言，撰《寡见》[2]。

［注释］

[1]“遐言周于天地”以下四句：圣人那极有远见的学说，既符合天地的规律，又显示了事物内部神妙莫测的奥秘，深刻宏伟、充实开阔，迥然不同于各种短见的言论。遐言，极有远见的言论。周，符合。赞，本义为佐助，引申为使明白、揭示等义。幽，深邃。弘，伟大。横，充实。广，辽阔。绝，隔，断。这里是截然不同的意思。迩言，短见的言论。这里指不符合“圣人之道”的诸子学说。 [2] 撰《寡见》:（为了揭示这两种言论的本质区别）撰写了《寡见》这一卷。《汉书·扬雄传》作“撰《寡见》第七”。

［点评］

本卷的主要内容是提倡根据儒家的五经，以圣人之道的标准，来修养自己和治理国家。

14.8 圣人聪明渊懿[1]，继天测灵，冠乎群伦，经诸范，撰《五百》[2]。

［注释］

[1]“圣人聪明渊懿”以下四句：圣人的见识高超卓越，深刻完美，既遵循天象的规律，又懂得事物内部的奥妙，超出所有人之上，制定法度规范。聪明，闻见精审，即智慧高超的意思。渊懿，思想深刻完美。继天，继承天道，即根据天道行事。测灵，探测事物内部的奥秘。灵，指事物内部的奥妙，即上章“神明”。冠，为首，超越。群伦，众类。这里指圣人以外的其他各种人。经，治理，管制。范，本为竹制的模型，引申为轨范、法规等义。 [2] 撰《五百》：（为了让人们认识圣人的伟大）撰写了《五百》这一卷。《汉书·扬雄传》作“撰《五百》第八”。

［点评］

在本卷中，扬雄除继续论说他对儒家“圣人”和“圣人之道”的看法外，值得注意的是他以儒家的“圣人之道”为标准，比较全面地对其他各家的学说进行了评判。

《礼记·中庸》：“喜怒哀乐之未发，谓之中。发而皆中节，谓之和。中也者，天下之大本也。和也者，天下之达道也。致中和，天地位焉，万物育焉。”

14.9 立政鼓众[1]，动化天下，莫尚于中和。中和之发[2]，在于哲民情，撰《先知》[3]。

［注释］

[1]“立政鼓众”以下三句：建设政治，鼓舞群众，动员和教

化天下民众，没有比实行刚柔适当、无过无不及的中和方针更好的。立政，建树仁政，即施行好的政治。鼓众，鼓舞民众，即号令人民。动，驱使。化，教化。莫，没有。尚，超过。《汉书·扬雄传》作“上”。中和，刚柔适中，无过无不及。 [2]“中和之发”二句：实施中和方针，关键在于了解民情。发，致，达到。哲，明，知。民情，即民心向背。 [3] 撰《先知》：（为了说明这个道理）写了《先知》这一卷。《汉书·扬雄传》作“撰《先知》第九”。

［点评］

本卷主要讲儒家治理国家的原则和方法，值得注意的有强调中和、仁义教化与纲纪法令并重、圣人之法并不是僵化不变的等思想。实施中和之道，关键在于掌握民心。为了说明这个道理，所以撰写了《先知》这一卷书。“中和”语本《礼记·中庸》，但从《先知》卷有关条目的内容看，含义有所变化。《中庸》的“中”与“和”是未发、已发之别。扬雄这里讲的“中”与“和”却都是无过无不及的意思。

14.10 仲尼以来[1]，国君将相，卿士名臣，参差不齐，一概诸圣[2]，撰《重黎》。

［注释］

[1]“仲尼以来”以下四句：从孔子以来，各个国君、将领、丞相，以及各级官吏和有名的大臣，各人的品质好坏和才能高低都不一样。卿士，泛指所有官吏。我国古代在王和诸侯以下的官

长有卿、大夫、士三级，这里是用卿和士代表所有官吏。“卿士”又为古代官名，是我国古代王朝执掌国家政事的高级长官。参差，长短不齐的样子。这里是指上述诸人的品质和才能好坏、高低不一。 [2]“一概诸圣”二句：我一律以圣人的原则为标准来衡量和评论，所以撰写了《重黎》这一卷。一，统，皆。概，本为称量时抹平斗斛的器具，因此引申为衡量的意思。撰《重黎》，《汉书·扬雄传》作“撰《重黎》第十”。

[点评]

本卷主要是评说历史人物，从传说时代到西汉当时，涉及近百人，内容比较庞杂。而扬雄评价人物的标准，则是孔子、儒家的思想。

14.11 仲尼之后[1]，讫于汉道，德行颜、闵，股肱萧、曹，爰及名将。尊卑之条[2]，称述品藻，撰《渊骞》。

[注释]

[1]“仲尼之后”以下五句：从孔子以后，一直到汉代，论道德品质以颜回和闵子骞为最高，论国家的大臣以萧何与曹参为最得力，还有许多有名的将领。讫，至。道，治。股肱，国家得力的大臣。萧、曹，萧何、曹参。爰及，以至于。爰，乃。及，至。 [2]“尊卑之条”以下三句：他们的品质和才能有优劣和高低的区别，为了说明和评论，所以撰写了《渊骞》这一卷。条，条理，类别。称述，表彰和描写。品藻，评论和鉴别。撰《渊骞》，

《汉书·扬雄传》作“撰《渊骞》第十一”。

［点评］

有学者认为《渊骞》与《重黎》本为一篇，因篇幅太长，分为两篇，《渊骞》本无序，本序是后人所加。这种说法未必可信。因为：第一，这两卷都是评论人物的。由于篇幅太长，把它们分成两卷，每卷写一条序文，是完全合乎情理的。相反，分成两卷而只写一条序文，这就有点不合情理。第二，《法言》本来就是语录式的，各条之间并无必然联系。每卷的内容也颇为复杂，卷与卷之间在内容上还有重叠。每一卷的序并不能完全概括该卷的内容。扬雄写序文，一方面是想大体上说明一下每卷的内容，另一方面也是为了进一步阐述自己的一些看法。因此，为《渊骞》与《重黎》各写一篇序的可能性是存在的。第三，班固著《汉书》时，距离扬雄还不久。《汉书》中《渊骞》已有序文，说是别人的伪造，可能性不大。

14.12 君子纯终领闻[1]，蠢迪捡押，旁开圣则，撰《君子》[2]。

［注释］

[1]“君子纯终领闻”以下三句：君子善于成就美好的声誉，行为严格遵循法度，又能全面领会圣人制定的规则。纯，善。终，成就，完成。领，同“令”，美好。闻，名望，声誉。蠢迪，行动。

捡押，制约，拘束，引申为规则、法度。《汉书 · 扬雄传》作“检押”。旁，普遍，全面。开，通达，领会。圣，圣人。则，法度，规则。 [2] 撰《君子》:（为了阐发君子的这些高贵品质）撰写了《君子》这一卷。《汉书 · 扬雄传》作“撰《君子》第十二”。

[点评]

本卷涉及圣人、君子、儒家和道家一些人物、人能否成仙等问题。扬雄对孟子和荀子的不同评价，反映了他尊孟贬荀的倾向。

14.13 孝莫大于宁亲[1]，宁亲莫大于宁神，宁神莫大于四表之欢心，撰《孝至》[2]。

[注释]

[1]“孝莫大于宁亲”以下三句：孝没有比使双亲安宁更重要，使双亲安宁没有比使祖先的神灵安宁更重要的，使祖先的神灵安宁没有比能得到天下的衷心拥护更重要的。宁，安宁。亲，指父母。神，神灵。这里指祖先的灵魂。四表，四方之外，形容四面八方极远的地方，意谓整个天下。表，外。 [2] 撰《孝至》:（为了阐明孝的内涵和重要意义）撰写了《孝至》这一卷。《汉书 · 扬雄传》作“撰《孝至》第十三”。

[点评]

本卷主要论孝，与汉代以孝治国的思想是一致的。

主要参考文献

纂图分门类题五臣注扬子法言　（汉）扬雄撰　（晋）李轨，（唐）柳宗元，（宋）宋咸、吴祕、司马光注　北京图书馆出版社 2003 年版　中华再造善本丛书

扬子法言　（晋）李轨　清光绪二年（1876）浙江书局校刻

法言义疏　（清）汪荣宝　中华书局 1987 年版

扬子法言平议　（清）俞樾　清同治十年（1871）刻

扬子法言译注　李守奎、洪玉琴　黑龙江人民出版社 2001 年版

法言全译　韩敬译著　巴蜀书社 1999 年版

标点注解扬子法言　支伟成　文听阁图书有限公司 2010 年版

《扬子法言》今读　纪国泰　巴蜀书社 2010 年版

法言　韩敬译注　中华书局 2012 年版

杨子法言研究　蓝秀隆　文津出版社 1989 年版

扬雄《法言》思想研究 郭君铭 巴蜀书社 2006 年版

《法言》思想研究 田富美 花木兰文化出版社 2011 年版

扬雄《太玄》《法言》之气论思想研究 黄嘉琳 花木兰文化出版社 2011 年版

《中华传统文化百部经典》已出版图书

书　名	解读人	出版时间
周易	余敦康	2017 年 9 月
尚书	钱宗武	2017 年 9 月
诗经（节选）	李　山	2017 年 9 月
论语	钱　逊	2017 年 9 月
孟子	梁　涛	2017 年 9 月
老子	王中江	2017 年 9 月
庄子	陈鼓应	2017 年 9 月
管子（节选）	孙中原	2017 年 9 月
孙子兵法	黄朴民	2017 年 9 月
史记（节选）	张大可	2017 年 9 月
传习录	吴　震	2018 年 11 月
墨子（节选）	姜宝昌	2018 年 12 月
韩非子（节选）	张　觉	2018 年 12 月
左传（节选）	郭　丹	2018 年 12 月
吕氏春秋（节选）	张双棣	2018 年 12 月
荀子（节选）	廖名春	2019 年 6 月
楚辞	赵逵夫	2019 年 6 月
论衡（节选）	邵毅平	2019 年 6 月
史通（节选）	王嘉川	2019 年 6 月
贞观政要	谢保成	2019 年 6 月
战国策（节选）	何　晋	2019 年 12 月
黄帝内经（节选）	柳长华	2019 年 12 月
春秋繁露（节选）	周桂钿	2019 年 12 月
九章算术	郭书春	2019 年 12 月
齐民要术（节选）	惠富平	2019 年 12 月
杜甫集（节选）	张忠纲	2019 年 12 月
韩愈集（节选）	孙昌武	2019 年 12 月
王安石集（节选）	刘成国	2019 年 12 月
西厢记	张燕瑾	2019 年 12 月

书　　名	解读人	出版时间
聊斋志异（节选）	马瑞芳	2019年12月
礼记（节选）	郭齐勇	2020年12月
国语（节选）	沈长云	2020年12月
抱朴子（节选）	张松辉	2020年12月
陶渊明集	袁行霈	2020年12月
坛经	洪修平	2020年12月
李白集（节选）	郁贤皓	2020年12月
柳宗元集（节选）	尹占华	2020年12月
辛弃疾集（节选）	王兆鹏	2020年12月
本草纲目（节选）	张瑞贤	2020年12月
曲律	叶长海	2020年12月
孝经	汪受宽	2021年6月
淮南子（节选）	陈　静	2021年6月
太平经（节选）	罗　炽	2021年6月
曹操集	刘运好	2021年6月
世说新语（节选）	王能宪	2021年6月
欧阳修集（节选）	洪本健	2021年6月
梦溪笔谈（节选）	张富祥	2021年6月
牡丹亭	周育德	2021年6月
日知录（节选）	黄　珅	2021年6月
儒林外史（节选）	李汉秋	2021年6月
商君书	蒋重跃	2022年6月
新书	方向东	2022年6月
伤寒论	刘力红	2022年6月
水经注（节选）	李晓杰	2022年6月
王维集（节选）	陈铁民	2022年6月
元好问集（节选）	狄宝心	2022年6月
赵氏孤儿	董上德	2022年6月
王祯农书（节选）	孙显斌	2022年6月
三国演义（节选）	关四平	2022年6月
文史通义（节选）	陈其泰	2022年6月

书　　名	解读人	出版时间
汉书（节选）	许殿才	2022 年 12 月
周易略例	王锦民	2022 年 12 月
后汉书（节选）	王承略	2022 年 12 月
通典（节选）	杜文玉	2022 年 12 月
资治通鉴（节选）	张国刚	2022 年 12 月
张载集（节选）	林乐昌	2022 年 12 月
苏轼集（节选）	周裕锴	2022 年 12 月
陆游集（节选）	欧明俊	2022 年 12 月
徐霞客游记（节选）	赵伯陶	2022 年 12 月
桃花扇	谢雍君	2022 年 12 月
法言	韩敬、梁涛	2023 年 12 月
颜氏家训	杨世文	2023 年 12 月
大唐西域记（节选）	王邦维	2023 年 12 月
法书要录（节选）　历代名画记	祝　帅	2023 年 12 月
耶律楚材集（节选）	刘　晓	2023 年 12 月
水浒传（节选）	黄　霖	2023 年 12 月
西游记（节选）	刘勇强	2023 年 12 月
乐律全书（节选）	李　玫	2023 年 12 月
读通鉴论（节选）	向燕南	2023 年 12 月
孟子字义疏证	徐道彬	2023 年 12 月
嵇康集	崔富章	2024 年 12 月
白居易集（节选）	陈才智	2024 年 12 月
李清照集（节选）	诸葛忆兵	2024 年 12 月
近思录	查洪德	2024 年 12 月
林则徐集	杨国桢	2024 年 12 月